# 汽车传动系统检修

主 编 赵海宾 董彦晓
参 编 张 舵 许子奇 郭俊改

机械工业出版社

本书按照"岗课赛证"综合育人理念编写，充分融入并体现产教融合，从工作情境、学习目标、知识储备、任务实施和理论测试5个方面，以汽车传动系统检修中的典型项目和具体任务为载体进行编写。

本书由8个项目组成，主要介绍了汽车传动系统各组成部分的结构、功能及检修方法，包括汽车传动系统的认知、离合器的构造与检修、手动变速器的构造与检修、液力自动变速器的构造与检修、双离合自动变速器的构造与检修、无级变速器的构造与检修、万向传动装置的构造与检修以及驱动桥的构造与检修。

本书内容详尽，图文并茂，结合企业实际，具有较强的实践性，可作为高等职业教育专科和本科院校师生的教学用书，中等职业院校可酌情选用，也可供企业员工培训、职业技能鉴定培训和汽车维修人员使用。

为方便教学，本书配有电子课件、电子教案等资源。凡选用本书作为授课教材的教师均可登录www.cmpedu.com，以教师身份注册后免费下载，或来电咨询，咨询电话：010-88379201。

### 图书在版编目（CIP）数据

汽车传动系统检修 / 赵海宾，董彦晓主编. -- 北京：机械工业出版社，2024.10. -- ISBN 978-7-111-76607-0

I. U472.41

中国国家版本馆CIP数据核字第20241V21M0号

机械工业出版社（北京市百万庄大街22号　邮政编码100037）
策划编辑：师　哲　　　　　责任编辑：师　哲　谷慧思
责任校对：王荣庆　张　征　　封面设计：张　静
责任印制：郜　敏
三河市宏达印刷有限公司印刷
2024年11月第1版第1次印刷
210mm×285mm・10.75印张・272千字
标准书号：ISBN 978-7-111-76607-0
定价：35.00元

电话服务　　　　　　　　　　网络服务
客服电话：010-88361066　　　机　工　官　网：www.cmpbook.com
　　　　　010-88379833　　　机　工　官　博：weibo.com/cmp1952
　　　　　010-68326294　　　金　书　网：www.golden-book.com
**封底无防伪标均为盗版**　　机工教育服务网：www.cmpedu.com

# 前言

随着我国汽车保有量的增加，汽车维修市场迅速扩大，对高技能型人才的需求也日益增加。为对接汽车产业发展新趋势，满足汽车维修领域高质量发展对高素质技术技能型人才的需求，推动职业教育专业升级和数字化改造，提高人才培养质量，本书在编写过程中，突出对学生职业技能的培养，以达到全面提高学生职业能力和综合素质的目的。

本书深入贯彻落实党的二十大精神，遵循知识和技能并重的改革方向，根据高等职业教育的特点以及高等职业院校学生的实际情况进行编写，具有以下特点：

（1）依据特定的工作任务，选取适度的理论知识，以学生的操作技能和职业素养培养为核心，围绕典型工作任务设计教学项目，突出知识的实用性、综合性和先进性。教材内容设置以学生为中心，由浅及深、循序渐进，实现了理论实践一体化。

（2）落实立德树人根本任务，编写过程中融入了丰富的课程思政元素，选取国产汽车品牌进行讲解，培养学生的民族品牌意识，实现思想政治教育与技术技能培养的有机统一。

（3）广泛联系行业企业，深入了解行业企业对本专业人才的实际需求，由相关企业提供了配套的教学资源和技术支持，行业企业人员深度参与教材编写与开发。

（4）配套丰富的教学资源，知识点以二维码形式链接动画、视频资源，并配有课件、习题及答案等，以满足学生个性化学习的需求，提升教材使用体验。

本书由河北交通职业技术学院赵海宾、董彦晓任主编，河北交通职业技术学院张舵、许子奇、郭俊改参与编写。本书编写过程中查阅了大量书籍、文献和资料，广泛参考借鉴了国内外汽车方面的研究成果，得到了石家庄市沥晨汽车服务有限公司和河北豪英汽车服务有限公司的帮助和支持，在此一并表示感谢。

由于编者水平和经验有限，书中难免有错误和不妥之处，敬请广大读者批评指正。

编　者

# 二维码索引

| 序号 | 二维码 | 名称 | 页码 | 序号 | 二维码 | 名称 | 页码 |
|---|---|---|---|---|---|---|---|
| 1 | | 传动系统的检查维护 | 5 | 11 | | 换档执行元件的认识 | 59 |
| 2 | | 膜片弹簧离合器的结构认识 | 12 | 12 | | 手动变速器的分解 | 74 |
| 3 | | 离合器总成拆卸与安装 | 18 | 13 | | 双离合自动变速器的分解与装配 | 101 |
| 4 | | 离合器的检修 | 22 | 14 | | 无级变速器的分解与装配 | 125 |
| 5 | | 离合器踏板自由行程的检查与调整 | 28 | 15 | | 万向节的检修 | 133 |
| 6 | | 手动变速器的装配与调整 | 45 | 16 | | 传动轴和中间支承的检修 | 135 |
| 7 | | 手动变速器的分解 | 47 | 17 | | 万向传动装置常见故障诊断 | 136 |
| 8 | | 同步器的检修 | 51 | 18 | | 半轴与桥壳的检修 | 150 |
| 9 | | 认识液力变矩器 | 56 | 19 | | 主减速器的检修 | 152 |
| 10 | | 最简单的齿轮变速机构（单行星排） | 58 | 20 | | 差速器检查 | 156 |

# 目 录

前言

二维码索引

## 项目一 汽车传动系统的认知 ………………………………………………………… 1

### 【工作情境】 ……………………………………………………………………… 1
### 【学习目标】 ……………………………………………………………………… 1
### 【知识储备】 ……………………………………………………………………… 1
一、传动系统的组成和作用 ……………………………………………………… 1
二、传动系统的布置形式 ………………………………………………………… 2
三、越野汽车的传动系统 ………………………………………………………… 4
四、轿车的传动系统 ……………………………………………………………… 4
### 【任务实施】 ……………………………………………………………………… 5
任务　传动系统的检查维护 …………………………………………………… 5
### 【理论测试】 ……………………………………………………………………… 8

## 项目二 离合器的构造与检修 ………………………………………………………… 9

### 【工作情境】 ……………………………………………………………………… 9
### 【学习目标】 ……………………………………………………………………… 9
### 【知识储备】 ……………………………………………………………………… 9
一、离合器的作用、分类与要求 ………………………………………………… 9
二、摩擦式离合器的组成和工作原理 …………………………………………… 11
三、膜片弹簧离合器 ……………………………………………………………… 12
四、离合器操纵机构 ……………………………………………………………… 14
五、离合器常见故障的诊断与排除 ……………………………………………… 16
### 【任务实施】 ……………………………………………………………………… 18
任务 2-1　离合器总成的拆卸与安装 ………………………………………… 18
任务 2-2　离合器的检修 ………………………………………………………… 22
任务 2-3　离合器踏板自由行程的检查与调整 ………………………………… 28
### 【理论测试】 ……………………………………………………………………… 32

## 项目三 手动变速器的构造与检修 …………………………………………………… 33

### 【工作情境】 ……………………………………………………………………… 33
### 【学习目标】 ……………………………………………………………………… 33
### 【知识储备】 ……………………………………………………………………… 33
一、变速器的作用和类型 ………………………………………………………… 33
二、普通齿轮变速器的工作原理 ………………………………………………… 34
三、手动变速器的变速传动机构 ………………………………………………… 35

四、手动变速器的换档操纵机构 42
　　五、变速器常见故障的诊断与排除 45
【任务实施】 47
　　任务 3-1　手动变速器的分解 47
　　任务 3-2　同步器的检修 51
【理论测试】 54

## 项目四　液力自动变速器的构造与检修 55

【工作情境】 55
【学习目标】 55
【知识储备】 55
　　一、液力自动变速器的基本结构 55
　　二、液力变矩器 56
　　三、齿轮变速传动机构 58
　　四、液压控制系统 64
　　五、电子控制系统 68
【任务实施】 74
　　任务 4-1　自动变速器油的检查与更换 74
　　任务 4-2　齿轮变速机构的检修 79
　　任务 4-3　电子控制系统的检测 83
【理论测试】 86

## 项目五　双离合自动变速器的构造与检修 88

【工作情境】 88
【学习目标】 88
【知识储备】 88
　　一、七档 DSG 的特点和工作原理 88
　　二、七档 DSG 的组成 89
【任务实施】 101
　　任务 5-1　拆装 OAM 七档 DSG 双离合器 101
　　任务 5-2　离合器 $K_1$、$K_2$ 接合轴承位置的调整 106
【理论测试】 110

## 项目六　无级变速器的构造与检修 111

【工作情境】 111
【学习目标】 111
【知识储备】 111
　　一、无级变速器的工作原理 111
　　二、无级变速器的基本结构 113
【任务实施】 125
　　任务　无级变速器的分解与装配 125
【理论测试】 130

## 项目七　万向传动装置的构造与检修 ……………………………………………………… 131

【工作情境】 ………………………………………………………………………………… 131
【学习目标】 ………………………………………………………………………………… 131
【知识储备】 ………………………………………………………………………………… 131
　　一、万向传动装置的结构和功能 …………………………………………………… 131
　　二、万向节的结构与检修 …………………………………………………………… 133
　　三、传动轴和中间支承的结构与检修 ……………………………………………… 135
【任务实施】 ………………………………………………………………………………… 136
　　任务 7-1　万向节的检修 …………………………………………………………… 136
　　任务 7-2　传动轴的检修 …………………………………………………………… 141
【理论测试】 ………………………………………………………………………………… 144

## 项目八　驱动桥的构造与检修 ……………………………………………………………… 145

【工作情境】 ………………………………………………………………………………… 145
【学习目标】 ………………………………………………………………………………… 145
【知识储备】 ………………………………………………………………………………… 145
　　一、驱动桥的结构与功能 …………………………………………………………… 145
　　二、主减速器的结构与检修 ………………………………………………………… 146
　　三、差速器的结构与检修 …………………………………………………………… 148
　　四、半轴与驱动桥壳的结构与检修 ………………………………………………… 150
【任务实施】 ………………………………………………………………………………… 152
　　任务 8-1　主减速器的检修 ………………………………………………………… 152
　　任务 8-2　差速器的检查 …………………………………………………………… 156
【理论测试】 ………………………………………………………………………………… 160

**参考文献** ……………………………………………………………………………………… 161

# 项目一　汽车传动系统的认知

### 【工作情境】

**故障现象**

一辆捷达轿车，行驶了 220000km，在一次常规维护举升车辆检查底盘的过程中，发现发动机油底壳、变速器油底壳以及半轴部分都有漏油痕迹，客户寻求解决方案，需检修。

**故障分析**

行驶里程较长的车辆底盘漏油是比较常见的现象，如果只是轻微渗油不会影响车辆的正常行驶，如果漏油较严重应及时检查漏油源头、漏油种类，寻求解决方案。此类维修需掌握车辆所有油品种类、性质、保养周期、检查方法，在实践技能上要求也比较高，有时需要大修发动机、变速器、转向器。本项目重在引导学生熟知车辆传动系统的油品，明确底盘传动系统的总体结构、类型，明确汽车维修基本流程及安全操作规程，熟悉底盘检修常用工量具的使用方法，掌握底盘举升机等设备的操作注意事项等，对汽车底盘传动系统漏油进行简单的引导检修。

### 【学习目标】

| 素质目标： | 知识目标： | 能力目标： |
|---|---|---|
| 1. 培养学生正确的世界观、人生观、价值观。<br>2. 引导学生热爱劳动、崇尚劳动，提升学生的劳动素养。 | 1. 了解汽车传动系统的类型、特点和基本组成。<br>2. 熟知汽车传动系统的布置形式及总成部件的安装位置、功能。<br>3. 能实车认知不同类型的传动系统。 | 1. 具有正确使用汽车传动系统检修常用仪器及工具的能力。<br>2. 具有根据安全技术规范对汽车传动系统漏油部位进行检查和修复的能力。 |

### 【知识储备】

#### 一、传动系统的组成和作用

**1. 传动系统的分类与组成**

按结构和传动介质分，汽车传动系统的形式有机械式、液力机械式、静液式（容积液压式）、

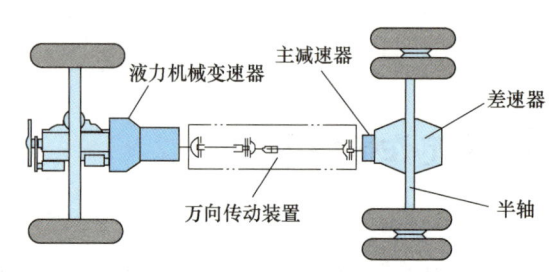

电力式等。本书主要介绍机械式和液力机械式传动系统。

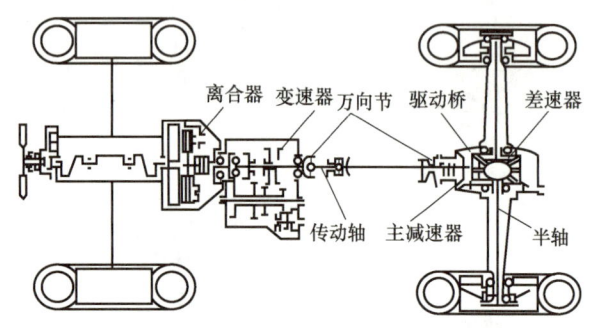

机械式传动系统的组成及布置形式如图 1-1 所示，发动机纵向安置在汽车前部，后轮驱动。发动机发出的动力依次经离合器、变速器，由万向节和传动轴组成的万向传动装置以及安装在驱动桥中的主减速器、差速器和半轴传到驱动轮。

液力机械式传动系统综合运用了液力传动和机械传动，以液力机械变速器取代了机械式传动系统中的摩擦式离合器和手动变速器，其他组成部分及布置形式均与机械式传动系统相同，如图 1-2 所示。

图 1-1　机械式传动系统的组成及布置形式

图 1-2　液力机械式传动系统

#### 2. 传动系统的作用

汽车传动系统的基本作用是将发动机输出的动力传给驱动轮，以保证汽车能在不同使用条件下正常行驶，并具有良好的动力性和燃料经济性。传动系统各组成部分的作用如下。

（1）离合器　离合器使发动机与传动系统平顺接合，把发动机的动力传给传动系统；或者使两者分开，切断动力的传递。

（2）变速器　变速器可以改变发动机输出的转速、转矩和旋转方向，也可以切断发动机至驱动轮的动力传递。

如果采用自动变速器，那么自动变速器兼具离合器和手动变速器的作用。

（3）万向传动装置　万向传动装置的作用是将变速器输出的动力传给主减速器。变速器与车架一般是刚性连接，而驱动桥是通过悬架与车架弹性连接的，这使主减速器与变速器之间的距离及两者轴线之间的夹角都经常发生变化，因而万向传动装置的长度是可以伸缩的，且装有能够适应传动夹角变化的万向节。

（4）主减速器　主减速器的作用是降低转速以增加转矩，保证汽车克服行驶阻力而正常行驶，并且通常要将转矩的旋转方向改变 90°，把由传动轴传来的动力传给差速器。

（5）差速器　差速器的作用是将主减速器传来的动力传给两侧半轴，且允许两侧半轴以不同角速度旋转。

（6）半轴　半轴将动力由差速器传给驱动轮，使驱动轮获得旋转动力。

### 二、传动系统的布置形式

目前广泛应用的传动系统的布置形式有如下几种。

#### 1. 发动机前置、后轮驱动的传动系统

图 1-1 所示的传动系统为此种形式的传动系统，是除越野汽车以外的各种汽车中最为常见的一种布置形式。另外，它的变型形式有中桥驱动的 6×2 三桥铰接式客车、带负重轮的 6×2 大客车等。

## 2. 发动机后置、后轮驱动的传动系统

在一些大型客车上，采用发动机后置、后轮驱动的传动系统，如图1-3所示。发动机横置在后驱动桥之后，发动机动力经离合器、变速器、角传动装置、万向传动装置和后驱动桥传到驱动轮上。为降低高度以便于布置，此种布置形式常采用卧式发动机。

后置发动机可使前轴不易过载，能更充分地利用车厢面积，还可有效地降低地板的高度或充分利用汽车中部地板下的空间安置行李舱等；另外，也有利于减轻发动机的高温和噪声给驾驶人所造成的疲劳感。但其缺点是发动机散热条件差，且运行中的某些故障不易被驾驶人察觉。另外，远距离操纵也使操纵机构变得复杂，维修调整有些不便。由于优点较为突出，这种形式在大型客车上应用得越来越多。

## 3. 发动机前置、前轮驱动的传动系统

该形式与发动机后置、后轮驱动的布置有许多共同点，不同之处主要是：操纵机构简单、发动机散热条件好，但上坡时汽车重心后移，使前驱动轮的附着重量减小，驱动轮易打滑；而下坡制动时则由于汽车重心前移，前轮负荷过重，高速时易发生翻车现象。故此种布置形式主要用在可利用承载式车身降低重心的轿车上。

发动机前置、前轮驱动的传动系统有横置发动机和纵置发动机两种类型，如图1-4和图1-5所示，其中横置发动机可以有效地利用发动机舱内的空间，而且在传动系统中无须改变转矩的传动方向，动力传动效率高。

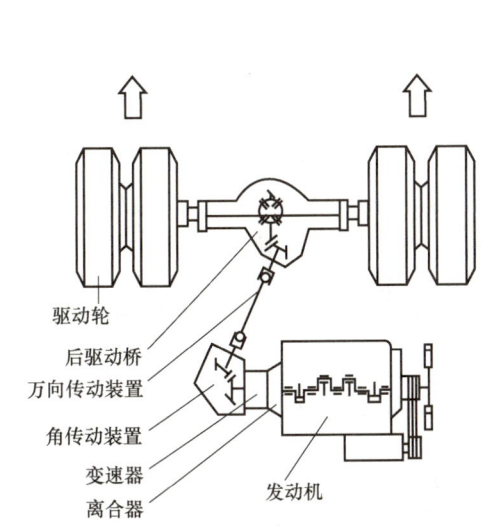

图1-3 发动机后置、后轮驱动的传动系统示意图

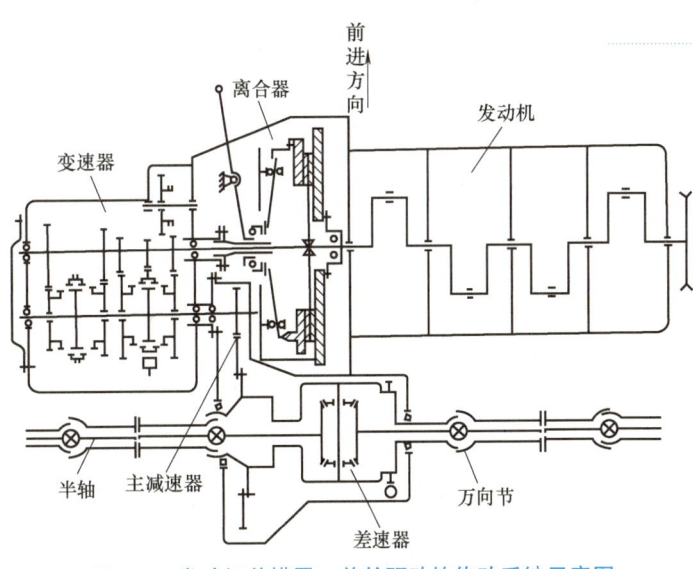

图1-4 发动机前横置、前轮驱动的传动系统示意图

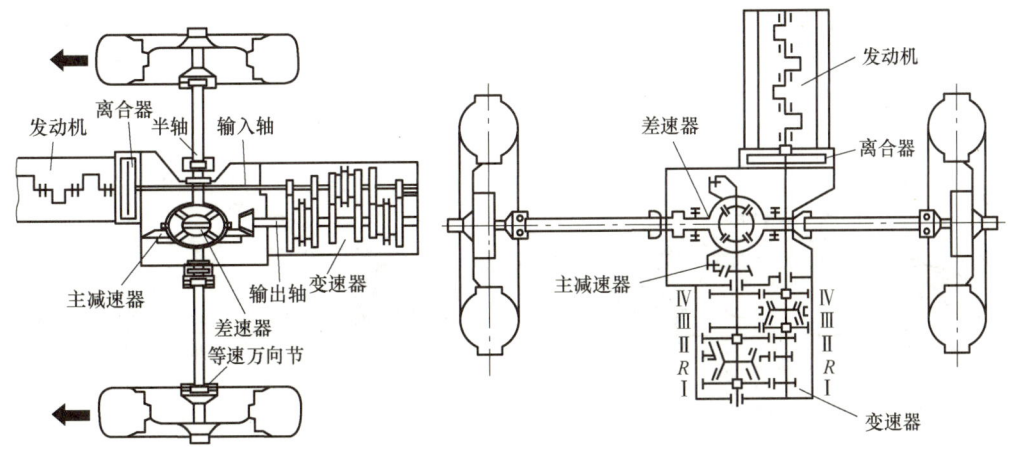

图1-5 发动机前纵置、前轮驱动的传动系统示意图

### 三、越野汽车的传动系统

越野汽车为了提高在无路和路况较差地区的行驶能力，一般都采用四轮驱动。另外，某些大型三轴自卸车和牵引车也采用四轮驱动。图1-6和图1-7所示为几种越野汽车传动系统示意图。

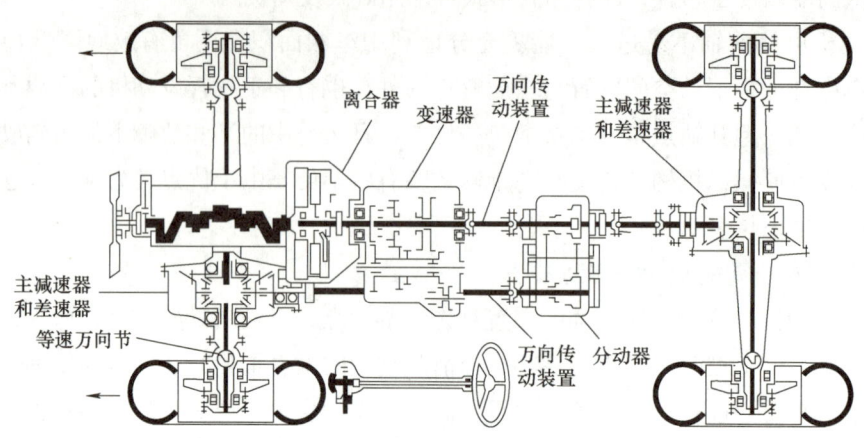

图1-6 4×4越野汽车的传动系统示意图

这类传动系统的特点是：由于有多个驱动桥，所以在变速器后面加了一个分动器。其作用是把变速器输出的动力经几套万向传动装置分别传给所有的驱动桥，并可进一步降速增矩，以适应越野条件下阻力变化范围更大的需要。分动器和变速器虽都固定在车架上，但两者间一般有一段距离。考虑到安装误差及车架变形的影响等，在两者间也有一套万向传动装置，由于前驱动桥同时又是转向桥，不能用整体式半轴，所以前驱动桥的两根半轴都由两段组成，中间一般用等速万向节相连。

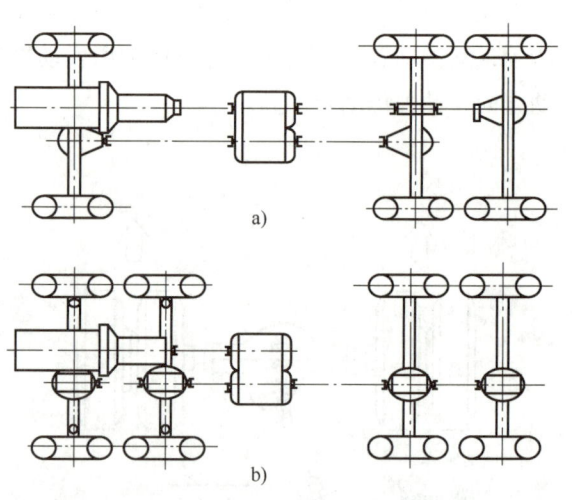

图1-7 多轴驱动越野汽车传动系统示意图
a) 6×6越野汽车 b) 8×8贯通式中驱动桥越野汽车

### 四、轿车的传动系统

在现代轿车中，发动机及传动系统有如下几种常见的布置形式，如图1-8所示。这些布置形式的特征、优缺点及适用范围见表1-1。

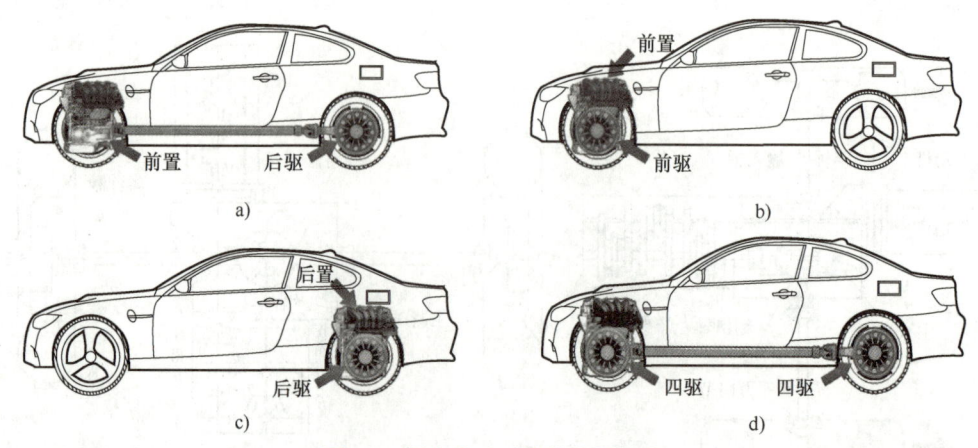

图1-8 轿车传动系统的布置形式
a) 发动机前置后轮驱动 b) 发动机前置前轮驱动 c) 发动机后置后轮驱动 d) 四轮驱动（4WD）

4

表1-1 轿车传动系统布置形式比较

| 布置形式 | 发动机前置后轮驱动 | 发动机前置前轮驱动 | 发动机后置后轮驱动 | 四轮驱动（4WD） |
|---|---|---|---|---|
| 结构特点 | 发动机、离合器、变速器连成一个整体，安装在车身前部，主减速器、差速器放在车身后部，两者通过传动轴连接 | 发动机及传动装置集中安装在车身前部，发动机动力直接驱动前轴 | 将发动机、离合器、变速器、差速器连成一个整体，安放在车身后部，不需要传动轴 | 发动机、离合器、变速器置于车身前部，通过传动轴及分动器使前、后4个车轮均成为驱动轮 |
| 优点 | 1. 发动机靠近驾驶座，因此发动机、离合器、变速器可以由驾驶人直接操纵，控制机构简单，操作维修方便<br>2. 整车质量分配合理，前、后轮各接近50% | 1. 车身地板平整，有利于增大车内空间<br>2. 传动距离短，有利于减轻整车质量<br>3. 整车质量靠近车辆质心，行驶稳定性好 | 1. 车身地板平整，还可降低车身地板高度，有利于增大车内空间<br>2. 有利于减轻整车质量 | 爬坡能力强，越野性能好 |
| 缺点 | 1. 由于变速器伸入驾驶室内，并有传动轴穿过，车身底部呈隧道状突出，缩小了车内空间<br>2. 增加了整车质量 | 1. 前轴结构很复杂，并且操纵机构的布置也较困难<br>2. 前轮负荷过大，前轮磨损加剧 | 1. 发动机及动力装置操作距离长，容易产生故障<br>2. 行李舱空间减小<br>3. 发动机冷却困难<br>4. 后轮负荷过大，操纵稳定性差 | 1. 整车过重，机构变得复杂<br>2. 平道行驶时，四轮驱动会造成能量浪费 |
| 应用范围 | 中型以上轿车多数采用此方案，是轿车采用的主流方案 | 排量在2.0L以下中、小型轿车上的应用逐渐增加 | 车速不高的微型车应用较多 | 要求越野性能强的轿车、运动赛车 |

## 【任务实施】

### 任务 传动系统的检查维护

**实训器材：**

实训车辆、专用工具、常用工具、工具车、零件架、维修手册、通用润滑脂、抹布等。

**任务准备：**

1）车辆驶入工位。
2）放置三件套及车轮挡块。
3）打开发动机盖，放置翼子板护布。

**实施步骤：**

1）发动机舱的检查，检查结果填入表1-2。

表1-2 发动机舱的检查

| 检查项目 | 检查结果 | 维修建议 |
|---|---|---|
| 冷却液液面位置是否正常 | 是□ 否□ | |
| 机油液面位置是否正常 | 是□ 否□ | |
| 制动液液面位置是否正常 | 是□ 否□ | |
| 转向助力油液面位置是否正常 | 是□ 否□ | |
| 蓄电池电压是否正常 | 是□ 否□ | |

2）离合器的检查，检查结果填入表1-3。

扫一扫

传动系统的检查维护

表 1-3　离合器的检查

| 检查项目 | 检查结果 | 维修建议 |
| --- | --- | --- |
| 离合器储液罐内离合器液（制动液）液面的高度是否正常 | 是□　否□ | |
| 离合器主缸与油管、工作缸与油管、油封等部位是否泄漏 | 是□　否□ | |
| 离合器踏板是否存在异响 | 是□　否□ | |
| 离合器踏板回弹是否无力 | 是□　否□ | |
| 离合器踏板是否过度松动 | 是□　否□ | |
| 离合器踏板是否沉重 | 是□　否□ | |

3）手动变速器油液泄漏的检查，检查结果填入表1-4。

表 1-4　手动变速器油液泄漏的检查

| 检查项目 | 检查结果 | 维修建议 |
| --- | --- | --- |
| 壳接触面是否漏油 | 是□　否□ | |
| 轴和拉索伸出的区域是否漏油 | 是□　否□ | |
| 油封是否漏油 | 是□　否□ | |
| 放油螺栓和加注螺栓是否漏油 | 是□　否□ | |
| 手动变速器油量是否正常 | 是□　否□ | |
| 手动变速器油质是否正常 | 是□　否□ | |

4）左、右驱动轴防尘套及卡箍的检查，检查结果填入表1-5。

表 1-5　左、右驱动轴防尘套及卡箍的检查

| 检查项目 | 检查结果 | 维修建议 |
| --- | --- | --- |
| 外侧是否有裂纹 | 是□　否□ | |
| 内侧是否有裂纹 | 是□　否□ | |
| 外侧润滑脂是否泄漏 | 是□　否□ | |
| 内侧润滑脂是否泄漏 | 是□　否□ | |

**工单填写：**

| 传动系统的检查维护 | 工作任务单 | 班级： |
| --- | --- | --- |
| | | 姓名： |

| 1. 作业场地准备 | | |
| --- | --- | --- |
| 将工位清理干净，准备好相关器材 | | 是□　否□ |
| 检查设备举升机的安全及清洁情况 | | 是□　否□ |
| 将汽车驶入工位，正确做好车辆防护 | | 是□　否□ |

2. 记录数据

| 项目名称 | 小组实训过程 | 检查结果 |
| --- | --- | --- |
| 发动机舱的检查 | 冷却液液面位置是否正常 | 是□　否□ |
| | 机油液面位置是否正常 | 是□　否□ |
| | 制动液液面位置是否正常 | 是□　否□ |
| | 转向助力油液面位置是否正常 | 是□　否□ |
| | 蓄电池电压是否正常 | 是□　否□ |

项目一　汽车传动系统的认知

（续）

| 项目名称 | 小组实训过程 | 检查结果 |
|---|---|---|
| 离合器的检查 | 离合器储液罐内离合器液（制动液）液面的高度是否正常 | 是□　否□ |
|  | 离合器主缸与油管、工作缸与油管、油封等部位是否泄漏 | 是□　否□ |
|  | 离合器踏板是否存在异响 | 是□　否□ |
|  | 离合器踏板回弹是否无力 | 是□　否□ |
|  | 离合器踏板是否过度松动 | 是□　否□ |
|  | 离合器踏板是否沉重 | 是□　否□ |
| 手动变速器油液泄漏的检查 | 壳接触面是否漏油 | 是□　否□ |
|  | 轴和拉索伸出的区域是否漏油 | 是□　否□ |
|  | 油封是否漏油 | 是□　否□ |
|  | 放油螺栓和加注螺栓是否漏油 | 是□　否□ |
|  | 手动变速器油量是否正常 | 是□　否□ |
|  | 手动变速器油质是否正常 | 是□　否□ |
| 左、右驱动轴防尘套及卡箍的检查 | 外侧是否有裂纹 | 是□　否□ |
|  | 内侧是否有裂纹 | 是□　否□ |
|  | 外侧润滑脂是否泄漏 | 是□　否□ |
|  | 内侧润滑脂是否泄漏 | 是□　否□ |
| 3. 作业场地恢复 | | |
| 擦拭、整理工具 | | |
| 打扫实训场地卫生 | | |

## 评价反馈：

| 传动系统的检查维护 || 实训日期： |||
|---|---|---|---|---|
| 姓名： | 班级： | 学号： || 教师签名： |
| 自评：□熟练　□不熟练 | 互评：□熟练　□不熟练 | 师评：□合格　□不合格 |||
| 序号 | 评分项 | 得分条件 | 分值 | 评分标准 | 自评 | 互评 | 师评 |
|---|---|---|---|---|---|---|---|
| 1 | 安全/7S/态度 | □1. 能进行工位 7S 操作<br>□2. 能进行设备和工具安全检查<br>□3. 能进行工位安全防护操作<br>□4. 能进行工具清洁、校准、存放操作<br>□5. 能保证三不落地 | 15 | 1项未完成扣3分 | □熟练<br>□不熟练 | □熟练<br>□不熟练 | □合格<br>□不合格 |
| 2 | 专业技能 | □1. 能正确检查发动机舱相关项目<br>□2. 能正确检查离合器相关项目<br>□3. 能正确检查驱动轴相关项目<br>□4. 能够掌握相应的检查项目和操作方法 | 50 | 1项未完成扣15分，扣分不得超过50分 | □熟练<br>□不熟练 | □熟练<br>□不熟练 | □合格<br>□不合格 |
| 3 | 工具、设备的使用能力 | □1. 能正确地选择拆装工具<br>□2. 能正确地使用专用拆装工具 | 10 | 1项未完成扣5分 | □熟练<br>□不熟练 | □熟练<br>□不熟练 | □合格<br>□不合格 |
| 4 | 资料、信息查询的能力 | □1. 能严格执行厂家提供的拆装说明<br>□2. 能进行设备和工具安全检查<br>□3. 能进行工位安全防护操作 | 10 | 1项未完成扣5分，扣分不得超过10分 | □熟练<br>□不熟练 | □熟练<br>□不熟练 | □合格<br>□不合格 |

（续）

| 序号 | 评分项 | 得分条件 | 分值 | 评分标准 | 自评 | 互评 | 师评 |
|---|---|---|---|---|---|---|---|
| 5 | 数据判断和分析能力 | □1. 能正确地叙述车辆维护步骤<br>□2. 能正确地分析检查数据和检测结果<br>□3. 能够根据检查结果给出合理维修建议 | 10 | 1项未完成扣3分 | □熟练<br>□不熟练 | □熟练<br>□不熟练 | □合格<br>□不合格 |
| 6 | 表单填写和报告撰写的能力 | □1. 字迹清晰<br>□2. 语句通顺<br>□3. 无错别字<br>□4. 无涂改<br>□5. 无抄袭 | 5 | 1项未完成扣1分 | □熟练<br>□不熟练 | □熟练<br>□不熟练 | □合格<br>□不合格 |

## 【理论测试】

| 汽车传动系统的认知 | 学习任务单 | 班级：<br>姓名： |
|---|---|---|

### 一、填空题

1. 传动系统的作用是将_____输出的动力传给_____。
2. 传动系统按结构和传动介质分为：_____、_____、_____和_____等。
3. 发动机的动力经_____、_____、万向节、_____、_____、差速器和_____，最后传给_____。
4. 传动系统的布置形式主要有_____、_____、_____和_____。

### 二、判断题

1. 汽车的驱动形式通常用汽车的全部车轮数乘以驱动轮数表示，还可以用全部车桥数乘以驱动桥数表示。（    ）
2. 前轮驱动大多应用于中、小型轿车。（    ）
3. 越野汽车一般都采用四轮驱动。（    ）
4. 发动机前置、前轮驱动的汽车下坡高速行驶时，易发生翻车事故。（    ）
5. 发动机前置、后轮驱动的传动系统在货车中应用广泛。（    ）

### 三、问答题

1. 简述汽车传动系统的作用及类型。
2. 简述汽车传动系统的主要布置形式。
3. 简述发动机前置前轮驱动的优点与不足。

# 项目二　离合器的构造与检修

## 【工作情境】

**故障现象**

一辆红旗轿车，行驶里程为 6800km，该车起步不稳，离合器处有异响。

**故障分析**

检修方法：一位检修人员在车内起步，一位检修人员在车外听，车辆起动，离合器处发出"哐"地一声响。拆下变速器，发现离合器从动片的减振弹簧全部断裂，造成起步时"闯"车。更换离合器从动片后，离合器起步平稳，异响消失。减振弹簧的作用是减缓传动系统的扭转振动，同时在从动盘花键磨损、侧隙增大时起缓冲作用，从减振角方面给予适当补偿。车辆起步时应适当增大节气门并慢抬离合器踏板，如果在不良路面上增大节气门、猛松离合器踏板，有可能造成从动片减振弹簧断裂，产生上述故障。

## 【学习目标】

| 素质目标： | 知识目标： | 能力目标： |
|---|---|---|
| 1. 培养学生正确的世界观、人生观、价值观。<br>2. 引导学生热爱劳动、崇尚劳动，提升学生的劳动素养。<br>3. 培养学生德智体美劳全面发展。 | 1. 了解离合器的特点。<br>2. 掌握离合器的组成和工作原理。 | 1. 具有正确使用工具按照维修手册的要求进行离合器分解和检测的能力。<br>2. 具有分析并排除离合器相关故障的能力。 |

## 【知识储备】

### 一、离合器的作用、分类与要求

**1. 离合器的作用**

离合器是传动系统中直接与发动机相连接的总成，离合器的输出轴就是变速器的输入轴，汽车由起步进入正常行驶、变速、制动直至停车的整个行驶过程中，离合器发挥重要作用。驾驶人根据需要，通过离合器使发动机与变速器暂时地分离或逐渐接合，以切断或接通发动机输往传动系统的动力。为此，离合器必须具有如下作用：

（1）保证汽车起步平稳　在发动机起动后、汽车起步前，驾驶人通过踏板将离合器分离，使发动机与传动系统脱开，再将变速器挂上档位，然后使离合器逐渐接合。在接合过程中，来自驱动轮并传到发动机的阻力矩逐渐增加，为使发动机的转速不致下降，应同时加大节气门开度，增加对发动机的燃油供给量，使发动机的转速始终保持在最低稳定转速以上，而不致熄火。随着离合器接合程度逐渐增大，发动机经传动系统输给驱动轮的转矩也逐渐增加，到驱动力足以克服汽车起步阻力时，汽车从静止状态开始运动，并逐渐加速，从而保证汽车平稳起步。

（2）保证换档平顺　在汽车行驶过程中，为了适应不断变化的行驶状况，变速器需要经常换用不同的档位工作。换档前必须将离合器分离，使发动机与变速器暂时脱开，中断动力传递，便于使原档位的啮合齿轮副脱开，并使新选档位齿轮副啮合部位的圆周速度逐渐相等（同步），以减轻其啮合时的冲击并保证顺利进入啮合。换档完毕后，再使离合器逐渐接合，保证变速器换档时工作平顺。

（3）防止传动系统过载　当汽车紧急制动时，驱动轮突然减速，如果没有离合器，发动机将因与传动系统刚性连接而转速急剧降低，发动机和传动系统中的运动件会产生很大的惯性力矩（其数值可能大大超过发动机正常工况下所发出的最大转矩），使传动系统过载而造成机件损坏。有了离合器，即使在紧急制动时驾驶人来不及分开离合器，也会由于离合器的主、从动部分间的摩擦，只传递一定大小的转矩，当惯性力矩超过此数值时，离合器将打滑，从而消除传动系统过载的可能性。

为使离合器具有上述作用，其结构应保证能使其主动部分与从动部分暂时分离，又能逐渐接合，并且在传递转矩过程中具有相对转动的可能性。因此，离合器的主动与从动元件之间不采用刚性连接，而靠接触面间的摩擦来传递转矩，这是目前汽车传动系统中应用最广泛的离合器，即摩擦式离合器。

### 2. 离合器的分类

离合器类型较多，按传递力矩方式的不同可分为摩擦式离合器、液压离合器和电磁离合器。

（1）摩擦式离合器　摩擦式离合器的主、从动元件利用摩擦力来传递转矩。其按从动盘的数目可分为单盘式、双盘式和多盘式；按压紧弹簧的形式又可分为中央弹簧式、周布弹簧式、膜片弹簧式和斜置弹簧式。

（2）液压离合器　液压离合器的主、从动元件利用液体介质来传递转矩。这种形式常用于高级轿车、大型公共汽车和货车。

（3）电磁离合器　电磁离合器的主、从动元件利用电磁力的作用来传递转矩。

### 3. 对离合器的要求

1）具有合适的储备能力，既能保证传递发动机的最大转矩，又能防止传动系统过载。

2）接合平顺柔和，以保证汽车平稳起步。

3）分离迅速彻底，便于换档和发动机起动。

4）具有良好的散热能力。由于离合器接合过程中，主、从动部分有相对滑转，使用频繁时会产生大量的热量，如不及时散出，会严重影响其使用寿命和工作的可靠性。

5）操纵轻便，以减轻驾驶人的疲劳。

6）从动部分的转动惯量要小，以减少换档时的冲击。

## 二、摩擦式离合器的组成和工作原理

### 1. 摩擦式离合器的基本组成

摩擦式离合器由主动部分、从动部分、压紧机构和操纵机构 4 部分组成。

如图 2-1 所示，摩擦式离合器的主动部分由飞轮、压盘和离合器盖组成，离合器盖用螺钉固定于飞轮的后端面，压盘通过传动片与离合器盖相连，可做轴向移动，飞轮与曲轴固定在一起，只要曲轴旋转，发动机便可通过飞轮、离合器盖带动压盘一起转动。从动部分由从动盘和变速器输入轴等组成，带有摩擦片的从动盘安装于压盘与飞轮之间，通过花键套装在变速器输入轴上，变速器输入轴通过轴承支承于曲轴后端中心孔内。

其压紧机构由若干个压紧弹簧组成，它们安装于压盘与离合器盖之间，沿周向均匀分布，把压盘、飞轮、从动盘相互压紧。

其操纵机构由分离杠杆、弹簧、离合器踏板、分离推杆、分离推杆叉、回位弹簧、分离叉、分离轴承等组成，分离杠杆中部铰接于离合器盖的支架上，内端则铰接于压盘上，通过弹簧的作用消除因分离杠杆支承处存在间隙而前后晃动产生的噪声，分离轴承压装在分离套筒上，分离套筒安装在变速器输入轴轴承盖上，分离叉是中部带支点的杠杆，拉动分离叉下端便可通过分离轴承和分离杠杆向后拉动压盘，从而解除压盘对从动盘的压力。

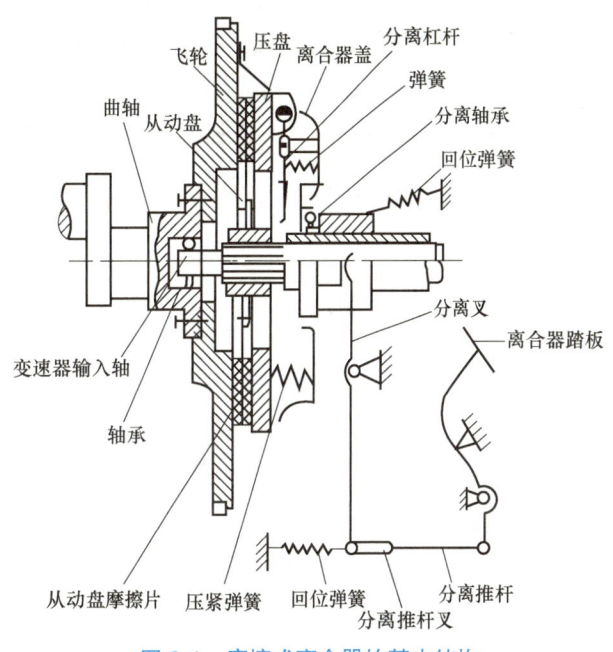

图 2-1 摩擦式离合器的基本结构

### 2. 摩擦式离合器的工作原理

（1）离合器接合　当发动机工作时，飞轮带动压盘、离合器盖旋转。在压紧弹簧的作用下，压盘和从动盘被紧压在飞轮上，从而使从动盘接合面与飞轮、压盘产生摩擦力矩，并通过从动盘带动变速器输入轴一起旋转，发动机的动力便传给了变速器。

（2）离合器分离　当驾驶人踩下离合器踏板时，分离轴承前移，压在分离杠杆上，使压盘产生一个向后的拉力，当此拉力大于压紧弹簧的张力时，从动盘与飞轮、压盘分离，发动机则停止向变速器输出动力。

（3）汽车起步　当缓慢放松离合器踏板时，通过联动件作用在压盘上的拉力逐渐减小，在压紧弹簧的作用下，从动盘与飞轮、压盘逐渐接合，其摩擦力矩逐渐增加。当飞轮、压盘和从动盘接合还不紧密，产生的摩擦力矩比较小时，主、从动部分可以不同步旋转，即离合器处于打滑状态；随着飞轮、压盘和从动盘压紧程度的逐渐加大，离合器主、从动部分转速也渐趋相等，直至离合器完全接合而停止打滑，接合过程结束。

### 3. 离合器的自由间隙和离合器踏板的自由行程

由离合器的工作原理可知，从动盘摩擦片经使用磨损变薄后，在压紧弹簧作用下，压盘要向前（向飞轮方向）移动，分离杠杆内端则要相应地向后移动，由此保证离合器完全接合。如果未磨损前分离杠杆内端和分离轴承之间没有预留一定间隙，则在摩擦片磨损后，分离杠杆内端因抵住分离轴承而不能后移,使分离杠杆外端牵制压盘不能前移,从而不能将从动盘压紧,离合器则难以完全接合,传动时会出现打滑现象。这不仅会降低离合器所能传递的最大转矩,而且会加速摩擦片和分离轴承的磨损。因此,当离合器处于正常接合状态时,在分离杠杆内端与分离轴承之间必须预留一定的间隙,即为离合器的自由间隙。

由于自由间隙的存在,踩下离合器踏板时,首先要消除这一间隙,然后才能开始分离离合器。消除这一间隙所需的离合器踏板行程,称为离合器踏板的自由行程。通过拧动分离推杆叉,改变分离推杆的工作长度,可以调整自由间隙的大小,进而调整离合器踏板的自由行程。

为使离合器分离彻底,须使压盘向后移动足够的距离,这一距离通过一系列杠杆放大,反映到离合器踏板上就是离合器踏板的有效行程。离合器踏板的自由行程和有效行程之和即为离合器踏板的总行程。

### 三、膜片弹簧离合器

#### 1. 膜片弹簧离合器的构造

膜片弹簧离合器的构造如图 2-2 所示。

主动部分由飞轮、离合器盖和压盘组成。离合器盖通过螺栓固定在飞轮上为了保持正确的安装位置,离合器盖通过定位销进行定位。如图 2-3 所示压盘与离合器盖之间通过周向均布的 3 组或 4 组传动片来传递转矩。传动片用弹簧钢片制成,每组两片,一端用铆钉铆接在离合器盖上,另一端用螺钉连接在压盘上,如图 2-4 所示。

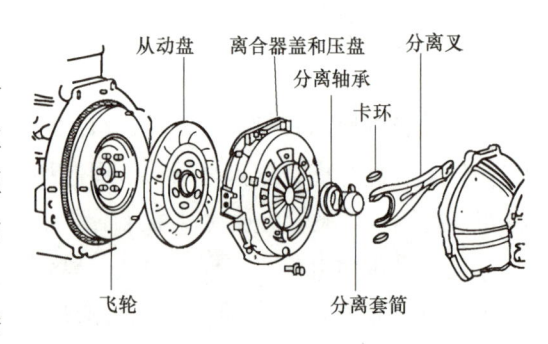

图 2-2 膜片弹簧离合器

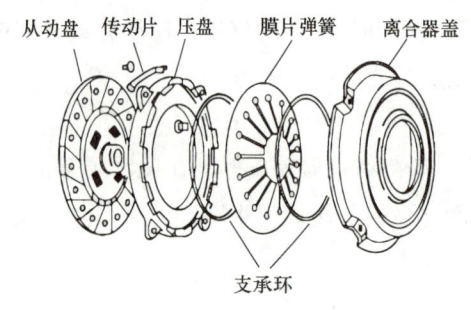

图 2-3 膜片弹簧离合器盖和压盘分解图

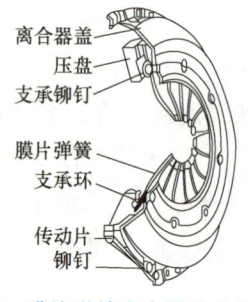

图 2-4 膜片弹簧离合器盖和压盘

从动部分包括从动盘和从动轴,从动盘一般都带有扭转减振器。发动机传到传动系统的转速和转矩是周期性变化的,使传动系统产生扭转振动,这将使传动系统的零部件受到冲击性交变载荷,使寿命下降、零件损坏。采用扭转减振器可以有效地防止传动系统的扭转振动。带扭转减振器的从动盘的结构和原理如图 2-5 所示。

从动盘钢片外圆周铆接有波浪形弹簧钢片,摩擦片分别铆接在弹簧钢片上,从动盘钢片与减振器盘铆接在一起,这两者之间夹有摩擦垫圈和从动盘毂。从动盘毂、从动盘钢片和减振器盘上都有 6 个圆周均布的窗孔,减振弹簧装在窗孔中。

当从动盘受到转矩时,转矩从摩擦片传到从动盘钢片,再经减振弹簧传给从动盘毂,此时弹簧将被压缩,吸收发动机传来的扭转振动。

压紧机构是膜片弹簧,其径向开有若干切槽,形成弹性杠杆。切槽末端有圆孔,固定铆钉穿过圆孔，并固定在离合器盖上，膜片弹簧两侧装有钢丝支承环，这两个钢丝支承环是膜片弹簧工作时的支点。膜片弹簧的外缘通过分离钩与压盘联系起来。

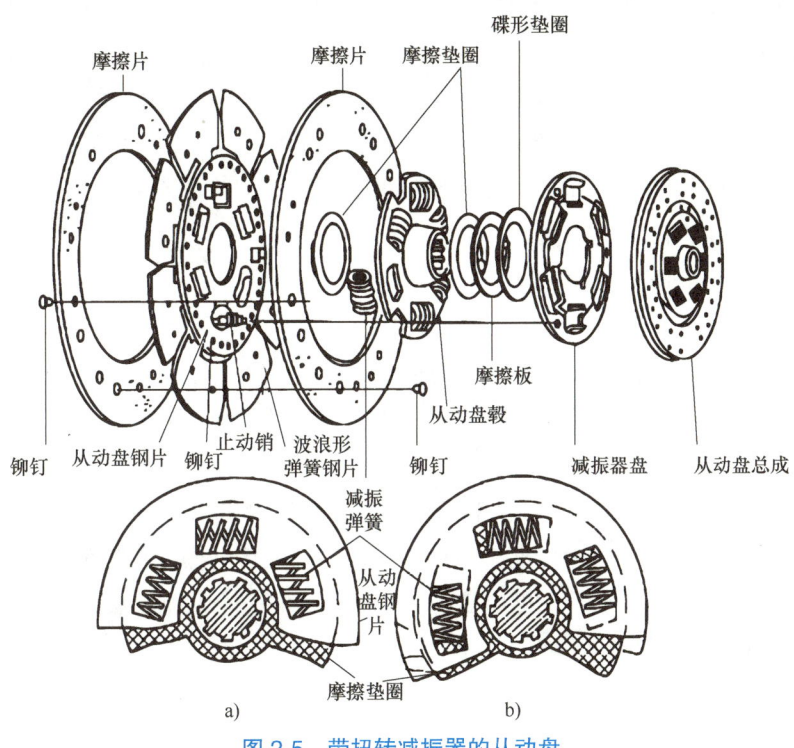

图 2-5 带扭转减振器的从动盘

膜片弹簧离合器的工作原理如图 2-6 所示。当离合器盖未安装到飞轮上时，膜片弹簧不受力而处于自由状态，此时，离合器盖与飞轮之间有一距离 $S$（图 2-6a）；当离合器盖通过螺栓固定在飞轮上时，膜片弹簧在支承环处受压产生弹性变形，此时膜片弹簧的外圆周对压盘产生压紧力使离合器处于接合状态（图 2-6b）；当踩下离合器踏板时，分离轴承推动膜片弹簧，使膜片弹簧以支承环为支点外圆周向后翘起，通过分离钩拉动压盘后移使离合器分离（图 2-6c）。

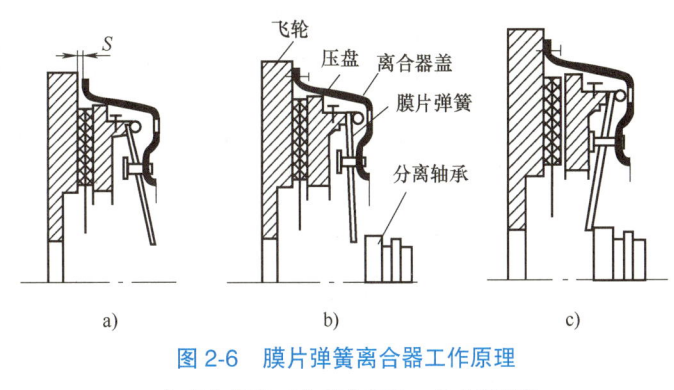

图 2-6 膜片弹簧离合器工作原理
a）自由状态　b）接合状态　c）分离状态

由此可以看出，膜片弹簧既是压紧弹簧，又是分离杠杆，结构简单。另外，膜片弹簧的弹簧特性优于圆柱螺旋弹簧，所以，膜片弹簧离合器的应用越来越广泛，在各种车型上都有应用。

### 2. 膜片弹簧的弹性特性及其特点

如图 2-7 所示，膜片弹簧具有非线性的弹性特征，能随摩擦片的磨损自动调节压紧力，传动可靠，不易打滑，且离合器分离时操纵轻便；膜片弹簧中心位于旋转轴线上，压紧力几乎不受离心力的影响。因膜片弹簧离合器具有上述一系列优点，所以在轿车、轻型及中型货车上应用得也越来越广泛。如上海桑塔纳、一汽奥迪、丰田卡罗拉等汽车均采用膜片弹簧离合器。

### 四、离合器操纵机构

离合器操纵机构是驾驶人借以使离合器分离，而后又使之柔和接合的一套机构。它起始于离合器踏板，终止于离合器壳内的分离轴承。

离合器操纵机构有人力式和助力式两类。前者是以驾驶人作用在离合器踏板上的力作为唯一的操纵动力，后者则是以发动机驱动的空气压缩机作为主要操纵动力，而以驾驶人的作用力作为辅助和后备的操纵动力。人力式操纵机构又可分为机械式和液压式两种。

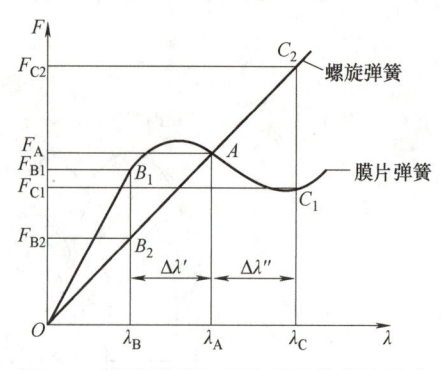

图 2-7 膜片弹簧和螺旋弹簧的特性曲线

#### 1. 机械式操纵机构

机械式操纵机构有杆系传动和拉索传动两种形式。

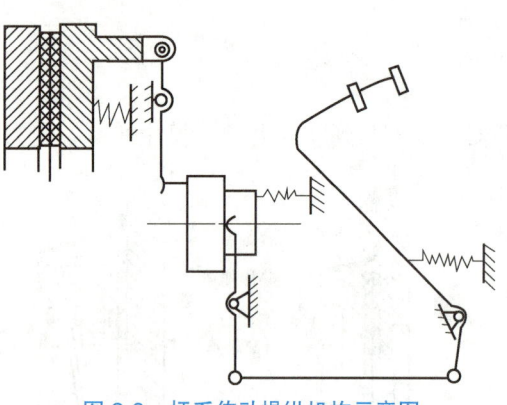

（1）杆系传动操纵机构 杆系传动操纵机构由一组杆系组成，其结构简单、工作可靠，广泛用于各类型汽车上。缺点是杆件间铰接多，摩擦损失大，车架或驾驶室变形时以及发动机产生位移时会影响其正常工作。图 2-8 所示是最简单的杆系传动操纵机构。

（2）拉索传动操纵机构 拉索传动操纵机构可消除杆系传动操纵机构的缺点，且可在一些杆系传动布置比较困难的情况下采用。但摩擦损失仍较大，且寿命较短，此种形式多用于轻型汽车中，其构造如图 2-9 所示。

图 2-8 杆系传动操纵机构示意图

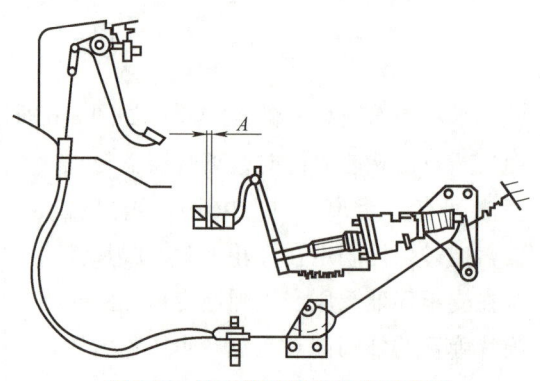

图 2-9 拉索传动操纵机构示意图

#### 2. 液压式操纵机构

（1）组成与工作原理 液压式操纵机构一般由主缸、工作缸和管路系统组成，如图 2-10 所示。基本工作原理是：踩下离合器踏板时，主缸推杆推动主缸活塞，使主缸中的油液压力升高，并通过管路进入工作缸推动工作缸活塞，工作缸推杆推动分离叉使离合器分离。

离合器踏板缓慢抬起过程中，主缸推杆逐渐减小对主缸活塞的压力，使主缸和工作缸的油液压力逐渐下降，工作缸活塞和主缸活塞逐渐退回原位，实现逐渐接合，至完全回到原位时，离合器接合。

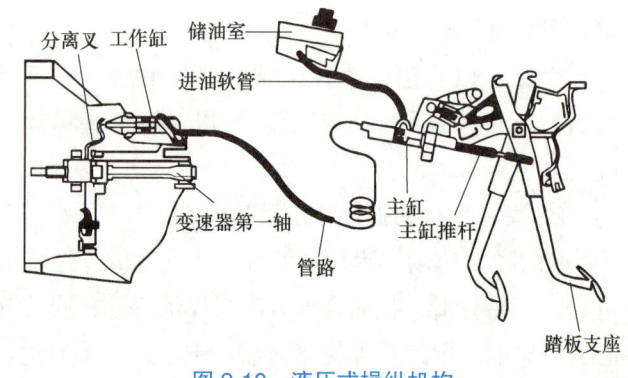

图 2-10 液压式操纵机构

（2）主缸的构造　主缸的构造如图2-11所示。主缸上部是储油室，补偿孔A和进油孔B连通主缸和储油室。活塞中部较细，与主缸间形成环形油室。活塞前后端分别装有主缸皮碗和主缸密封圈。活塞顶部有沿圆周均布的6个小孔，回位弹簧将主缸皮碗、活塞垫片压向活塞，盖住6个小孔，形成单向阀，并把活塞推向最右位置。此时主缸皮碗和活塞前部环台位于孔A和孔B之间，两孔都开放。

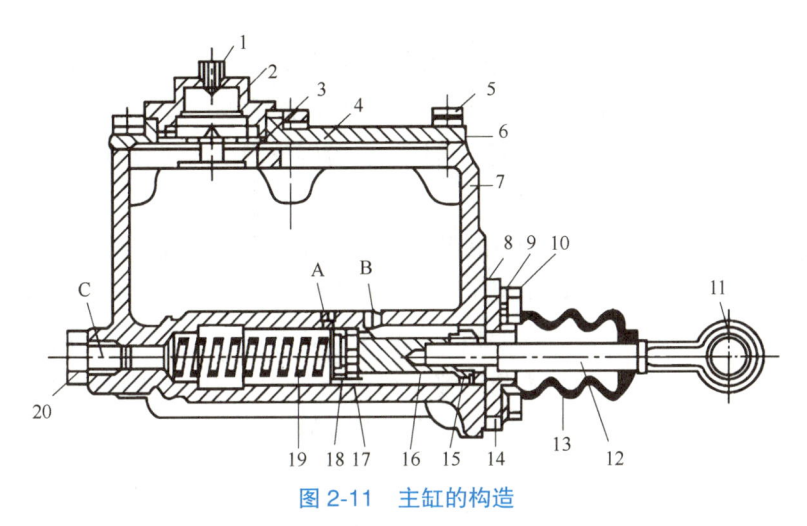

图2-11　主缸的构造

1—通气孔　2—螺塞　3—挡板　4—盖　5、10—螺钉　6—衬垫　7—储油室　8—垫片　9—垫圈　11—主缸推杆接头　12—主缸推杆　13—防尘罩　14—端盖　15—主缸密封圈　16—主缸活塞　17—弹性薄垫片　18—主缸皮碗　19—主缸回位弹簧　20—管接头　A—主缸补偿孔　B—主缸进油孔　C—出油孔

当踩下离合器踏板时，主缸推杆推动活塞左移，当主缸皮碗将孔A关闭后，活塞前方油压升高，液压油通过管路到工作缸推动工作缸活塞工作。

当迅速放松踏板时，回位弹簧使活塞较快右移，由于管路中的阻尼作用，油液回流较迟缓，从而在活塞前方会产生一定真空度。这样在活塞前后液压差的作用下，少量油液从进油孔B进入环形油室，推开活塞垫片和主缸皮碗形成的单向阀，经6个小孔和被向前压弯的主缸皮碗周围流到前方填补真空。当活塞退回原位后，补偿孔A开放，进入主缸的多余油液便经孔A流回储油室。同理，在温度变化引起系统内油液体积变化时，系统内油液便经补偿孔A得到适当增减，以保证系统工作的可靠性。

（3）工作缸的构造　工作缸的构造如图2-12所示。工作缸内装有活塞、皮碗和活塞限位块。放气螺钉用于放净系统内的空气。分离推杆的长度可调，用于调整分离轴承的自由间隙。液压式操纵机构具有摩擦阻力小、传动效率高、质量轻、接合柔和及布置方便等优点，并且不受车身车架变形的影响，因此其应用日益广泛。

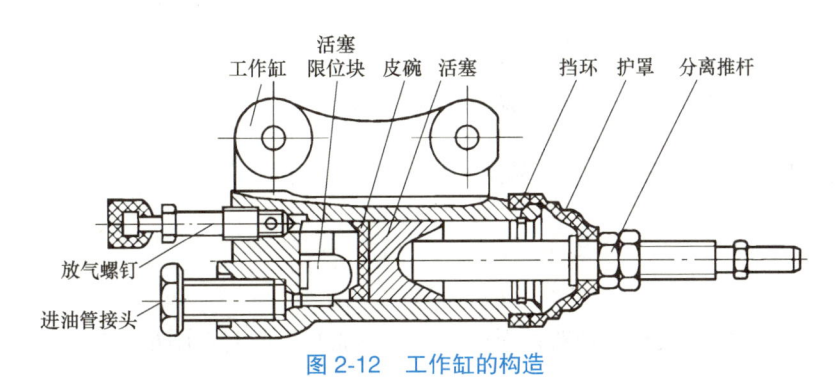

图2-12　工作缸的构造

#### 3. 操纵机构的检修

（1）检查机械系统是否失效或卡滞　检查离合器踏板、分离叉轴、工作缸是否失效或卡滞，分离轴承是否严重磨损、烧蚀或卡滞。

可一人踩下离合器踏板，一人观察离合器结合和断开时的状态，判断是否有失效部件或运动卡滞现象。如有，需进一步检查失效部件，并进行维修或更换。

（2）检查液压系统是否渗漏或是否有空气渗入

1）检查操纵机构的液压管路是否漏油。如果管路漏油，应仔细清洁表面后，重新接合紧固。

2）检查离合器主缸、工作缸是否漏油。如踩下离合器踏板，离合器分离不彻底，可拆下操纵机构总成并分解，用制动液清洁后装复，再试用；若因皮碗或活塞磨损造成漏油，应更换，并释放空气。

> 注意：
> 清洁时只能使用制动液清洗，而不能使用汽油或其他溶液，以防损坏软管。

> 值得注意的是：
> 离合器液压操纵系统在经过检修之后，管路内可能进入空气，在添加离合器油时也可能使液压系统中进入空气，因此液压系统检修后也要进行液压系统排空气的处理。

3）用脚踩踏离合器踏板体验踏板的软硬度，如果感觉绵软，可能是液压系统中有空气，需要进行液压系统排空气处理。

（3）检查与调整离合器踏板自由行程　离合器踏板自由行程的检查与调整如图 2-13 所示。用一个钢直尺抵在驾驶室地板上，先测量踏板完全松开时的高度；然后用手轻按踏板，当感到阻力增大时，表示分离轴承端面已与分离杠杆内端接触，停止按踏板，再测量踏板高度。两次测量的高度差即为踏板的自由行程。测量踏板的自由行程后，应与该车型的技术标准相比较，如果不符合要求，应进行调整。

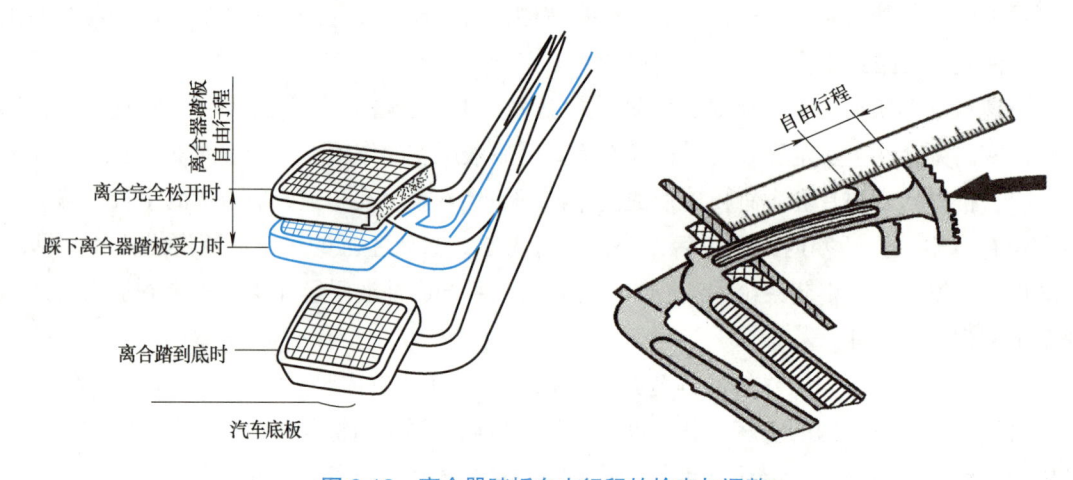

图 2-13　离合器踏板自由行程的检查与调整

离合器踏板的自由行程由两个间隙构成：一个是主缸活塞与补偿孔的距离；另一个是分离轴承与膜片弹簧分离指端的间隙。通过转动主缸、工作缸推杆接头来改变推杆长度，即可改变活塞与补偿孔的距离和分离轴承与膜片弹簧分离指端的间隙。

### 五、离合器常见故障的诊断与排除

#### 1. 离合器打滑

（1）故障现象

1）汽车起步时，完全放松离合器踏板后，汽车不能起步或起步困难。

2）汽车行驶中加速时，车速不能随发动机转速的提高而增加，发动机的动力不能完全传给驱动轮，造成行驶无力。

3）满载上坡时，打滑较明显，严重时发出因摩擦片过热而产生的焦臭味。

（2）故障原因

1）离合器踏板自由行程太小或没有自由行程，分离轴承经常压在膜片弹簧上，使压盘处于半分离状态。

2）膜片弹簧弹力下降。

3）摩擦片磨损过甚、表面硬化、沾有油污或铆钉外露。

4）离合器与飞轮连接螺栓松动。

5）分离杠杆调整不当。

（3）故障的诊断与排除

1）起动发动机，拉紧驻车制动，挂上低速档，缓慢放松离合器踏板并踩下加速踏板，若车身不动，发动机继续转动而不熄火，说明离合器打滑。

2）检查离合器踏板的自由行程，如无自由行程，但能完全抬起，可调整分离推杆长度，若无效，应检查分离杠杆是否调整过高。

3）若自由行程正常，可检查分离轴承与套筒有无卡滞现象及离合器盖的固定螺栓是否松动等。如上述均好，可检查摩擦片是否磨损过薄、有油污、硬化或铆钉外露，若有则应更换或清洗。

4）分离离合器，检查弹簧（或膜片）弹力，若弹力过小应予以更换。

5）调整分离杠杆的高度。调整时，一人在车上缓踩离合器踏板，一人在车下观察分离杠杆端部与分离轴承的接触情况，并对分离杠杆端部与分离轴承的间隙进行调整。

**2. 离合器分离不彻底**

（1）故障现象

1）汽车起步时，将离合器踏板踩到底仍感到挂档困难；或虽然强行挂上档，但不抬离合器踏板汽车就向前行驶；或造成发动机熄火。

2）行驶中换档困难，并伴有变速器齿轮撞击声。

（2）故障原因

1）离合器踏板自由行程过大。

2）摩擦片翘曲、铆钉松动或摩擦片破碎。

3）膜片弹簧分离指端磨损不在同一平面上。

4）从动盘毂花键与变速器输入轴花键磨损过甚或锈蚀发卡，影响从动盘的移动。

5）更换的摩擦片过厚。

6）从动盘正反面装反。

7）离合器液压式操纵机构中油管内有空气。

（3）故障的诊断与排除

1）检查并调整离合器踏板的自由行程。

2）对于液压式操纵机构，应检查系统是否漏油，检查主缸、工作缸工作行程及推杆工作行程，并为系统放气。

3）检查分离杠杆是否在同一平面内，支承螺栓是否松动。

4）若经上述检查调整仍无效，应分解离合器，检查各总成部件，必要时应更换；若从动盘装反，应重新组装。

### 3. 离合器异响

（1）故障现象　在使用离合器时，发出不正常响声，一种是在踩下离合器踏板时发响，另一种是在放松离合器踏板时发响。

（2）故障原因分析

1）分离轴承缺油或磨损松旷而发出响声。

2）离合器踏板回位弹簧或分离轴承回位弹簧过软、折断或脱落。

3）离合器踏板无自由行程。

4）分离杠杆弹簧折断或浮动销孔磨损松旷。

5）从动盘铆钉松动或扭转减振器弹簧折断。

（3）故障的诊断与排除

1）检查操纵机构是否正常，若发动机一起动就有响声，踩下离合器踏板时响声消失，放松踏板时踏板不能彻底回位，表明踏板回位弹簧过软，应更换；若踏板回位正常，表明分离套筒回位弹簧折断或脱离，应更换。

2）若稍踩下踏板，分离轴承与膜片弹簧一接触就能听到异响，抬起踏板则响声消失，应拆解离合器，检查分离轴承，必要时进行更换。

3）若摩擦片磨损过甚或扭转减振器弹簧折断，应更换。

### 4. 起步时离合器发抖

（1）故障现象　汽车起步时，缓抬离合器踏板并缓踩加速踏板，离合器接合不平稳而使车身明显抖动，不能平稳起步。

（2）故障原因

1）压盘或从动盘翘曲不平或磨损出槽。

2）摩擦片破裂变形、有油污或铆钉外露。

3）弹簧弹力不均。

4）从动盘毂与变速器输入轴花键因锈蚀、积污而不能滑动自如。

5）分离杠杆调整不当，各外端高度不一致，不在同一平面内。

（3）故障的诊断与排除

1）检查分离杠杆外端高度是否在同一平面内，必要时进行调整。

2）分解离合器，检查从动盘摩擦片及压盘是否翘曲、起槽；从动盘毂花键与变速器输入轴花键是否锈蚀、积污，若有应予排除。

## 【任务实施】

### 任务 2-1　离合器总成的拆卸与安装

**实训器材：**

离合器总成、专用工具、常用工具、工具车、零件架、维修手册、通用润滑脂、抹布等。

**任务准备：**

1）将工位清理干净，准备好相关器材。

2）将离合器总成放置到拆装架上。

项目二　离合器的构造与检修

**实施步骤：**
1. 离合器的分解

| 序号 | 操作示意图 | 操作方法 | 操作要求 |
| --- | --- | --- | --- |
| 1 |  | 采用专用工具固定飞轮 | — |
| 2 |  | 在飞轮和离合器盖上用冲头或粉笔等工具做上对合标记 | 标记要清晰 |
| 3 |  | 使用工具按对角方向逐渐拧松并拆下紧固螺栓 | 将拆卸下来的螺栓摆放整齐 |
| 4 |  | 拆下离合器压盘总成、从动盘，拔下后按顺序摆放好 | 注意不要将润滑油或润滑脂沾到压盘和从动盘摩擦片的摩擦表面 |

19

## 2. 离合器总成的装配

| 序号 | 操作示意图 | 操作方法 | 操作要求 |
|---|---|---|---|
| 1 |  | 使用砂纸和清洁剂清洗飞轮和从动盘摩擦片的摩擦表面<br>使用砂纸和清洁剂清洗压盘的摩擦表面 | — |
| 2 |  | 安装离合器从动盘 | 在花键毂内薄薄地涂上一层专用润滑脂 |
| 3 |  | 安装离合器盖及压盘，对齐飞轮和离合器盖上的标记，然后按对角方向逐渐拧紧螺栓 | 螺栓分 2~3 次拧紧 |
| 4 |  | 使用扭力扳手按规定的力矩拧紧螺栓 | 一般为 15N·m 左右 |

**工单填写：**

| 离合器总成的拆卸与安装 | 工作任务单 | 班级：<br>姓名： |
|---|---|---|
| 1. 作业场地准备 ||||
| 将工位清理干净，准备好相关器材 || 是□　否□ |
| 检查设备台架，应安全、清洁 || 是□　否□ |
| 将离合器总成安装到拆装架上 || 是□　否□ |
| 2. 记录数据 ||||
| 项目名称 | 小组实训过程 | 注意事项 |
| 离合器分解 | 分解步骤：<br>1.<br>2.<br>3.<br>4. | 记录应全面，不得漏项 |
| 零件摆放 | 摆放原则是：<br>1.<br>2.<br>3. | — |
| 认识零部件 | 1. 摩擦式离合器工作原理：<br><br>2. 摩擦式离合器的主动部分由哪几部分组成： | 正确分析 |
| 组装顺序 | 正确的组装顺序是：<br>1.<br>2.<br>3.<br>4.<br>5. | 注意正确操作流程 |
| 注意事项 | 1.<br><br>2. | |
| 3. 作业场地恢复 ||||
| 擦拭、整理工具 || |
| 打扫实训场地卫生 || |

**评价反馈：**

| 序号 | 评分项 | 得分条件 | 分值 | 评分标准 | 自评 | 互评 | 师评 |
|---|---|---|---|---|---|---|---|
| \multicolumn{8}{|l|}{离合器总成的拆卸与安装　　　　实训日期：} |
| \multicolumn{8}{|l|}{姓名：　　　　班级：　　　　学号：　　　　教师签名：} |
| \multicolumn{8}{|l|}{自评：□熟练　□不熟练　　互评：□熟练　□不熟练　　师评：□合格　□不合格} |
| 1 | 安全/7S/态度 | □1. 能进行工位7S操作<br>□2. 能进行设备和工具安全检查<br>□3. 能进行工位安全防护操作<br>□4. 能进行工具清洁、校准、存放操作<br>□5. 能保证三不落地 | 15 | 1项未完成扣3分 | □熟练<br>□不熟练 | □熟练<br>□不熟练 | □合格<br>□不合格 |
| 2 | 专业技能 | □1. 能正确地拆装离合器零部件<br>□2. 能正确地分析离合器主要零件的结构及安装位置<br>□3. 能够掌握相应的检修项目和操作方法 | 50 | 1项未完成扣20分，扣分不得超过50分 | □熟练<br>□不熟练 | □熟练<br>□不熟练 | □合格<br>□不合格 |
| 3 | 工具、设备的使用能力 | □1. 能正确地选择拆装工具<br>□2. 能正确地使用专用拆装工具 | 10 | 1项未完成扣5分 | □熟练<br>□不熟练 | □熟练<br>□不熟练 | □合格<br>□不合格 |
| 4 | 资料、信息查询的能力 | □1. 能严格执行厂家提供的拆装说明<br>□2. 能进行设备和工具安全检查<br>□3. 能进行工位安全防护操作 | 10 | 1项未完成扣5分，扣分不得超过10分 | □熟练<br>□不熟练 | □熟练<br>□不熟练 | □合格<br>□不合格 |
| 5 | 数据判断和分析能力 | □1. 能正确叙述拆装步骤<br>□2. 能正确地描述离合器的组成<br>□3. 能正确地分析离合器的控制功能<br>□4. 能正确叙述离合器主动部分和从动部分 | 10 | 1项未完成扣2分 | □熟练<br>□不熟练 | □熟练<br>□不熟练 | □合格<br>□不合格 |
| 6 | 表单填写和报告撰写的能力 | □1. 字迹清晰<br>□2. 语句通顺<br>□3. 无错别字<br>□4. 无涂改<br>□5. 无抄袭 | 5 | 1项未完成扣1分 | □熟练<br>□不熟练 | □熟练<br>□不熟练 | □合格<br>□不合格 |

## 任务 2-2　离合器的检修

扫一扫

离合器的检修

**实训器材：**

离合器总成、磨损的离合器压盘及从动盘、游标卡尺、塞尺、钢板尺、磁性表座、百分表头等常用和专用工具。

**任务准备：**

1）将工位清理干净，准备好相关器材。

2）将离合器总成放置到拆装架上。

**实施步骤：**

### 1. 压盘的检修

压盘损伤主要是翘曲、破裂或过度磨损等。

压盘平面度或表面粗糙度超过要求时可用平面磨床磨平或车床车平，但磨、车加工的厚度应小于2mm，否则应更换压盘。离合器盖与飞轮接合面的平面度应小于0.5mm，如有翘曲、裂纹、螺纹磨损等应更换离合器盖。

项目二　离合器的构造与检修

| 序号 | 操作示意图 | 操作方法 | 操作要求 |
|---|---|---|---|
| 1 |  | 压盘外观目检：观察压盘外观是否有破裂、翘曲；检查压盘表面粗糙度，压盘表面不应有明显的沟槽，沟槽深度应小于0.3 mm。轻微的磨损可用油石修平 | — |
| 2 |  | 压盘平面度检查：用钢直尺压在压盘上，然后用塞尺测量，离合器压盘平面度不超过0.2mm | 注意直尺平面和压盘平面垂直 |

2. 膜片弹簧的检查

| 序号 | 操作示意图 | 操作方法 | 操作要求 |
|---|---|---|---|
| 1 |  | 用游标卡尺测量膜片弹簧与分离轴承接合处磨损的深度和宽度，深度应小于0.6mm，宽度应小于5.0mm，否则应更换膜片弹簧 | — |
| 2 |  | 膜片弹簧是否变形：用专业工具盖住弹簧分离指内端（小端），然后用塞尺测量弹簧分离指内端与专用工具之间的间隙，弹簧分离指内端应与专用工具在同一平面内，间隙不大于0.5mm，否则应用维修工具对变形过大的弹簧分离指翘曲进行调整 | 注意工具使用规范 |

23

### 3. 从动盘的检修

从动盘的常见损伤为：摩擦片磨损变薄或铆钉外露、松动；摩擦片开裂、烧焦、硬化、有油污；从动盘翘曲；从动盘花键槽磨损；扭转减振器弹簧折断等。

| 序号 | 操作示意图 | 操作方法 | 操作要求 |
| --- | --- | --- | --- |
| 1 |  | 目视检查：观察从动盘摩擦片是否有裂纹、铆钉外露、减振器弹簧断裂等情况，如果有则更换从动盘 | — |
| 2 |  | 从动盘摩擦片的磨损程度：摩擦片的磨损程度可用游标卡尺进行测量。铆钉头埋入深度应不小于 0.2mm。如果检查结果超过要求，则应更换从动盘 | 注意工具使用规范、数据记录全面 |
| 3 |  | 检查从动盘的端面圆跳动：在距从动盘外边缘 2.5mm 处测量，离合器从动盘最大端面圆跳动为 0.4mm。如果不符合要求，可用扳钳校正或更换从动盘 | |

### 4. 分离杠杆和分离轴承的检修

| 序号 | 操作示意图 | 操作方法 | 操作要求 |
| --- | --- | --- | --- |
| 1 |  | 分离拨叉：检查分离拨叉与分离轴承接触位置是否有磨损、变形 | — |

（续）

| 序号 | 操作示意图 | 操作方法 | 操作要求 |
|---|---|---|---|
| 2 | | 分离轴承：检测转动是否有异响，检查轴向间隙和径向间隙是否合适 | — |

### 5. 飞轮的检修

| 序号 | 操作示意图 | 操作方法 | 操作要求 |
|---|---|---|---|
| 1 | ➢查看飞轮平面有无异常磨损<br>➢齿圈是否完整 | 目视检查：检查齿圈轮齿是否磨损或打齿，并检查飞轮端面是否有烧蚀、沟槽、翘曲和裂纹等。如果有，应修理或更换飞轮 | — |
| 2 | | 检查飞轮上的轴承：用手转动轴承，并在轴向加力，如果有阻滞或有明显间隙感，应更换轴承 | — |
| 3 | | 检查飞轮端面圆跳动：将百分表安装在发动机机体上，百分表表针在飞轮的最外圈，转动飞轮，测量飞轮的端面圆跳动，飞轮端面圆跳动应小于0.1mm。如果端面圆跳动超过0.1mm，应予以修磨或更换飞轮 | 注意工具使用规范、数据记录全面 |

### 6. 离合器盖的检修

离合器盖因压盘弹簧强弱不均匀或固定螺栓松动的影响，会发生变形或有裂痕。安装分离杆的窗孔磨损，使窗孔与分离杆或压盘挂耳的配合间隙增大，从而使离合器工作时发响。

离合器盖变形，可放在平板上用手按住检查，如有摇动即为变形；或用塞尺在离合器盖几个凸缘处测量，如间隙超过0.5mm，应予以校正。

25

**工单填写：**

| 离合器的检修 | 工作任务单 | 班级：<br>姓名： |
|---|---|---|
| 1. 作业场地准备 ||||
| 将工位清理干净，准备好相关器材 || 是□ 否□ |
| 检查设备台架，应安全、清洁 || 是□ 否□ |
| 2. 记录数据 ||||
| 项目名称 | 小组实训过程 | 注意事项 |
| 压盘的检修 | 1. 目检：<br>表面是否破裂　　　　是□ 否□<br>表面是否翘曲　　　　是□ 否□<br>表面是否有磨损沟槽　是□ 否□<br>2. 压盘平面度：<br>标准值：≤0.2mm<br>测量值：<br>维修建议： | 记录应全面，不得漏项 |
| 膜片弹簧的检查 | 1. 膜片弹簧与分离轴承接触部位磨损的深度 $h$ 与宽度 $b$：<br>标准值：$h<0.6mm$，$b<5.0mm$<br>测量值：$h=$　　，$b=$<br>2. 膜片弹簧是否变形：<br>标准值：≤0.5mm<br>测量值：<br>维修建议： | — |
| 从动盘的检修 | 1. 目检<br>摩擦片是否有裂纹　　　　是□ 否□<br>摩擦片是否有磨损　　　　是□ 否□<br>铆钉是否外露　　　　　　是□ 否□<br>扭转减震器弹簧是否断裂　是□ 否□<br>2. 磨损程度测量<br>标准值：$t≥0.2mm$<br>测量值：<br>3. 端面圆跳动<br>标准值：<0.4mm<br>测量值：<br>维修建议： | 注意操作流程规范、工具使用正确、分析正确 |
| 分离杠杆和分离轴承的检修 | 1. 分离杠杆<br>端面是否磨损　　是□ 否□<br>是否变形　　　　是□ 否□<br>2. 分离轴承<br>转动是否灵活　　是□ 否□<br>转动是否发响　　是□ 否□<br>维修建议： | 分析正确 |

（续）

| 项目名称 | 小组实训过程 | 注意事项 |
|---|---|---|
| 飞轮的检修 | 1. 飞轮外观目检<br>齿圈轮齿是否磨损或打齿、变形点蚀等<br>　　　　　　　　　　　　　　是□ 否□<br>端面是否有烧蚀　　　　　　　是□ 否□<br>端面是否有沟槽、翘曲和裂纹　是□ 否□<br>2. 轴承检查<br>是否有阻滞或有明显间隙感　　是□ 否□<br>维修建议： | |
| 离合器盖的检修 | 检查离合器盖是否有变形<br>标准值：<0.5mm<br>测量值：<br>维修建议： | |
| 注意事项 | 1.<br><br>2. | |
| 3. 作业场地恢复 | | |
| 擦拭、整理工具 | | |
| 打扫实训场地卫生 | | |

## 评价反馈：

| 离合器的检修 | | 实训日期： | |
|---|---|---|---|
| 姓名： | 班级： | 学号： | 教师签名： |
| 自评：□熟练　□不熟练 | 互评：□熟练　□不熟练 | 师评：□合格　□不合格 | |

| 序号 | 评分项 | 得分条件 | 分值 | 评分标准 | 自评 | 互评 | 师评 |
|---|---|---|---|---|---|---|---|
| 1 | 安全/7S/态度 | □ 1. 能进行工位 7S 操作<br>□ 2. 能进行设备和工具安全检查<br>□ 3. 能进行工位安全防护操作<br>□ 4. 能进行工具清洁、校准、存放操作<br>□ 5. 能保证三不落地 | 15 | 1项未完成扣3分 | □熟练<br>□不熟练 | □熟练<br>□不熟练 | □合格<br>□不合格 |
| 2 | 专业技能 | □ 1. 能正确地测量离合器零部件<br>□ 2. 能正确地分析离合器主要零件的结构<br>□ 3. 能够掌握相应的检修项目和操作方法 | 30 | 1项未完成扣10分 | □熟练<br>□不熟练 | □熟练<br>□不熟练 | □合格<br>□不合格 |
| 3 | 工具、设备的使用能力 | □ 1. 能正确地选择测量工具<br>□ 2. 能正确地使用专用测量工具 | 20 | 1项未完成扣10分 | □熟练<br>□不熟练 | □熟练<br>□不熟练 | □合格<br>□不合格 |
| 4 | 资料、信息查询的能力 | □ 1. 能严格执行厂家提供的检修说明<br>□ 2. 能进行设备和工具安全检查<br>□ 3. 能进行工位安全防护操作 | 15 | 1项未完成扣5分 | □熟练<br>□不熟练 | □熟练<br>□不熟练 | □合格<br>□不合格 |

(续)

| 序号 | 评分项 | 得分条件 | 分值 | 评分标准 | 自评 | 互评 | 师评 |
|---|---|---|---|---|---|---|---|
| 5 | 数据判断和分析能力 | □1. 能正确叙述测量步骤<br>□2. 能按照测量标准，给出合理的维修建议 | 15 | 1项未完成扣5分 | □熟练<br>□不熟练 | □熟练<br>□不熟练 | □合格<br>□不合格 |
| 6 | 表单填写和报告撰写的能力 | □1. 字迹清晰<br>□2. 语句通顺<br>□3. 无错别字<br>□4. 无涂改<br>□5. 无抄袭 | 5 | 1项未完成扣1分 | □熟练<br>□不熟练 | □熟练<br>□不熟练 | □合格<br>□不合格 |

扫一扫

离合器踏板自由行程的检查与调整

## 任务 2-3　离合器踏板自由行程的检查与调整

**实训器材：**

组合工具、扭力扳手、钢直尺等；手动变速器的卡罗拉轿车或其他手动变速器的轿车。

**任务准备：**

1）将工位清理干净，准备好相关器材。

2）现场安全确认：车辆、举升机、工位。

**实施步骤：**

### 1. 检查与调整离合器踏板位置

| 序号 | 操作示意图 | 操作方法 | 操作要求 |
|---|---|---|---|
| 1 |  | 取下方向柱下护罩<br>打开主驾驶室储物盒盖，拆卸方向柱下护罩固定螺栓，然后关闭储物盒盖 | — |
| 2 |  | 使用卡扣拆卸专用工具，取下方向柱下护罩 | 注意工具使用规范 |
| 3 |  | 检查离合器踏板工作行程<br>1）拉紧驻车制动器操纵杆，并将变速器杆置于空档位置<br>2）取下主驾驶室地毯<br>3）使用钢直尺垂直于地板，测量离合器踏板工作行程，记录检测数据与标准数据进行对比 | — |

项目二　离合器的构造与检修

（续）

| 序号 | 操作示意图 | 操作方法 | 操作要求 |
| --- | --- | --- | --- |
| 4 |  | 选用12mm呆扳手，松开离合器推杆锁止螺母 | — |
| 5 |  | 选用8mm呆扳手，转动离合器推杆以调节离合器位置 | — |
| 6 |  | 调整到位后，再一次检查离合器踏板高度以保证其在规定范围<br>调整结束后，紧固离合器推杆锁紧螺母 | — |

2. 检查离合器踏板自由行程

| 序号 | 操作示意图 | 操作方法 | 操作要求 |
| --- | --- | --- | --- |
| 1 |  | 使用钢直尺垂直于地板，测量离合器踏板放松时的高度，并记录下数据 | — |
| 2 |  | 1）使用钢直尺垂直于地板，用手指轻轻按压离合器踏板直至开始感觉到离合器阻力<br>2）读取检测数值，并与标准数据进行对比 | — |

29

> **注意：**
> 离合器液压操纵系统在经过检修后，管路内可能进入空气。因此，液压系统检修后要排除液压系统中的空气。

### 3. 调整离合器踏板自由行程

1）取下方向柱下护罩。

2）松开锁紧螺母并转动推杆直至获得正确的自由行程。

3）调整到位后，再一次检查离合器踏板自由行程以保证其在规定范围。

4）调整结束后，紧固离合器推杆锁紧螺母。

**工单填写：**

| 离合器踏板自由行程的检查与调整 | 工作任务单 | 班级： |
| --- | --- | --- |
|  |  | 姓名： |
| 1. 作业场地准备 ||||
| 将工位清理干净，准备好相关器材 || 是□ 否□ |
| 检查设备台架，应安全、清洁 || 是□ 否□ |
| 将离合器总成安装到拆装架上 || 是□ 否□ |
| 2. 记录数据 ||||
| 项目名称 | 小组实训过程 | 注意事项 |
| 检查离合器踏板位置 | 检查步骤：<br>1.<br>2.<br>3.<br>测量离合器踏板工作行程<br>标准值：<br>测量值：<br>维修建议： | 记录应全面，不得漏项 |
| 调整离合器踏板位置 | 调整步骤：<br>1.<br>2.<br>3. | 工具规范使用 |
| 检查离合器踏板自由行程 | 检查步骤：<br>1.<br>2.<br>离合器踏板自由行程<br>标准值：<br>测量值：<br>维修建议 | 正确分析 |
| 调整离合器踏板自由行程 | 调整步骤：<br>1.<br>2.<br>3. | 注意正确操作流程 |

项目二　离合器的构造与检修

（续）

| 项目名称 | 小组实训过程 | 注意事项 |
|---|---|---|
| 注意事项 | 1.<br><br>2. | |
| 3. 作业场地恢复 | | |
| 擦拭、整理工具 | | |
| 打扫实训场地卫生 | | |

## 评价反馈：

| 离合器踏板自由行程的检查与调整 | | | 实训日期： | | | |
|---|---|---|---|---|---|---|
| 姓名： | | 班级： | | 学号： | | 教师签名： |
| 自评：□熟练　□不熟练 | | 互评：□熟练　□不熟练 | | 师评：□合格　□不合格 | | |

| 序号 | 评分项 | 得分条件 | 分值 | 评分标准 | 自评 | 互评 | 师评 |
|---|---|---|---|---|---|---|---|
| 1 | 安全/7S/态度 | □1. 能进行工位 7S 操作<br>□2. 能进行设备和工具安全检查<br>□3. 能进行工位安全防护操作<br>□4. 能进行工具清洁、校准、存放操作<br>□5. 能保证三不落地 | 15 | 1项未完成扣3分 | □熟练<br>□不熟练 | □熟练<br>□不熟练 | □合格<br>□不合格 |
| 2 | 专业技能 | □1. 能正确地检查离合器踏板位置<br>□2. 能正确地调整离合器踏板自由行程<br>□3. 能够掌握相应的检修项目和操作方法 | 50 | 1项未完成扣20分，扣分不得超过50分 | □熟练<br>□不熟练 | □熟练<br>□不熟练 | □合格<br>□不合格 |
| 3 | 工具、设备的使用能力 | □1. 能正确地选择拆装工具<br>□2. 能正确地使用专用工具 | 10 | 1项未完成扣5分 | □熟练<br>□不熟练 | □熟练<br>□不熟练 | □合格<br>□不合格 |
| 4 | 资料、信息查询的能力 | □1. 能严格执行厂家提供的拆装说明<br>□2. 能进行设备和工具安全检查<br>□3. 能进行工位安全防护操作 | 10 | 1项未完成扣5分，扣分不得超过10分 | □熟练<br>□不熟练 | □熟练<br>□不熟练 | □合格<br>□不合格 |
| 5 | 数据判断和分析的能力 | □1. 能正确叙述离合器踏板位置检查步骤<br>□2. 能正确分析离合器踏板位置如何调整<br>□3. 能正确叙述离合器踏板自由行程检查步骤<br>□4. 能正确分析离合器踏板自由行程调整原理 | 10 | 1项未完成扣2分 | □熟练<br>□不熟练 | □熟练<br>□不熟练 | □合格<br>□不合格 |
| 6 | 表单填写和报告撰写的能力 | □1. 字迹清晰<br>□2. 语句通顺<br>□3. 无错别字<br>□4. 无涂改<br>□5. 无抄袭 | 5 | 1项未完成扣1分 | □熟练<br>□不熟练 | □熟练<br>□不熟练 | □合格<br>□不合格 |

## 【理论测试】

| 离合器的构造与检修 | 学习任务单 | 班级：<br>姓名： |
|---|---|---|

### 一、选择题

1. 离合器分离轴承与分离杠杆之间的间隙是为了（　　）。
   A. 实现离合器踏板的自由行程　　　　B. 减轻从动盘磨损
   C. 防止热膨胀失效　　　　　　　　　D. 保证摩擦片正常磨损后离合器不失效

2. 离合器上安装扭转减振器是为了防止（　　）。
   A. 曲轴共振　　B. 传动系统共振　　C. 离合器共振　　D. 传动轴共振

3. 对离合器的主要要求是（　　）。
   A. 接合柔和，分离彻底　　　　B. 接合柔和，分离柔和
   C. 接合迅速，分离彻底　　　　D. 接合迅速，分离柔和

4. 离合器从动盘安装在（　　）上。
   A. 发动机曲轴　　B. 变速器输入轴　　C. 变速器输出轴　　D. 变速器中间轴

5. 从膜片弹簧弹性曲线可知，当从动盘磨损变薄后，其弹簧的压紧力（　　）。
   A. 变大　　B. 变小　　C. 几乎不变　　D. 消失

### 二、判断题

1. 离合器的主、从动部分常处于分离状态。（　　）
2. 为使离合器接合柔和，驾驶人应逐渐放松离合器踏板。（　　）
3. 离合器踏板的自由行程过大会造成离合器的传力性能下降。（　　）
4. 膜片弹簧离合器的特点之一是用膜片弹簧取代压紧弹簧和分离杠杆。（　　）
5. 离合器接合和分离时，压紧弹簧都处于压缩状态。（　　）

### 三、问答题

1. 什么是离合器踏板的自由行程？为什么要有自由行程？如何检查？
2. 简述膜片弹簧离合器的特点。
3. 简述离合器打滑的原因。

# 项目三　手动变速器的构造与检修

## 【工作情境】

### 故障现象
某车主反映其车辆的手动变速器从五档减至一档很困难，而且情况越来越糟，并伴有齿轮撞击声。

### 故障分析
导致车辆换档困难的原因有很多，如变速杆的弯曲变形、同步器的磨损、自锁装置的钢球存在异常等。本项目重在引导学生熟知车辆变速器的内部构造，能够正确理解变速传动机构及换档操纵机构的结构与工作原理，根据变速器故障表现进行合理分析并排除故障。

## 【学习目标】

| 素质目标： | 知识目标： | 能力目标： |
| --- | --- | --- |
| 1. 培养学生正确的世界观、人生观、价值观。<br>2. 引导学生热爱劳动、崇尚劳动，提升学生的劳动素养。<br>3. 培养学生德智体美劳全面发展。 | 1. 熟悉变速器的作用和类型。<br>2. 熟悉手动变速器的变速传动机构及换档操纵机构的结构与工作原理。 | 1. 具有选用正确的工具按照维修手册的要求进行变速器的分解和检测的能力。<br>2. 具有分析并排除手动变速器相关故障的能力。 |

## 【知识储备】

### 一、变速器的作用和类型

#### 1. 变速器的作用

（1）实现变速变矩　变速器通过改变传动比扩大驱动轮转矩和转速的变化范围，以适应经常变化的行驶条件，同时使发动机在有利（功率较高而耗油率较低）的工况下工作。

（2）实现倒退行驶　由于发动机是不能反向旋转的，利用变速器的倒档，在发动机旋转方向不变的前提下，使汽车能倒退行驶。

（3）必要时中断动力传递　利用空档中断动力传递，以使发动机能够起动和急速运转，满足汽车暂时停车或滑行的需要。

#### 2. 变速器的分类

（1）按传动比变化方式分　汽车变速器可分为有级变速器、无级变速器和综合式变速器3种。

1）有级变速器。具有若干个定值传动比的变速器称为有级变速器。按所用轮系形式不同，有轴线固定式变速器（普通齿轮变速器）和轴线旋转式变速器（行星齿轮变速器）两种。普通齿轮变速器具有结构简单、易于制造、工作可靠、传动效率高等优点，应用最广泛。目前，轿车和轻、中型货车变速器的传动比通常有3~5个前进挡和一个倒挡，在重型货车用的变速器中，有更多档位。

2）无级变速器。传动比在一定的数值范围内可无限多级连续变化的变速器称为无级变速器，常见的有电力式和液力式（动液式）两种。电力式无级变速器的传动部件为串励直流电动机，除在无轨电车上应用外，在超重型自卸车传动系统中也有广泛应用的趋势。液力式无级变速器的传动部件是液力变矩器。

3）综合式变速器。由液力变矩器和有级变速器组成的液力机械式变速器称综合式变速器，其传动比可在最大值与最小值之间几个间断的范围内无级变化，目前应用较多。

（2）按操纵方式不同分　变速器又可分为强制操纵式变速器、自动操纵式变速器和半自动操纵式变速器3种。

### 二、普通齿轮变速器的工作原理

普通齿轮变速器又称为定轴式变速器，它是由一个外壳和在轴线固定的轴上安装的若干可变换的齿轮副组成，从而可以实现变速、变矩和改变旋转方向。

#### 1. 变速原理

一对齿数不同的齿轮啮合传动时，就可以实现变速。如一对啮合的齿轮，小齿轮的齿数 $z_1$=17，大齿轮的齿数 $z_2$=34，那么在相同的时间内，小齿轮转过一圈时，大齿轮只转过半圈，大齿轮转速为小齿轮转速的一半，即两齿轮的转速与齿数成反比。如果小齿轮是主动齿轮，它的转速经大齿轮传出时就降低了。这就是齿轮传动的变速原理。汽车变速器就是根据这一原理，利用若干大小不同的齿轮副传动实现变速的。

设输入轴和输出轴的转速分别为 $n_1$ 和 $n_2$，则其传动比为

$$i_{12}=\frac{n_1}{n_2}=\frac{z_2}{z_1}$$

对于前述一对齿轮传动，若小齿轮为主动齿轮，则其传动比为

$$i_{12}=\frac{z_2}{z_1}=\frac{34}{17}=2$$

为使齿轮磨损均匀，实际传动比都不是整数。

图3-1所示为两级齿轮传动示意图，两级传动时，发动机的转矩由输入轴Ⅰ输入，经两对齿轮传动，由输出轴Ⅱ输出。其中第1对齿轮，1为主动齿轮，2为从动齿轮；第2对齿轮，3为主动齿轮，4为从动齿轮。则由图可知

$$i_{12}=\frac{n_1}{n_2}=\frac{z_2}{z_1} \quad n_1=\frac{z_2}{z_1}n_2$$

$$i_{34}=\frac{n_3}{n_4}=\frac{z_4}{z_3} \quad n_4=\frac{z_3}{z_4}n_3$$

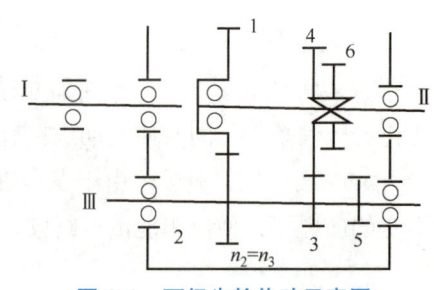

**图3-1　两级齿轮传动示意图**

齿轮 2、3 在同一中间轴Ⅲ上，转速相同，即 $n_2=n_3$，所以总传动比

$$i_{14}=\frac{n_1}{n_4}=\frac{z_2 n_2 z_4}{z_1 n_3 z_3}=\frac{z_2 z_4}{z_1 z_3}=i_{12}i_{34}$$

同理，多级齿轮传动的传动比

$$i=\frac{\text{所有从动齿轮齿数的连乘积}}{\text{所有主动齿轮齿数的连乘积}}=\text{各级齿轮传动比的连乘积}$$

也就是说，汽车变速器某一档位的传动比就是这一档位各级齿轮传动比的连乘积。若不计传动效率，则输出功率 $p_{\text{输出}}$ 等于输入功率 $p_{\text{输入}}$，即 $p_{\text{输出}}=p_{\text{输入}}$。

因为
$$p=\frac{2\pi nM}{60}$$

所以
$$M_{\text{输入}}n_{\text{输入}}=M_{\text{输出}}n_{\text{输出}}$$

则
$$i=\frac{n_{\text{输入}}}{n_{\text{输出}}}=\frac{M_{\text{输出}}}{M_{\text{输入}}}$$

式中　$p$——功率（W）；

　　　$M$——转矩（N·m）；

　　　$n$——转速（r/min）。

从上述分析可知，传动比既是变速比也是变矩比，降速则增矩，增速则降矩。汽车变速器就是利用这一关系，通过改变传动比来适应汽车行驶阻力变化的需要。

### 2. 换档原理

若将图 3-1 中的齿轮 3 与 4 脱开，改将齿轮 6 与 5 啮合，则由 $z_6>z_4$，$z_5>z_3$ 可知

$$i_{16}=\frac{z_2 z_6}{z_1 z_5}>\frac{z_2 z_4}{z_1 z_3}=i_{14}$$

普通齿轮变速器就是这样通过改换大小不同的啮合齿轮副，即通过换档来改变其传动比的。

当输出轴上的齿轮 4、6 都不与中间轴上的齿轮 3、5 啮合时，动力不能传到输出轴，这就是变速器的空档。

在变速器中，把传动比 $i>1$ 的档位称为降速档，即变速器输出轴转速低于发动机转速；$i=1$ 的档位称为直接档，即变速器输出轴转速与发动机转速相等；$i<1$ 的档位称为超速档，即变速器输出轴转速超过发动机转速。习惯上把变速器传动比较小的档位称为高档，传动比较大的档位称为低档；由低档向高档变换称为加档（或升档），反之称为减档（或降档）。

### 3. 变向原理

由于相啮合的一对齿轮旋转方向相反，所以每经一个齿轮副，其轴便改变一次转向。如图 3-2a 所示，经过两对齿轮（1 和 2、3 和 4）传动时，输出轴Ⅱ与输入轴Ⅰ的转向相同。这就是普通三轴式变速器在汽车前进时的传动情况。若在中间轴与输出轴之间再加第 4 根轴，并在其上装有惰轮 4，如图 3-2b 所示，则由于又多了一个齿轮副，从而使输出轴Ⅱ与输入轴Ⅰ转向相反。这就是三轴式变速器在汽车倒车时的传动情况。惰轮 4 称为倒档轮，其轴为倒档轴。

## 三、手动变速器的变速传动机构

变速器包括变速传动机构和换档操纵机构两部分。变速传动机构是变速器的主体，主要由齿轮、轴和壳体等组成。变速传动机构的作用是改变转速、转矩和旋转方向，可分为两轴式和三轴式两种。

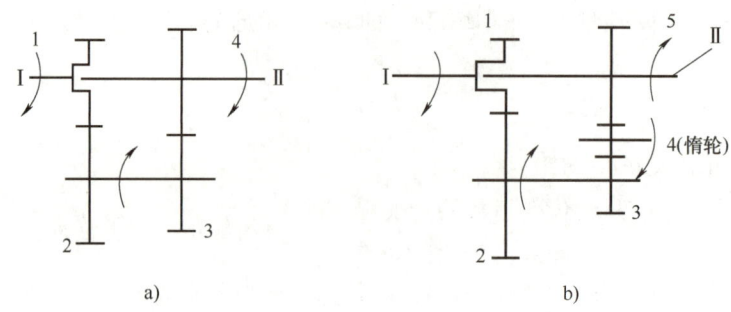

图 3-2 齿轮传动的转向关系

a) 前进档  b) 倒档

#### 1. 两轴式变速传动机构

在发动机前置前轮驱动或发动机后置后轮驱动的汽车上，由于总体结构布置的需要，采用两轴式变速器，其传动机构的特点是输入轴与输出轴平行，无中间轴。发动机前置前轮驱动包括发动机前横置前轮驱动和发动机前纵置前轮驱动两种。

发动机纵置时，主减速器和差速器布置在离合器和变速器之间，主减速器齿轮为一对锥齿轮，如图 3-3 所示。发动机横置时，由于主减速器的主动齿轮和从动齿轮轴线平行，故采用一对圆柱齿轮传动，如图 3-4 所示。

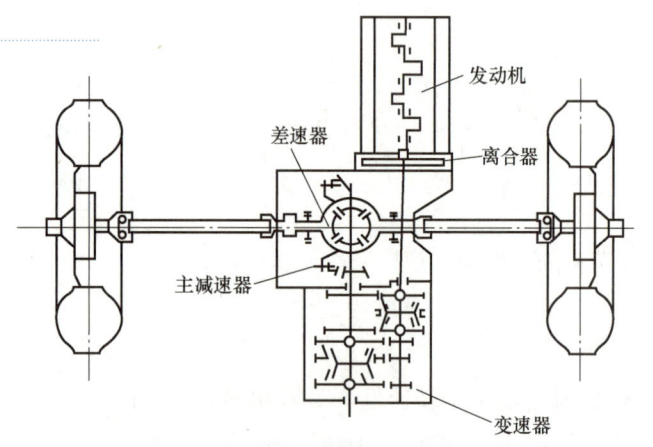

图 3-3 发动机纵置的两轴式变速器传动示意图

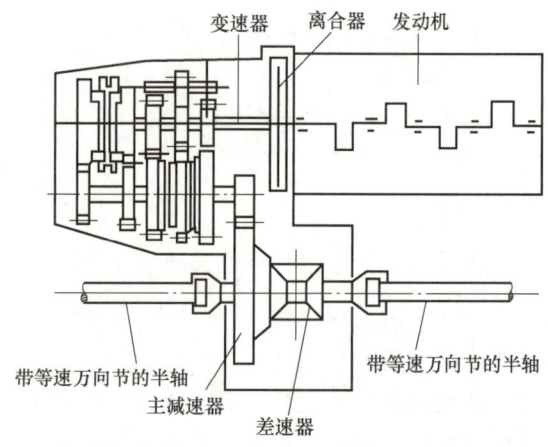

图 3-4 发动机横置的两轴式变速器传动示意图

（1）发动机纵置的两轴式变速器　图 3-5 所示为轿车两轴式五档变速器传动机构示意图，该变速器的变速传动机构有输入轴和输出轴，两轴平行布置，输入轴也是离合器的从动轴，输出轴也是主减速器的主动锥齿轮轴。该变速器有五个前进档和一个倒档，全部采用锁环式惯性同步器换档。

各档位动力传递情况如下：

1) 空档：当输入轴旋转时，一、二、倒档的主动齿轮，三、四档同步器接合套，花键毂及五档接合齿圈与之同步旋转。三、四、五档的主动齿轮处于自由状态，可空转（汽车行驶时随输出轴的旋转而转动）。一、二档的从动齿轮随输入轴的旋转而在输出轴上空转，输出轴不被驱动，没有动力输出。

2) 一档：在空档位置的基础上，操纵变速杆，通过一、二档拨叉使同步器接合套右移，与一档从动齿轮的接合齿圈接合，使其在同步器的作用下与输出轴同步旋转。这样，从离合器传来的发动机转矩，经输入轴上的一档主动齿轮及与其常啮合的从动齿轮的接合齿圈、同步器接合

套、花键毂传给输出轴，直至传给主减速器主动锥齿轮。一档传动比为

$$i_1=\frac{z_{11}}{z_6}=\frac{38}{11}\approx 3.455$$

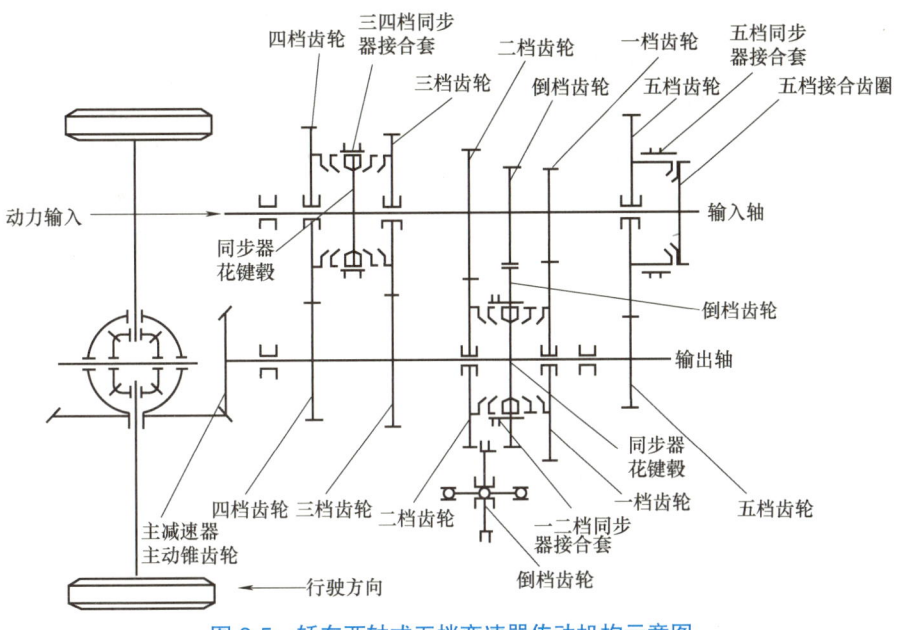

图 3-5　轿车两轴式五档变速器传动机构示意图

3）二档：在空档位置的基础上，操纵变速杆，通过一、二档拨叉使同步器接合套左移，与二档从动齿轮的接合齿圈接合，使其在同步器的作用下与输出轴同步旋转。这样，从离合器传来的发动机转矩，经输入轴上的二档主动齿轮及与其常啮合的从动齿轮的接合齿圈、同步器接合套、花键毂传给输出轴，直至传给主减速器主动锥齿轮。二档传动比为

$$i_2=\frac{z_{14}}{z_4}=\frac{35}{18}\approx 1.944$$

4）三档：在空档位置的基础上，操纵变速杆，通过三、四档拨叉使同步器接合套右移，与三档主动齿轮的接合齿圈接合，使其在同步器的作用下与输入轴同步旋转。这样，从离合器传来的发动机转矩，经输入轴上的三、四档同步器花键毂、接合套及三档主动齿轮，通过三档从动齿轮传到输出轴，直至传给主减速器主动锥齿轮。三档传动比为

$$i_3=\frac{z_{15}}{z_3}=\frac{36}{28}\approx 1.286$$

5）四档：在空档位置的基础上，操纵变速杆，通过三、四档拨叉使同步器接合套左移，与四档主动齿轮的接合齿圈接合，使其在同步器的作用下与输入轴同步旋转。这样，从离合器传来的发动机转矩，经输入轴上的三、四档同步器花键毂、接合套及四档主动齿轮，通过四档从动齿轮传到输出轴，直至传给主减速器主动锥齿轮。四档传动比为

$$i_4=\frac{z_{16}}{z_1}=\frac{31}{32}\approx 0.969$$

四档传动比接近1，为直接档。

6）五档：在空档位置的基础上，操纵变速杆，通过五档拨叉使同步器接合套右移，与五档接合齿圈接合，使五档主动齿轮与输入轴同步旋转。这样，从离合器传来的发动机转矩，经输入轴上的五档接合齿圈、五档同步器接合套及五档主动齿轮，通过五档从动齿轮传到输出轴，直至

传给主减速器主动锥齿轮。五档传动比为

$$i_5 = \frac{z_{10}}{z_7} = \frac{28}{35} \approx 0.800$$

传动比小于1的档位称为超速档，采用超速档的目的是使汽车在良好的路面上获得较高的行驶速度，同时还可以降低燃油的消耗。一般超速档的传动比为 0.7~0.85。

7）倒档：在空档位置的基础上，操纵变速杆，通过倒档拨叉使倒档中间齿轮轴向移动，与输入轴倒档主动齿轮、输出轴倒档从动齿轮相接合。这样，从离合器传来的发动机转矩，经输入轴上的倒档主动齿轮、倒档轴上的倒档中间齿轮、输出轴上的倒档从动齿轮及花键毂传到输出轴，直至传给主减速器主动锥齿轮。由于在输入轴、输出轴之间增加了一个中间齿轮传动，故汽车能倒向行驶。倒档传动比为

$$i_R = \frac{z_{20}}{z_5} = \frac{38}{12} \approx 3.167$$

（2）发动机横置的两轴式变速器　图3-6所示为一汽宝来轿车五档变速器传动机构示意图，它有5个前进档和1个倒档。

其各档位动力传递路线如下：

1）一档：操纵变速杆使一、二档同步器左移，发动机动力经一档主动齿轮、一档从动齿轮、一二档同步器传至输出轴输出，如图3-7所示。一档传动比 $i_1 = \frac{33}{10} = 3.300$，一档传动比数值较其他档位大，可产生较大的减速增矩效果，有利于汽车起步。

2）二档：操纵变速杆使一、二档同步器右移，发动机动力经二档主动齿轮、二档从动齿轮、一、二档同步器传至输出轴输出，如图3-8所示。二档传动比 $i_2 = \frac{35}{18} \approx 1.944$，仍产生减速增矩效果，但相对于一档车速较快，有利于汽车提速。

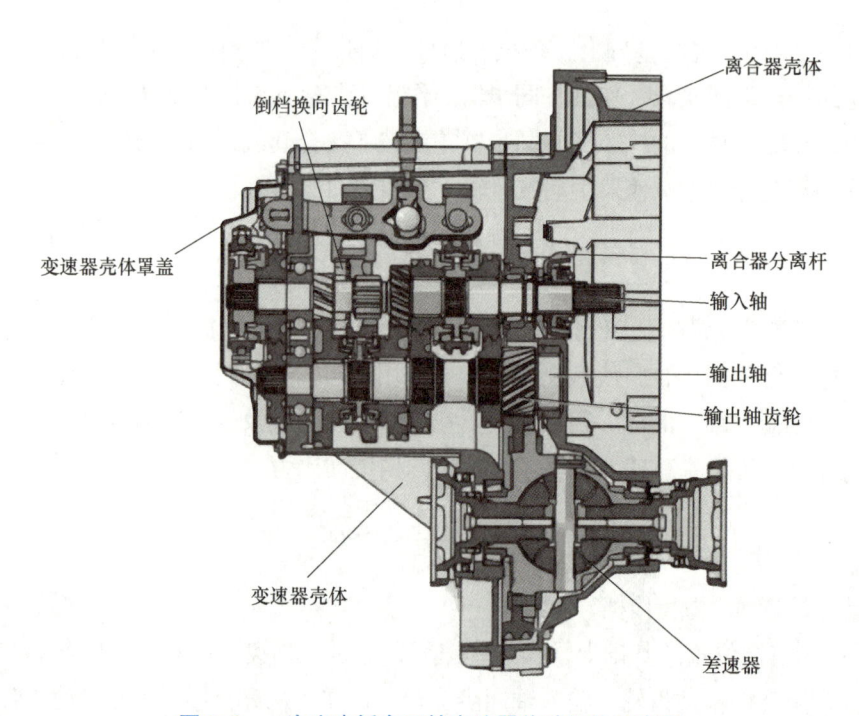

图 3-6　一汽宝来轿车五档变速器传动机构示意图

图 3-7　一档动力传递路线

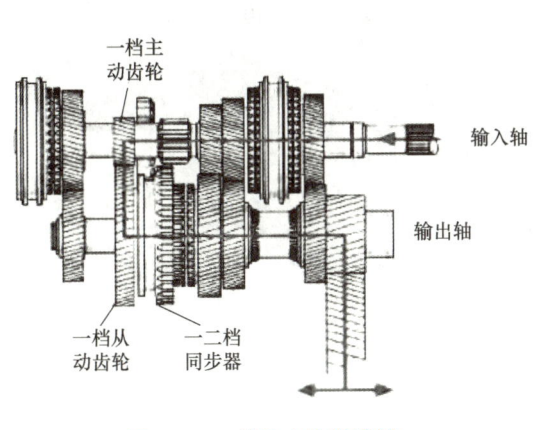

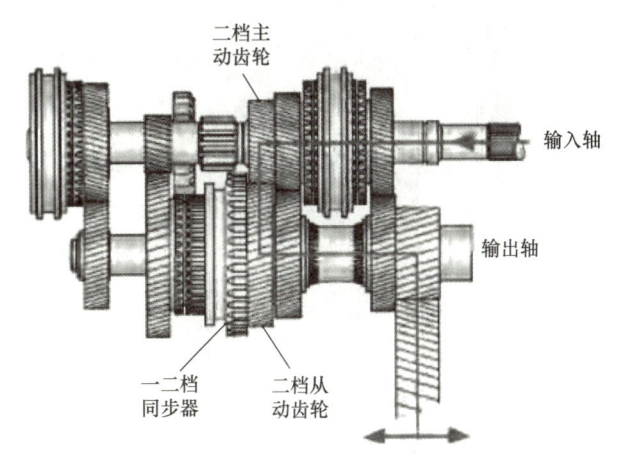

图 3-8　二档动力传递路线

3）三档：操纵变速杆使三、四档同步器左移，发动机动力经三、四同步器、三档主动齿轮、三档从动齿轮传至输出轴输出，如图3-9所示。三档传动比 $i_3=\dfrac{34}{26}\approx1.308$，仍产生减速增矩效果，但相对于二档车速较快，有利于汽车进一步提速。

4）四档：操纵变速杆使三、四档同步器右移，发动机动力经三、四档同步器、四档主动齿轮、四档从动齿轮传至输出轴输出，如图3-10所示。四档传动比 $i_4=\dfrac{35}{34}\approx1.029$，由于四档传动比接近1，所以近似直接档效果。

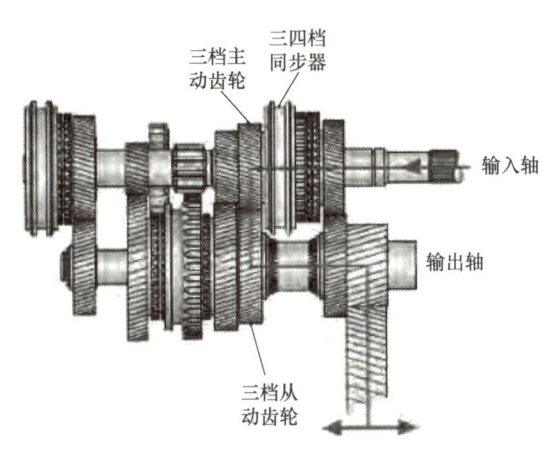

图 3-9　三档动力传递路线

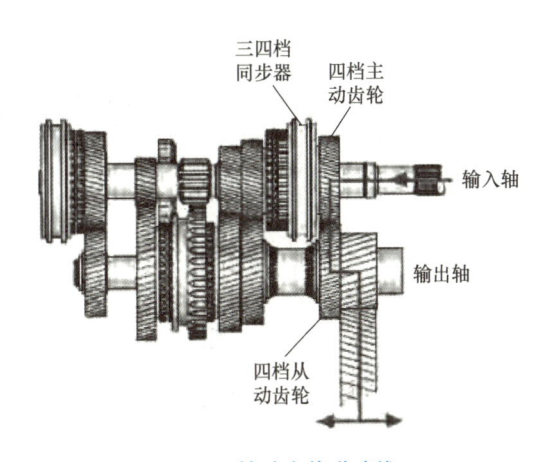

图 3-10　四档动力传递路线

5）五档：操纵变速杆使五档同步器右移，发动机动力经五档同步器、五档主动齿轮、五档从动齿轮传至输出轴输出，如图3-11所示。五档传动比 $i_5=\dfrac{36}{43}\approx0.837$，由于五档传动比小于1，所以产生超速效果，输出转速增加，转矩减小。

6）倒档：操纵变速杆使倒档轴上的倒档中间齿轮右移，与处于空档位置的一、二档同步器接合套外壳上的直齿轮和输入轴上的倒档主动齿轮啮合，发动机动力经倒档主动齿轮、倒档中间齿轮、倒档从动齿轮、同步器花键毂传至输出轴输出，如图3-12所示。倒档相对于其他前进档位多出一个传动齿轮，改变了转向，所以得到反向输出效果。

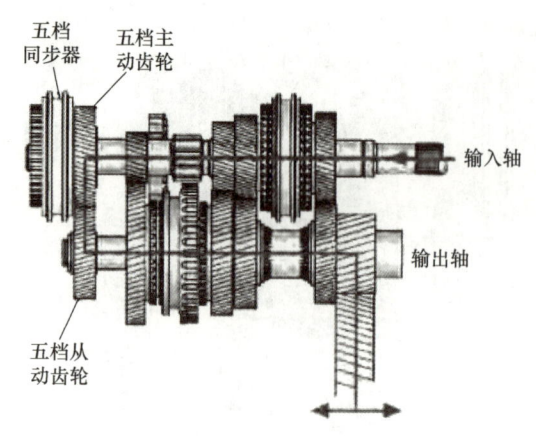

图 3-11　五档动力传递路线　　　　　　　图 3-12　倒档动力传递路线

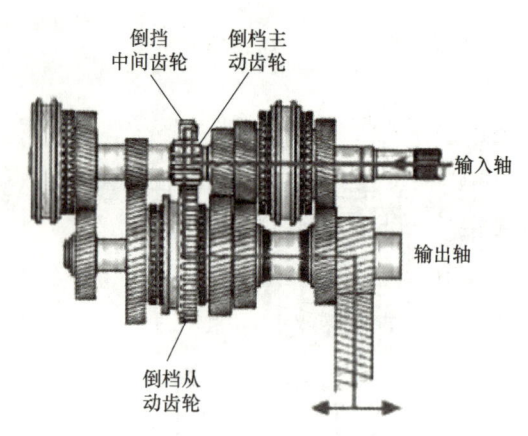

#### 2. 三轴式变速传动机构

三轴式变速器适用于发动机前置后轮驱动的汽车，不同车型变速器的构造虽各有不同，但变速传动机构都主要由齿轮、轴、壳体等组成。图 3-13 所示为依维柯汽车 28026 型五档变速器传动简图，因它有三根主要的传动轴，第一轴、第二轴和中间轴，故称为三轴式变速器，另外还有倒档轴。

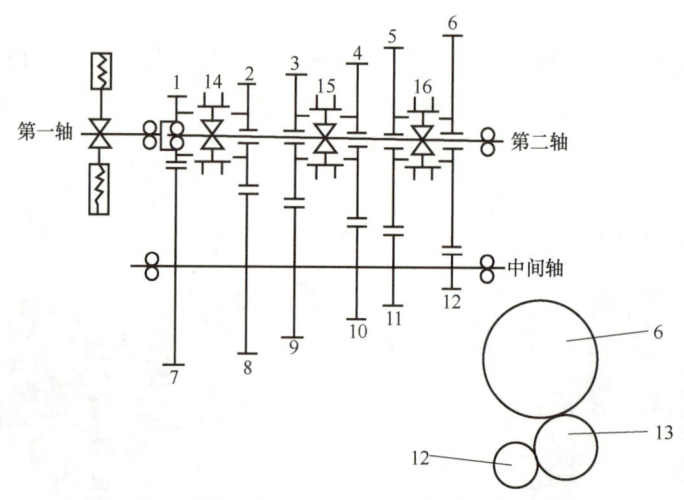

图 3-13　依维柯汽车 28026 型五档变速器传动简图

1—第一轴常啮合齿轮　2—第二轴四档齿轮　3—第二轴三档齿轮　4—第二轴二档齿轮
5—第二轴一档齿轮　6—第二轴倒档齿轮　7—中间轴常啮合齿轮　8—中间轴四档齿轮
9—中间轴三档齿轮　10—中间轴二档齿轮　11—中间轴一档齿轮　12—中间轴倒档齿轮
13—倒档中间齿轮　14—四五档同步器　15—二三档同步器　16—一倒档同步器

各档动力传动情况如下。

1）空档：发动机旋转时，其动力由第一轴经常啮合齿轮传至中间轴。第二轴上的同步器接合套都处于中间位置，第二轴上的齿轮都在中间轴齿轮的带动下空转，动力不能传给第二轴。

2）一档：将一、倒档同步器的接合套向左移动，使之与一档齿轮的接合齿圈相接合，动力便从第一轴依次经过常啮合齿轮、中间轴、一档齿轮及接合齿圈、同步器的接合套传至花键毂，花键毂通过内花键与第二轴相连，于是动力便由花键毂传递给第二轴，由第二轴对外输出。一档传动比为 6.19。

3）二档：将二三档同步器的接合套向右移动，使之与二档齿轮的接合齿圈接合，变速器便挂入二档。此时动力由第一轴依次经常啮合齿轮、中间轴、二档齿轮及接合齿圈、二三档同步器的接合套传给花键毂，最终传给第二轴输出。二档传动比为 3.89。

4）三档：将二三档同步器的接合套向左移动，使之与三档齿轮的接合齿圈接合，变速器便挂入三档。此时动力由第一轴依次经常啮合齿轮、中间轴、三档齿轮及接合齿圈、同步器的接合套传至花键毂，最终传给第二轴输出。三档传动比为 2.26。

5）四档：将四五档同步器的接合套向右移动，使之与四档齿轮的接合齿圈接合，变速器便挂入四档。此时动力由第一轴依次经常啮合齿轮、中间轴、四档齿轮及接合齿圈、同步器的接合套传至花键毂，最终传给第二轴输出。四档传动比为 1.42。

6）五档：将四、五档同步器的接合套向左移动，使之与第一轴后端主动齿轮的接合齿圈接合，这时动力则由第一轴依次经常啮合齿轮及接合齿圈、同步器接合套、花键毂传给第二轴。由于动力没有经过中间轴传递，而由第一轴直接传给第二轴，所以称为直接档，其输出轴的转速与输入轴的转速相同，传动比为 1。

7）倒档：将一、倒档同步器的接合套向右移动，使之与倒档齿轮的接合齿圈接合，动力便由第一轴依次经常啮合齿轮、中间轴、倒档齿轮传至倒档中间齿轮，再通过与齿轮常啮合的倒档齿轮及接合齿圈、同步器的接合套、花键毂传给第二轴。由于增加了中间惰轮，所以第二轴的旋转方向与第一轴相反，汽车便可以倒向行驶。倒档的传动比为 5.69。

### 3. 同步器

（1）同步器的作用　同步器的作用是使接合套与待接合的齿圈之间迅速达到同步，并阻止两者在同步前进入啮合，从而可消除换档时的冲击，缩短换档时间，简化换档过程。同步器由同步装置（包括推动件和摩擦件）、锁止装置和接合装置 3 部分组成。

（2）锁环式惯性同步器的构造与工作原理　图 3-14 所示为锁环式惯性同步器的结构。它由同步环、滑块、弹性挡圈、花键毂和接合套等组成。花键毂通常制成内外花键，套装在轴上，轴向用弹性挡圈定位。花键毂上开有 3 个环槽，3 个滑块分别嵌合在这 3 个轴向环槽中，并可沿槽轴向滑动。在花键毂两端有两个青铜制成的同步环（也称锁环），同步环的内锥面上制有细密的螺旋槽，以使其与接合齿圈锥面相接触后能破坏油膜，增加锥面间的摩擦力。同步环上也开有 3 个缺口，3 个滑块可插入其内。另外，在同步环上还制有短花键齿圈，它的尺寸、齿数和花键毂上的外花键齿相同；且对着接合套一端的短齿都有倒角，与接合套齿端的倒角相同，起锁止作用，故称为锁止角。

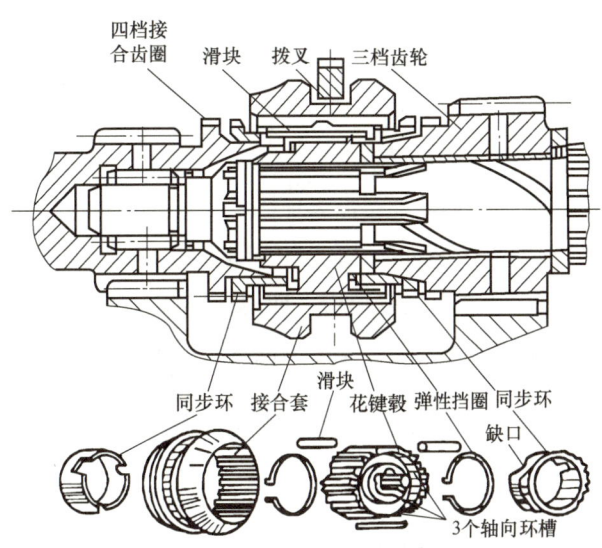

图 3-14　锁环式惯性同步器

图 3-15 所示为锁环式惯性同步器工作过程示意图。变速器由三档换入四档，当接合套从三档退出进入空档时，接合套与同步环都在惯性作用下以相同的转速旋转。此时，四档接合齿圈的转速大于接合套和同步环的转速（图 3-15a）。

当要挂入四档时，接合套便在拨叉的作用下带动滑块左移。当滑块推动同步环压向四档接合齿圈时，同步环的内锥面与接合齿圈的外锥面产生摩擦力矩，在此力矩作用下，接合齿圈带动

41

同步环旋转，相对接合套超前一个角度，超前角的大小是同步环缺口的一侧靠在滑块一侧所留的间隙，即正好是半个短齿（图3-15b）。此时，由于四档接合齿圈相对同步环和接合套做减速旋转，三者转速相同，即达到同步旋转。拨叉作用在接合套上的力继续向左，使接合套上的短齿倒角压在同步环的短齿倒角上，于是在同步环齿端倒角面上作用有压力$F$，$F$可分解为轴向力$F_1$和切向力$F_2$。$F_1$使同步环锥面更紧地压在四档接合齿圈的锥面上；$F_2$使同步环相对接合套倒转一个角度，使两花键齿倒角不再抵触（滑块此时正好在同步环缺口的中间）。同步环的锁止作用消除，于是接合套压下弹簧圈继续左移，从而与同步环的花键齿圈进入啮合（图3-15c）。当接合套穿过同步环短齿与四档接合齿圈的短齿倒角接触时，作用在短齿倒角上的力同样分解成两个力，一个力使接合套左移，另一个力使接合齿圈相对接合套转过一个角度，从而最终完成接合套与接合齿圈的顺利啮合（图3-15d）。

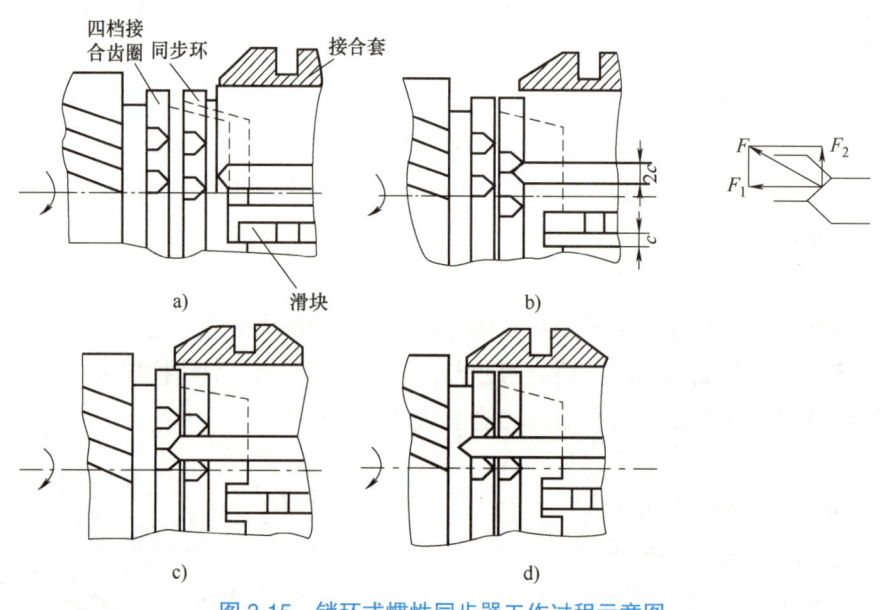

图 3-15 锁环式惯性同步器工作过程示意图

上述换档过程可简要地归纳为：推动件（滑块）推动摩擦件工作面接触而产生摩擦力矩→同步器转过一个角度→锁止件（同步环）锁止面起锁止作用，阻止接合套前进（即防止同步前进入啮合），摩擦力矩继续增大而迅速同步→惯性力矩消失→同步环连同输入端零件转过一个角度→锁止作用消失→接合套与待接合元件进入接合，从而完成同步换档。

### 四、手动变速器的换档操纵机构

#### 1. 操纵机构

换档操纵机构根据变速杆与变速器的相互位置不同，可分为直接操纵机构和远距离操纵机构两种类型。

（1）直接操纵机构　这种操纵机构的变速杆及所有换档操纵装置都设置在变速器盖上，变速器布置在驾驶座的附近，变速杆由驾驶室底板伸出，驾驶人可直接操纵变速杆来拨动变速器盖内的换档操纵装置进行换档。这种操纵机构一般由变速杆、拨叉、拨叉轴及安全装置组成，结构简单、操纵方便。大多数轿车的变速器都采用这种操纵形式。

图3-16所示为一种四档变速器的直接操纵机构。变速杆的上部为驾驶人直接操纵的部分，伸到驾驶室内，中间通过球节支承在变速器盖顶部的球座内，并用弹簧罩压紧以消除间隙。球节

上开有竖槽，固定于变速器盖的销钉伸入该槽内与其间隙配合，从而使变速杆只能以球节为支点前后左右摆动，而不能转动。变速杆的下端为一削扁了的球头，一二档拨叉和三四档拨叉直接装于拨叉轴上，固定并锁紧；倒档拨叉的中部滑动支承于固定不动的倒档拨叉导向轴上，上端卡在拨叉轴的缺口内。各拨叉的叉口装配在相应档位齿轮的环槽内，拨叉轴的两端支承于变速器盖的座孔中，可在孔中轴向滑动，以便为拨叉的移动导向。为使变速杆下端能推动拨叉轴，带动拨叉进行换档，在拨叉和装于倒档拨叉导向轴上的拨块顶部或顶部的侧面开有凹槽。当变速器处于空档位置时，各个拨叉轴和拨块都处于中间位置，3者的凹槽相互对齐而连通，变速杆下端的球头正好位于三四档拨叉顶部的凹槽内，并可以左右摆动伸入两侧的凹槽内。当驾驶人操纵变速杆换档时，将依次通过变速杆下球头、凹槽、拨叉轴、拨叉等，以带动滑动齿轮或接合套轴向移动，实现换档。

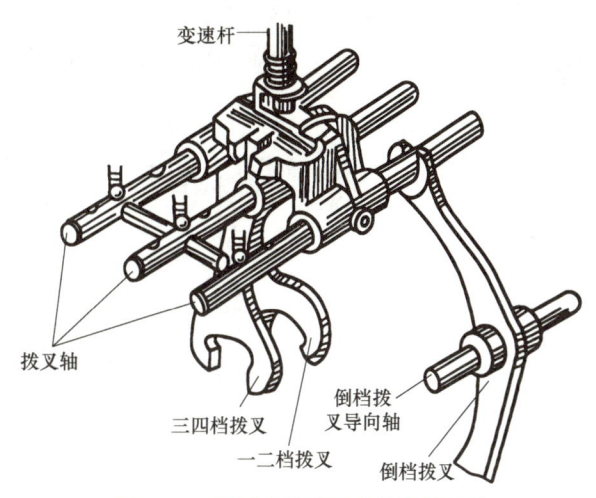

图 3-16 四档变速器的直接操纵机构

（2）远距离操纵机构　在有些汽车上，由于变速器离驾驶座较远，需要在变速杆与拨叉之间加装一些辅助杠杆或一套传动机构，构成远距离操纵机构，如图 3-17 所示。该操纵机构应有足够的刚性，且各连接间隙不能过大，否则换档时手感不明显。由于布置上的原因，它多用在轿车和轻型汽车上。

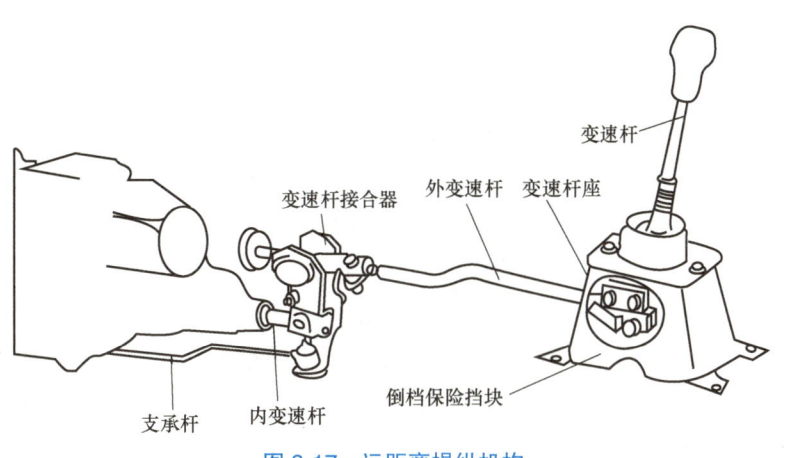

图 3-17 远距离操纵机构

### 2. 定位锁止装置

为保证变速器在任何情况下都能准确、安全、可靠地工作，对变速器操纵机构提出如下要求：为保证变速器不自行脱档或挂档，在操纵机构中应设有自锁装置；为保证变速器不同时挂入两个档位，在操纵机构中应设互锁装置；为防止误挂倒档，在操纵机构中应设有倒档锁。

（1）自锁装置　自锁装置可以对各档拨叉轴进行轴向定位锁止，以防止其自动产生轴向移动而造成自动挂档或自动脱档，并保证各档传动齿轮以全齿长啮合。自锁装置一般由自锁钢球和自锁弹簧组成，如图 3-18 所示。在变速器盖的前端凸起部钻有 3 个深孔，孔中装有自锁钢球及自锁弹簧，其位置正处于拨叉轴的正上方。每根拨叉轴对着钢球的表面沿轴向设有 3 个凹槽，槽的深度小于钢球的半径。中间的凹槽是空档位置，相邻凹槽之间的距离正好等于滑动齿轮（或接合套）由空档移至相应工作档位并保证齿轮处于全齿长或是完全退出啮合的距离。凹槽对正钢球时，钢球在自锁弹簧压力的作用下嵌入该凹槽内，拨叉轴的轴向位置被固定，其拨叉及相应的接合套或滑动齿轮便被固定在空档位置或某一工作档位置，而不能自行挂档或脱档。当需要换档时，驾驶人通过变速杆对拨叉轴施加一定的轴向力，克服弹簧的压力而将自锁钢球从拨叉轴凹槽中挤出。

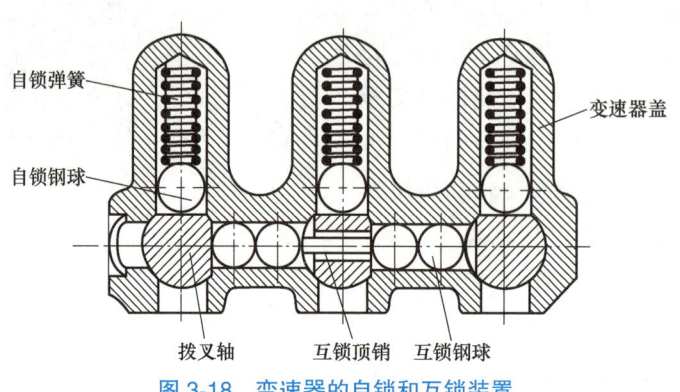

图 3-18 变速器的自锁和互锁装置

（2）**互锁装置** 互锁装置的作用是阻止两根拨叉轴同时移动，即当拨动一根拨叉轴轴向移动时，其他拨叉轴都被锁止，从而可以防止同时挂入两个档位。互锁装置的结构型式很多，最常用的有锁球式和锁销式。图 3-19 所示为锁球式互锁装置，它由互锁钢球和互锁顶销组成。在变速器盖前 3 根拨叉轴孔的中心平面内，沿垂直于轴线的方向钻出与拨叉轴孔相通的横向孔道，在每两根拨叉轴之间的孔道中各装有两个互锁钢球，每根拨叉轴朝向互锁钢球的侧面上都制有一个深度相等的凹槽，中间拨叉轴的两侧都有凹槽，凹槽之间钻有通孔，互锁顶销就装在此孔中。两个互锁钢球的直径之和正好等于相邻拨叉轴圆柱表面之间的距离加上一个凹槽的深度，互锁顶销的长度则等于拨叉轴的直径减去一个凹槽的深度。

当变速器处于空档位置时，所有拨叉轴侧面的凹槽同钢球都在一条直线上，此时拨叉轴和互锁钢球及互锁顶销都处于自由状态，相互之间不卡紧，每一根拨叉轴都可以沿轴向拨动。但要挂档移动某一根拨叉轴时，如图 3-19a 所示，为移动中间拨叉轴 3，中间拨叉轴 3 两侧的钢球便从其侧面凹槽中被挤出，而两外侧互锁钢球 2 和 4 则分别嵌入拨叉轴 1 和 5 侧面的凹槽中，因而将拨叉轴 1 和 5 刚性地锁止在空档位置，不能轴向移动。如果要移动拨叉轴 5，则必须先将拨叉轴 3 退回到空档位置，如图 3-19b 所示，使拨叉轴及互锁钢球都回到自由状态，然后再拨动拨叉轴 5，这时互锁钢球 4 便从拨叉轴 5 的凹槽中被挤出，于是 4 个互锁钢球及互锁顶销将拨叉轴 3 和 1 都锁止在空档位置；同理，当移动拨叉轴 1 时，拨叉轴 3 和 5 都锁止在空档位置，如图 3-19c 所示，因而可防止同时挂入两个档位。

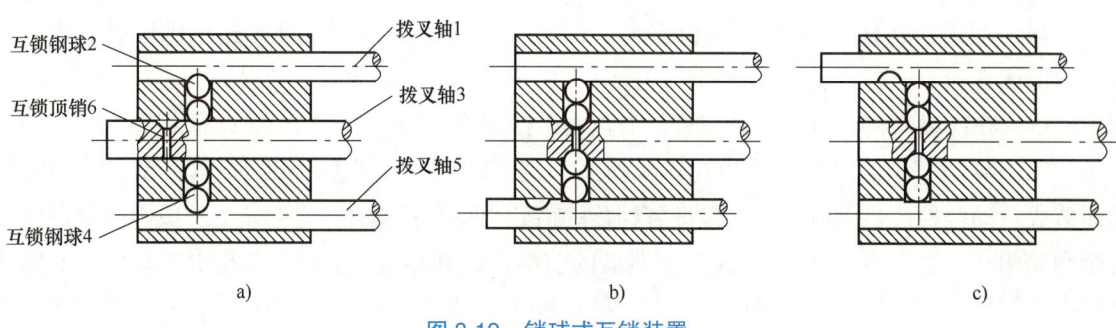

图 3-19 锁球式互锁装置

（3）倒档锁　倒档锁要求驾驶人必须用与挂前进档不同的操作方式或对变速杆施加更大的力，才能挂入倒档，从而防止误挂倒档。倒档锁也有多种类型，最常用的是弹簧锁销式倒档锁，如图 3-20 所示。

倒档锁销及倒档锁弹簧安装在倒档拨块相应的孔中，倒档锁销内端与倒档拨块的侧面平齐，倒档锁销可以在变速杆下端球头推压下，压缩倒档锁弹簧而轴向移动。当驾驶人要挂倒档时，必须有意识地用较大的力向侧面摆动变速杆，使其下端球头右移，克服倒档锁弹簧的张力将锁销推入孔中，这样才能使变速杆下端球头进入倒档拨块的凹槽内，以拨动一档、倒档拨叉轴进行挂档。

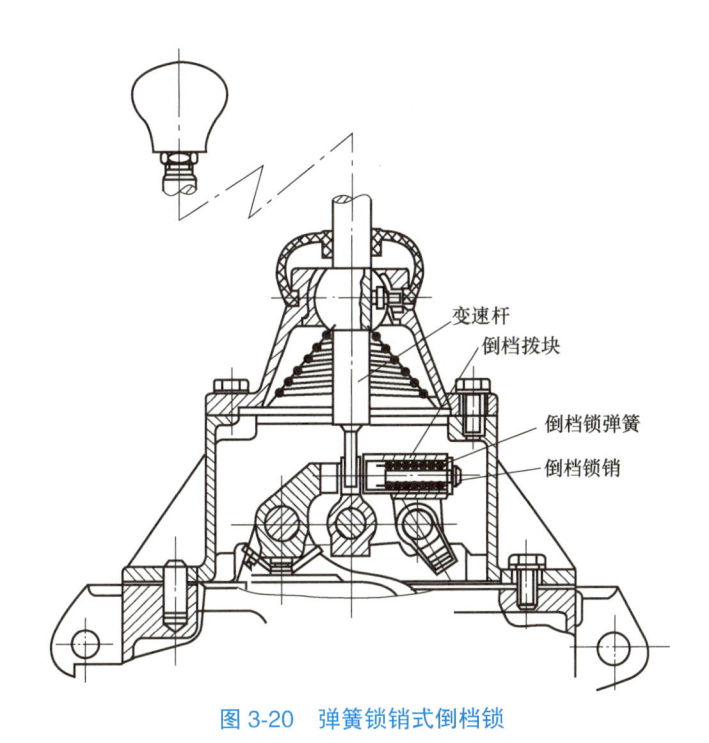

图 3-20　弹簧锁销式倒档锁

## 五、变速器常见故障的诊断与排除

### 1. 变速器异响

（1）故障现象　变速器工作时，发出不正常的声响，如金属的干摩擦声，不均匀的碰撞声等。

（2）故障原因

1）轴承发响。轴承缺油、磨损松旷、疲劳剥落及轴承滚动体破裂等造成的轴承发响。

2）齿轮发响。齿轮磨损严重、齿侧间隙过大、齿面疲劳剥落或个别齿损坏折断，齿轮制造精度误差或齿轮副不匹配，维修中未成对更换相啮合的齿轮，齿轮与轴或轴上的花键配合松旷，安装齿轮的轴弯曲等，都会造成齿轮发响。

3）操纵机构发响。操纵机构各连接处松动、拨叉变形或磨损松旷等造成操纵机构发响。

4）其他原因的发响。如变速器缺油，润滑油过稀或质量变坏；安装变速器与发动机时，曲轴与变速器输入轴不同心，或变速器壳体变形造成变速器轴线间的同轴度超限；变速器内掉入异物或某些紧固螺栓松动等。

（3）故障诊断与排除

1）诊断方法：当发动机怠速运转时，使变速杆处于空档位置，检查接合和分离离合器过程中有无异响。如离合器接合时发生异响，离合器分离时异响消失，说明异响发生在变速器内。也可实车行驶，检查变速器处于变速档位时有无异响。

2）排除方法：如果发动机怠速运转，变速器处于空档时发响，多为常啮合齿轮响。

如果变速器换入某一档位时响声明显，应检查该档齿轮和同步器的磨损情况及齿轮啮合情况。

如果变速器各档均有异响，多为基础件、轴、齿轮、花键磨损使形位误差超限。

如果运转时有金属摩擦声，多为变速器内润滑油存在问题，应检查油面高度和油的质量。如果变速器工作时有周期性撞击声，则为齿轮的个别轮齿损坏；如果变速器工作时有间断性异响，可能为变速器内存在异物。

### 2. 变速器挂档困难

（1）故障现象　汽车起步挂档或行驶中挂档时，挂不上档并有齿轮撞击声。

（2）故障原因

1）拨叉或拨叉轴磨损、松旷或弯曲。

2）自锁或互锁钢球损伤、弹簧过硬等。

3）操纵机构松旷、咬死、变形或调整不当。

4）同步器故障。

5）变速器轴弯曲变形或花键损坏。

除变速器故障外，离合器分离不彻底、润滑油规格不符，也会造成挂档困难。

（3）故障诊断与排除

1）首先检查离合器和操纵机构的工作情况，确认离合器和操纵机构工作正常。

2）拆开变速器盖，检查拨叉、拨叉轴是否弯曲，拨叉的固定螺栓是否松动等。

3）检查自锁和互锁装置是否卡滞，自锁和互锁钢球是否损坏，弹簧是否过硬。

4）检查同步器的磨损或损坏情况。检查同步器是否散架、同步器锥环内锥面螺旋槽是否磨损、滑块是否磨损、弹簧弹力是否过软等。

5）如同步器工作正常，检查变速器输入轴是否弯曲，花键是否损坏等。

### 3. 变速器跳档

（1）故障现象　汽车行驶中，变速杆自动跳回空档位置（一般多发生在中、高速负荷时或汽车剧烈振动时）。

（2）故障原因

1）操纵机构没有调整好或变形松旷、控制杆件磨损等，使齿轮在齿长方向啮合不足。

2）变速器齿轮或接合套磨损过量，沿齿长方向磨成锥形。

3）变速器拨叉轴凹槽及自锁钢球磨损，自锁弹簧过软或折断，使自锁装置失效。

4）变速器轴与轴承磨损松旷或轴向间隙过大，变速器壳松动或与离合器壳没对准，造成轴转动时齿轮啮合不足而发生跳动和轴向窜动。

（3）故障诊断与排除

1）发现某档跳档时，仍将变速杆挂入该档，将发动机熄火。先检查操纵机构的调整是否正确，然后拆开变速器盖检查齿轮啮合情况。如果啮合不好，应检查轴承是否磨损松旷，拨叉是否变形，拨叉与接合套上叉槽的间隙是否过大。如果啮合良好，应检查操纵机构的锁止情况。如锁止不良，则检查自锁钢球、弹簧或拨叉轴凹槽。

2）如果齿轮啮合和操纵机构均良好，应检查齿轮是否磨成锥形、轴承是否松旷，必要时拆下修理或更换。

### 4. 变速器乱档

（1）故障现象　汽车起步或行驶中换档时，所挂档位与需要的档位不符，或虽然挂入所需档位但不能退回空档，或一次挂入两个档位。

（2）故障原因

1）变速杆与变速杆拨动端磨损松旷、损坏。

2）互锁装置中的互锁顶销、互锁钢球磨损过大，失去互锁作用。

3）拨叉轴弯曲及凹槽磨损，不能起定位作用。

（3）故障诊断与排除

1）若变速杆能任意摆动，且能打圈，则为互锁顶销损坏而失效。

2）若挂档时，变速杆位置稍微偏离一点，就挂入不需要的档位，则为变速杆拨动端工作面磨损过甚。

3）若能同时挂入两个档，则为互锁装置磨损过甚，失去互锁作用。

### 5. 变速器漏油

（1）故障现象　变速器壳体外部有油泄漏。

（2）故障原因

1）变速器各部分密封衬垫密封不良、油封损坏或放油螺塞松动。

2）变速器壳体有裂纹。

3）油面太高或油质不良。

（3）故障诊断与排除　根据漏油部位来诊断排除。

## 【任务实施】

### 任务 3-1　手动变速器的分解

**实训器材：**

变速器总成、专用工具、常用工具、工具车、零件架、维修手册、通用润滑脂、抹布等。

**任务准备：**

1）将工位清理干净，准备好相关器材。

2）将变速器总成放置到拆装架上。

**实施步骤：**

| 序号 | 操作示意图 | 操作方法 | 操作要求 |
|---|---|---|---|
| 1 | （图：离合器拉索） | 拆下蓄电池的搭铁线及离合器拉索 | — |

（续）

| 序号 | 操作示意图 | 操作方法 | 操作要求 |
|---|---|---|---|
| 2 | 车速里程表软轴 | 拆下车速里程表的软轴 | — |
| 3 | 传动轴 | 举升汽车，将传动轴从变速器上拆下并支承好 | 确保排气管、倒车灯开关线束插头已拆下 |
| 4 | 螺栓 / 减振垫和减振垫支架 / 螺栓 | 拆下变速器减振垫和减振垫支架 | — |
| 5 | 五档齿轮组件 | 拆下五档拨叉轴及五档同步器和五档齿轮组件 | — |

（续）

| 序号 | 操作示意图 | 操作方法 | 操作要求 |
|---|---|---|---|
| 6 | 五档齿轮 | 锁住输入轴，取下输出轴五档齿轮紧固螺母，拆下五档齿轮 | — |
| 7 | 输入轴　输出轴 | 拆下输入轴和输出轴组件，取出倒档轴和齿轮、倒档传动臂 | — |
| 8 |  | 拆卸拨叉轴自锁和互锁装置 | — |

## 工单填写：

| 手动变速器的分解 | 工作任务单 | 班级： |
|---|---|---|
| | | 姓名： |

| 1. 作业场地准备 | | |
|---|---|---|
| 将工位清理干净，准备好相关器材 | | 是□ 否□ |
| 检查设备台架，应安全、清洁 | | 是□ 否□ |
| 将变速器总成放到工作台上 | | 是□ 否□ |

| 2. 记录数据 | | |
|---|---|---|
| 项目名称 | 小组实训过程 | 注意事项 |
| 分解变速器 | 分解步骤：<br>1.<br>2.<br>3.<br>4. | 记录应全面，不得漏项 |
| 零件摆放 | 摆放原则是：<br>1.<br>2.<br>3. | |
| 认识零部件 | 1. 变速器的分类：<br><br>2. 变速器的组成： | 正确分析 |
| 组装顺序 | 正确的组装顺序是：<br>1.<br>2.<br>3.<br>4.<br>5. | 注意正确的操作流程 |
| 注意事项 | 1.<br>2. | |

| 3. 作业场地恢复 | | |
|---|---|---|
| 擦拭、整理工具 | | |
| 打扫实训场地卫生 | | |

**评价反馈：**

| 手动变速器的分解 |||| 实训日期： |||
|---|---|---|---|---|---|---|
| 姓名： ||| 班级： | 学号： || 教师签名： |
| 自评：□熟练 □不熟练 ||| 互评：□熟练 □不熟练 | 师评：□合格 □不合格 |||

| 序号 | 评分项 | 得分条件 | 分值 | 评分标准 | 自评 | 互评 | 师评 |
|---|---|---|---|---|---|---|---|
| 1 | 安全/7S/态度 | □1. 能进行工位7S操作<br>□2. 能进行设备和工具安全检查<br>□3. 能进行工位安全防护操作<br>□4. 能进行工具清洁、校准、存放操作<br>□5. 能保证三不落地 | 15 | 1项未完成扣3分 | □熟练<br>□不熟练 | □熟练<br>□不熟练 | □合格<br>□不合格 |
| 2 | 专业技能 | □1. 能正确地拆装变速器零部件<br>□2. 能正确地分析变速器主要零件的结构及安装位置<br>□3. 能够掌握相应的检修项目和操作方法 | 50 | 1项未完成扣20分，扣分不得超过50分 | □熟练<br>□不熟练 | □熟练<br>□不熟练 | □合格<br>□不合格 |
| 3 | 工具、设备的使用能力 | □1. 能正确地选择拆装工具<br>□2. 能正确地使用专用拆装工具 | 10 | 1项未完成扣5分 | □熟练<br>□不熟练 | □熟练<br>□不熟练 | □合格<br>□不合格 |
| 4 | 资料、信息查询的能力 | □1. 能严格执行厂家提供的拆装说明<br>□2. 能进行设备和工具安全检查<br>□3. 能进行工位安全防护操作 | 10 | 1项未完成扣5分，扣分不得超过10分 | □熟练<br>□不熟练 | □熟练<br>□不熟练 | □合格<br>□不合格 |
| 5 | 数据判断和分析能力 | □1. 能正确叙述拆装步骤<br>□2. 能正确分析变速器组成及动力传递路线<br>□3. 能正确分析变速器的控制功能<br>□4. 能正确叙述变速器挂挡原理 | 10 | 1项未完成扣2分 | □熟练<br>□不熟练 | □熟练<br>□不熟练 | □合格<br>□不合格 |
| 6 | 表单填写和报告撰写的能力 | □1. 字迹清晰<br>□2. 语句通顺<br>□3. 无错别字<br>□4. 无涂改<br>□5. 无抄袭 | 5 | 1项未完成扣1分 | □熟练<br>□不熟练 | □熟练<br>□不熟练 | □合格<br>□不合格 |

## 任务3-2　同步器的检修

**实训器材：**

同步器、专用工具、常用工具、工具车、零件架、维修手册、通用润滑脂、抹布、维护三件套等。

**任务准备：**

1）将工位清理干净，准备好相关器材。

2）将同步器放置到工作台上。

## 汽车传动系统检修

**实施步骤：**

| 序号 | 操作示意图 | 操作方法 | 操作要求 |
|---|---|---|---|
| 1 | | 用手按压齿轮和同步器锁环，同时用塞尺测量整个外圈的间隙。当同步器锁环的内表面周边磨损时，锁环沉向齿轮，同步器锁环与齿轮之间的间隙变小 | — |
| 2 | | 用手按压同步器锁环，以便将其与齿轮锥面装在一起 | 确保用力转动时同步器锁环不滑动 |
| 3 | | 检查同步器毂和毂套之间滑动是否顺畅 | — |

**工单填写：**

| 同步器的检修 | 工作任务单 | 班级： |
|---|---|---|
|  |  | 姓名： |

| 1. 作业场地准备 | | |
|---|---|---|
| 将工位清理干净，准备好相关器材 | | 是☐ 否☐ |
| 检查设备，应安全、清洁 | | 是☐ 否☐ |
| 将同步器总成放到工作台上 | | 是☐ 否☐ |
| 2. 记录数据 | | |
| 项目名称 | 小组实训过程 | 注意事项 |
| 测量同步器锁环与齿轮之间的间隙 | 测量各个档位：<br>1.<br>2.<br>3.<br>4.<br>5. | 记录应全面，不得漏项 |
| 检查同步器锁环的运行情况 | 滑动 ☐<br>不滑动 ☐ | |
| 检查同步器毂和毂套之间滑动是否顺畅 | 顺畅 ☐<br>不顺畅 ☐ | |

(续)

| 项目名称 | 小组实训过程 | 注意事项 |
|---|---|---|
| 注意事项 | 1.<br><br>2. | |
| 3. 作业场地恢复 | | |
| 擦拭、整理工具 | | |
| 打扫实训场地卫生 | | |

**评价反馈：**

| | 同步器的检修 | | 实训日期： | | |
|---|---|---|---|---|---|
| 姓名： | | 班级： | 学号： | | 教师签名： |
| 自评：□熟练　□不熟练 | | 互评：□熟练　□不熟练 | 师评：□合格　□不合格 | | |

| 序号 | 评分项 | 得分条件 | 分值 | 评分标准 | 自评 | 互评 | 师评 |
|---|---|---|---|---|---|---|---|
| 1 | 安全/7S/态度 | □ 1. 能进行工位 7S 操作<br>□ 2. 能进行设备和工具安全检查<br>□ 3. 能进行工位安全防护操作<br>□ 4. 能进行工具清洁、校准、存放操作<br>□ 5. 能保证三不落地 | 15 | 1 项未完成扣 3 分 | □熟练<br>□不熟练 | □熟练<br>□不熟练 | □合格<br>□不合格 |
| 2 | 专业技能 | □ 1. 能正确拆装同步器零部件<br>□ 2. 能正确分析同步器主要零件的结构及安装位置<br>□ 3. 能够掌握相应的检修项目和操作方法 | 50 | 1 项未完成扣 20 分，扣分不得超过 50 分 | □熟练<br>□不熟练 | □熟练<br>□不熟练 | □合格<br>□不合格 |
| 3 | 工具、设备的使用能力 | □ 1. 能正确地选择拆装工具<br>□ 2. 能正确地使用专用拆装工具 | 10 | 1 项未完成扣 5 分 | □熟练<br>□不熟练 | □熟练<br>□不熟练 | □合格<br>□不合格 |
| 4 | 资料、信息查询的能力 | □ 1. 能严格执行厂家提供的拆装说明<br>□ 2. 能进行设备和工具安全检查<br>□ 3. 能进行工位安全防护操作 | 10 | 1 项未完成扣 5 分，扣分不得超过 10 分 | □熟练<br>□不熟练 | □熟练<br>□不熟练 | □合格<br>□不合格 |
| 5 | 数据判断和分析能力 | □ 1. 能正确分析同步器的组成<br>□ 2. 能正确叙述同步器的功能与作用 | 10 | 1 项未完成扣 5 分 | □熟练<br>□不熟练 | □熟练<br>□不熟练 | □合格<br>□不合格 |
| 6 | 表单填写和报告撰写的能力 | □ 1. 字迹清晰<br>□ 2. 语句通顺<br>□ 3. 无错别字<br>□ 4. 无涂改<br>□ 5. 无抄袭 | 5 | 1 项未完成扣 1 分 | □熟练<br>□不熟练 | □熟练<br>□不熟练 | □合格<br>□不合格 |

## 【理论测试】

| 手动变速器的构造与检修 | 学习任务单 | 班级：<br>姓名： |
|---|---|---|

### 一、填空题

1. 变速器由_____和_____两大部分组成。变速器按传动比变化方式可分为_____、_____和_____3种。

2. 同步器的作用是使接合套与_____之间迅速达到_____，并阻止两者在同步前进入_____，从而消除换档冲击。

3. 变速器按操纵方式分为_____、_____和_____。

### 二、选择题

1. 两轴式变速器的特点是输入轴与输出轴（　　），无中间轴。
   A. 重合　　　　　　B. 垂直　　　　　　C. 平行　　　　　　D. 斜交

2. 对于五档变速器而言，传动比最大的前进档是（　　）。
   A. 一档　　　　　　B. 二档　　　　　　C. 四档　　　　　　D. 五档

3. 下面各档传动比中最有可能是倒档传动比的是（　　）。
   A. $i=2.4$　　　　　B. $i=1$　　　　　　C. $i=1.8$　　　　　D. $i=3.6$

4. 保证工作齿轮在全齿宽上啮合的是（　　）。
   A. 自锁装置　　　　B. 互锁装置　　　　C. 倒档锁　　　　　D. 差速锁

5. 变速器互锁装置的主要作用是（　　）。
   A. 防止变速器乱档　　　　B. 防止变速器跳档　　　　C. 防止变速器误挂倒档

### 三、判断题

1. 变速器的档位越低，传动比越小，汽车的行驶速度越低。（　　）
2. 无同步器的变速器，在换档时，无论从高速档换到低速档，还是从低速档换到高速档，其换档过程完全一致。（　　）
3. 采用滑动齿轮或接合套换档时，待啮合齿轮的圆周速度必须相等。（　　）
4. 同步器能够保证变速器换档时，待啮合齿轮的圆周速度迅速达到一致，以减小冲击和磨损。（　　）
5. 超速档主要用于汽车在良好路面上轻载或空载运行，以提高汽车的燃油经济性。（　　）

### 四、问答题

1. 简述变速器的作用。
2. 简述变速器的换档方式。

# 项目四　液力自动变速器的构造与检修

## 【工作情境】

### 故障现象

一辆丰田皇冠3.0轿车的变速器型号为A340E，该车修理后，一档升二档、二档升三档均正常，但当车速为60km/h左右、发动机转速为1800r/min、升入四档时，车辆突然出现发动机制动现象，同时发动机转速和车速急剧下降。

### 故障分析

对车辆进行变速器解体检查，发现超速档制动片严重烧蚀。其他各档离合器片无异常。经过认真检查发现超速档单向离合器装反。四档时，超速档制动片接合，将太阳轮固定，动力由超速行星架传递给齿圈，实现超速传动比。此时单向离合器应处于打滑状态。当单向离合器装反，变速器升入四档后，动力由超速行星架传递进来，经单向离合器直接传递到超速档制动片，此时超速档制动片接合。在高速状态下变速器升入四档就出现发动机制动现象，同时发动机转速急剧下降，致使超速档制动片烧蚀。将超速档单向离合器按正确方向装配后试车，故障排除。本项目重在引导学生在更换新配件时要认真确认配件型号、规格是否符合要求，避免造成不必要的损失。

## 【学习目标】

| 素质目标： | 知识目标： | 能力目标： |
| --- | --- | --- |
| 1. 培养良好的职业道德和创新精神。<br>2. 培养学生的决策能力和执行能力。<br>3. 培养学生良好的心理素质和克服困难的能力。 | 1. 了解液力自动变速器的特点和组成。<br>2. 掌握液力自动变速器各组成部分的结构与工作原理。<br>3. 掌握液力自动变速器各档的传动情况。 | 1. 具有选用正确的工具按照维修手册的要求进行液力自动变速器的分解和检修的能力。<br>2. 具有分析并排除液力自动变速器相关故障的能力。 |

## 【知识储备】

### 一、液力自动变速器的基本结构

自动变速器是指无须驾驶人的换档操作而能自动实现档位变换的变速器。它具有操作方便、换档平稳、乘坐舒适、过载保护性好等优点。

自动变速器一般分为液力自动变速器（简称 AT）、电控机械式自动变速器（简称 AMT）和无级自动变速器（简称 CVT）。

液力自动变速器的基本组成如图 4-1 所示。

从图 4-1 中可以看出，液力自动变速器由液力变矩器、齿轮变速传动装置、液压控制系统、电子控制系统等组成。

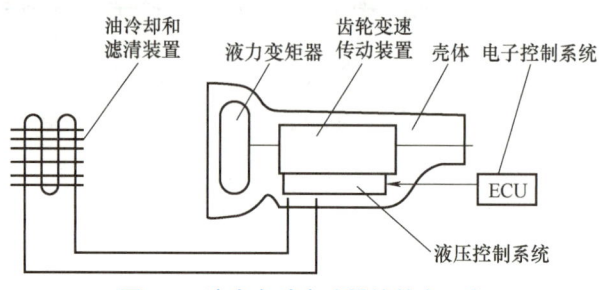

图 4-1 液力自动变速器的基本组成

## 二、液力变矩器

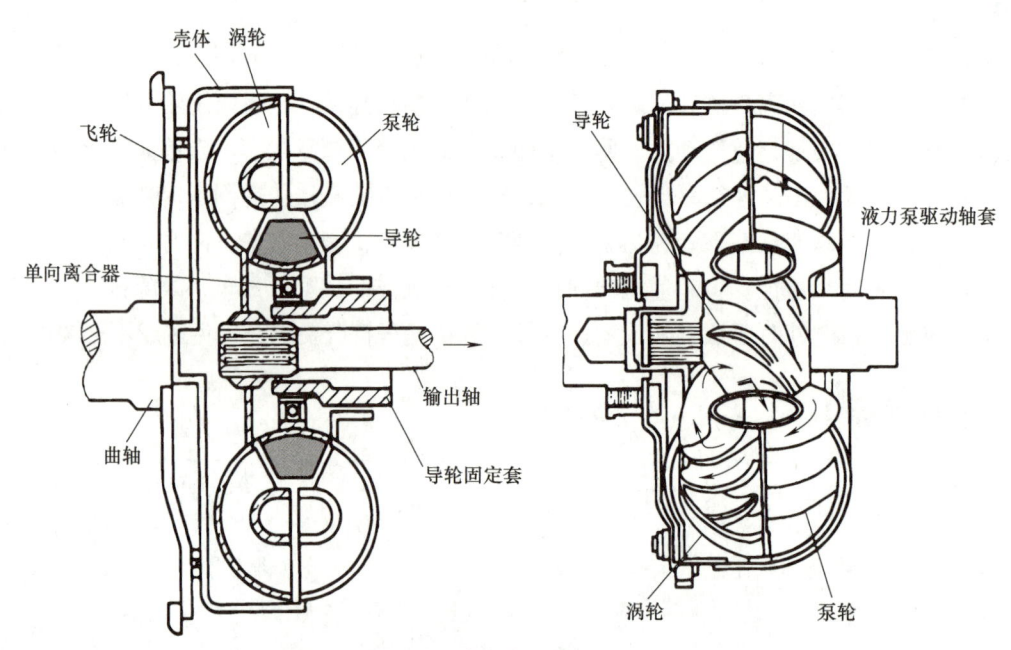

（1）液力变矩器的结构　液力变矩器的结构如图 4-2 所示。

图 4-2 液力变矩器的结构

液力变矩器由壳体、泵轮、涡轮、导轮和单向离合器等组成。壳体安装在发动机飞轮上，泵轮和壳体焊接在一起，随发动机曲轴一同旋转，是液力变矩器的主动部分；涡轮和输出轴连接在一起，是液力变矩器的从动部分。泵轮和涡轮互不接触，两者之间有一定的间隙（3~4mm）。导轮位于泵轮和涡轮之间，通过单向离合器支承在固定于变速器壳体的导轮固定套上，并与泵轮和涡轮保持一定的轴向间隙。发动机运转时带动液力变矩器的壳体和泵轮与之一同旋转，泵轮内的液压油在离心力的作用下由泵轮叶片外缘冲向涡轮，并沿涡轮叶片流向导轮，再经导轮叶片流回泵轮叶片内缘，形成循环的液流。液压油在循环流动的过程中将发动机的输出转矩传给涡轮。

导轮的作用是增大涡轮上的输出转矩。由于涡轮叶片外缘流向导轮的液压油仍有相当大的冲击力，只要将泵轮、涡轮和导轮的叶片设计成一定的形状和角度，就可以利用上述冲击力来提高涡轮的输出转矩。

(2) 液力变矩器的工作原理  当汽车起步时，如图 4-3a 所示，泵轮与涡轮之间的转速差较大，沿涡轮叶片流动的液压油速度（涡流速度）A 也较大，在涡轮旋转速度（环流速度）B 的影响下，速度 A 的方向发生偏移，液压油实际上按速度 C 的方向流向导轮，冲击导轮叶片的正面，但由于导轮被单向离合器锁住不转动，因此液压油经固定导轮的叶片后其流向发生改变，冲击到泵轮的背面，增强泵轮的转动，产生增矩作用。当涡轮转速随车速的提升而提高时，如图 4-3b 所示，泵轮与涡轮转速差较小，环流速度 B 就升高，液压油按速度 C 的方向流向导轮叶片的背面，使导轮叶片对液流起阻挡作用。

在这种情况下，单向离合器使导轮与泵轮同方向自由转动。自由转动的导轮对液压油没有反作用力矩，因此这时变矩器不能起增矩的作用。

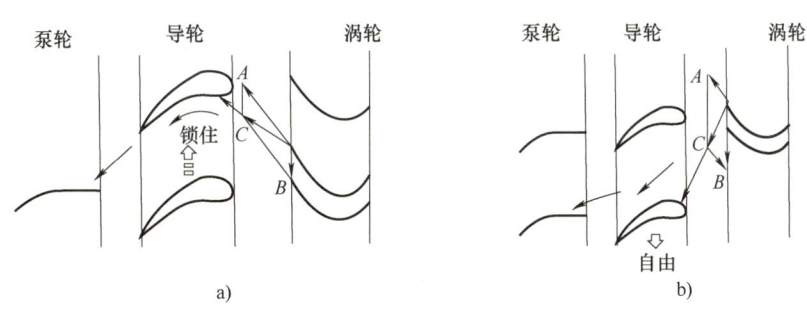

图 4-3  液力变矩器的工作原理

由此可知，当涡轮转速达到泵轮转速的某一给定比例时，导轮就开始与泵轮同向转动，这就是耦合器工作点或耦合点。达到耦合点以后，不再发生转矩成倍放大效应，变矩器也仅起到普通液力耦合器的作用。

(3) 液力变矩器的外特性  液力变矩器的外特性是指泵轮转速（转矩）不变时，液力元件外特性参数与涡轮转速的关系。图 4-4 所示为泵轮转矩 $M_B$ 为定值时，涡轮转矩 $M_W$ 与涡轮转速 $n_W$ 的关系。

由图 4-4 可见，液力变矩器涡轮输出转矩 $M_W$ 随涡轮转速 $n_W$ 的变化而变化。实际上，涡轮转速是随汽车的行驶阻力大小而变化的。当行驶阻力增大时，涡轮转速 $n_W$ 减小，涡轮输出转矩 $M_W$ 增大；当行驶阻力减小时，$n_W$ 增大，$M_W$ 减小。

液力变矩器的这种外特性特别适用于汽车。当汽车起步时，涡轮转速 $n_W=0$，$M_W$ 达到最大值，使汽车驱动车轮获得最大驱动力矩，保证汽车能克服较大的阻力而顺利起步。当汽车上坡或遇到较大行驶阻力时，车速降低，涡轮转速也随着降低，涡轮输出转矩增大，保证汽车能克服较大行驶阻力。由于液力变矩器能够自动地适应汽车行驶工况，所以，液力变矩器是一种在一定范围内能够随汽车行驶工况自动改变转矩的无级变速器。

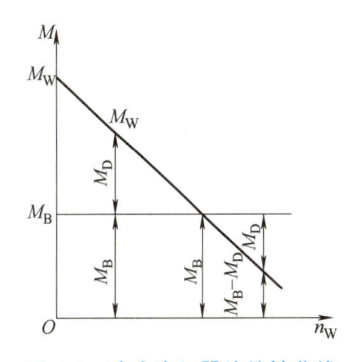

图 4-4  液力变矩器外特性曲线

### 三、齿轮变速传动机构

#### （一）行星齿轮变速器的工作原理

行星齿轮变速器是由若干排行星齿轮机构组合而成，用离合器或制动器控制行星齿轮机构的构件来实现变速的。

最简单的单排行星齿轮机构工作原理如图4-5所示，它包括太阳轮、齿圈、行星架和行星轮，前3个零件称为行星齿轮机构的3个基本构件。行星轮同时与太阳轮和齿圈相啮合，在它们中间起着中间轮（惰轮）的作用。

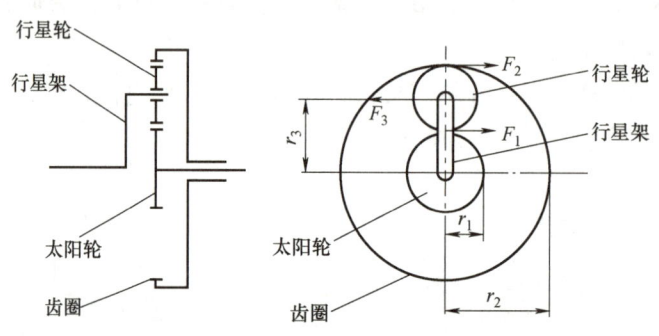

图 4-5　单排行星齿轮机构工作原理

根据能量守恒定律，由作用在单排行星齿轮机构各构件上的力矩和结构参数，可导出表示单排行星齿轮机构一般运动规律的特性方程式，即

$$n_1 + \alpha n_2 - (1+\alpha) n_3 = 0$$

其中，$n_1$、$n_2$、$n_3$ 分别是太阳轮、齿圈、行星架的转速（r/min）；$\alpha$ 是齿圈齿数 $z_2$ 与太阳轮齿数 $z_1$ 之比。

根据特性方程式可知，单排行星齿轮机构是一个两自由度机构，为了获得确定的运动，必须约束其中一个自由度。在汽车行星齿轮变速器中，可用制动器将太阳轮、齿圈、行星架3个构件中任一构件制动住，或用闭锁离合器将其中2个构件闭锁起来，使整个轮系以一定的传动比传递动力。表4-1为单排行星齿轮机构的传动方案。

表 4-1　单排行星齿轮机构的传动方案

| 状态 | 固定件 | 主动件 | 从动件 | 传动比 | 旋转方向 | 档位 |
|---|---|---|---|---|---|---|
| 1 | 太阳轮 | 齿圈 | 行星架 | $i = 1 + \dfrac{z_1}{z_2} = 1 + \dfrac{1}{\alpha}$ | 相同 | 降速档 |
| 2 | 太阳轮 | 行星架 | 齿圈 | $i = \dfrac{z_2}{z_1 + z_2} = \dfrac{\alpha}{1+\alpha}$ | 相同 | 超速档 |
| 3 | 齿圈 | 太阳轮 | 行星架 | $i = 1 + \dfrac{z_2}{z_1} = 1 + \alpha$ | 相同 | 降速档 |
| 4 | 齿圈 | 行星架 | 太阳轮 | $i = \dfrac{z_1}{z_1 + z_2} = \dfrac{1}{1+\alpha}$ | 相同 | 超速档 |
| 5 | 行星架 | 太阳轮 | 齿圈 | $i = -\dfrac{z_2}{z_1} = -\alpha$ | 相反 | 倒档（降速） |
| 6 | 行星架 | 齿圈 | 太阳轮 | $i = -\dfrac{z_1}{z_2} = -\dfrac{1}{\alpha}$ | 相反 | 倒档（超速） |
| 7 | 将任意2个基本构件连接在一起 | | | 1 | 相同 | 直接档 |
| 8 | 太阳轮、齿圈、行星架均不固定 | | | | | 空档 |

## （二）换档执行机构

行星齿轮变速器的换档执行机构通常由离合器、制动器和单向离合器3种不同的执行元件组成，它们通过一定规律对行星齿轮机构的某些基本构件进行连接、固定或锁止，让行星齿轮机构获得不同的传动比，从而实现档位的变换。

### 1. 离合器

离合器的作用是将输入轴或输出轴与行星齿轮机构中的某个基本构件连接起来，或将行星齿轮机构中某两个基本构件连接在一起，使之成为一个整体，以传递动力。换档执行机构中采用的离合器多为湿式多片离合器，它通常由离合器鼓、离合器活塞、回位弹簧、钢片、摩擦片、离合器毂等组成，如图4-6所示。

离合器活塞安装在离合器鼓内，由活塞内外圆的密封圈保证其密封，从而和离合器鼓一起形成一个封闭的环状液压缸，并通过离合器鼓内圆轴颈上的进油孔和液压油道相通。钢片和摩擦片交错排列，两者统称为离合器片。钢片的外花键齿安装在离合器鼓的内花键齿圈上，可沿齿圈键槽做轴向移动；摩擦片的内花键齿与离合器毂的外花键齿连接，也可沿键槽做轴向移动。

湿式多片离合器的工作情况如图4-7所示。

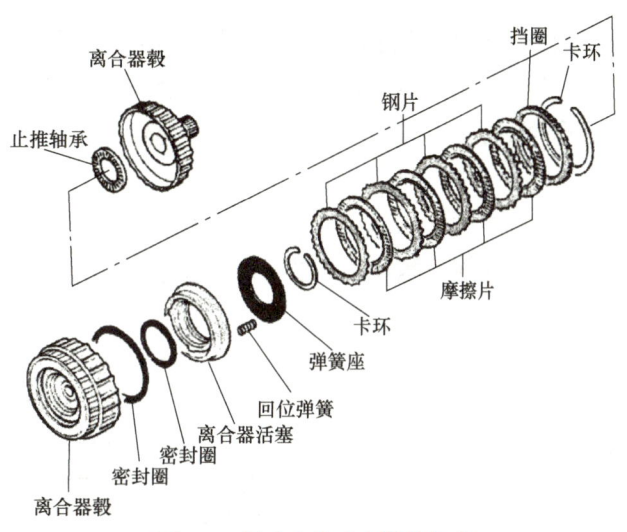

图4-6　湿式多片离合器的组成

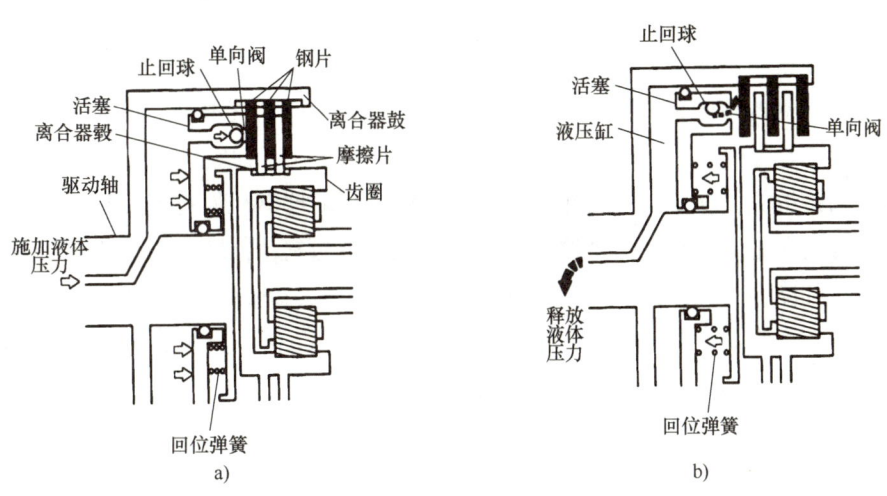

图4-7　湿式多片离合器的工作情况
a）接合　b）分离

离合器处于分离状态时，钢片和摩擦片之间存在一定的轴向间隙，以保证无轴向压力。当液压油通过油道进入活塞左腔油室时，液压力克服回位弹簧张力推动活塞右移，使所有钢片、摩擦片压紧，离合器接合。钢片和摩擦片之间有很大的摩擦因数，在液压力的作用下将产生很大的摩擦力，使从动部分的离合器毂连接，转矩经离合器鼓、钢片、摩擦片、离合器毂传至行星齿轮机构。当液压油排出时，活塞就会在回位弹簧的作用下压回液压缸的底部，使钢片和摩擦片相互分离，离合器鼓和离合器毂可以朝不同的方向或以不同的转速旋转，此时离合器处于分离状态。

一般在离合器内部只有一条油道，油道设在离合器的中心部位，进油和泄油均要通过该油道。离合器接合时，推动活塞的液压油受到惯性力的作用被甩到液压腔的外壁上。离合器分离时，部分液压油在惯性力的作用下不易排出而滞留在液压腔内，造成离合器没有完全脱开，从而导致钢片和摩擦片间出现不正常滑摩，影响离合器的使用寿命。为了避免这种现象的出现，在离合器的活塞内装有止回球。离合器接合时，液压力使止回球压紧在阀座上，液压腔成为封闭的油腔，离合器可以传递转矩。离合器分离时，随着液压油的排出液压力下降，止回球与阀座脱开，液压油从阀座处被排出，使离合器迅速分离并完全脱开。

### 2. 制动器

制动器的作用是约束行星齿轮机构中某个基本构件，使其不能运动，以获得必要的传动比。目前常用的制动器有湿式多片制动器和带式制动器。

（1）湿式多片制动器　湿式多片制动器如图4-8所示，由活塞、回位弹簧、摩擦片、钢片等组成。

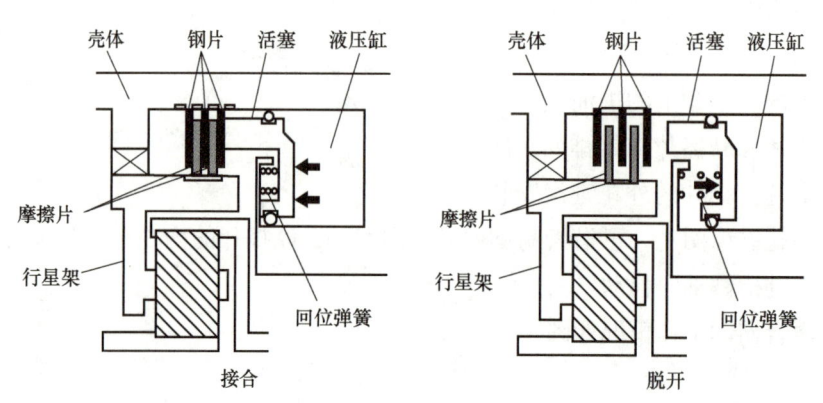

图4-8　湿式多片制动器

湿式多片制动器的结构和工作原理与湿式多片离合器相似，其不同之处为，离合器鼓连同液压缸（即它的壳体）是一个主动部件，而制动器鼓连同液压缸（即它的壳体）是固定不动的，通常湿式多片制动器的壳体就是行星齿轮变速器的壳体。制动器钢片外花键安装在变速器壳体上的制动器鼓内花键齿圈中不能转动，摩擦片则通过内花键齿与制动器毂上的外花键齿连接。制动器不工作时，钢片和摩擦片之间无液压力，制动器毂可以旋转。制动器工作时，液压油进入制动器液压缸，液压力作用在制动器的活塞上，推动活塞将钢片与摩擦片压紧在一起，使制动器毂以及与其相连的行星齿轮机构的某一基本构件被固定而不能旋转。

（2）带式制动器　带式制动器是利用围绕在制动鼓周围的制动带收缩而产生制动效果的。制动带内侧的摩擦材料与湿式多片离合器的摩擦片相同。带式制动器由制动鼓、制动带及活塞等组成，如图4-9所示。制动带围绕在制动鼓的圆周上，制动鼓与行星齿轮机构一起旋转。制动带的一端与制动缸活塞抵靠，活塞通过内、外弹簧安

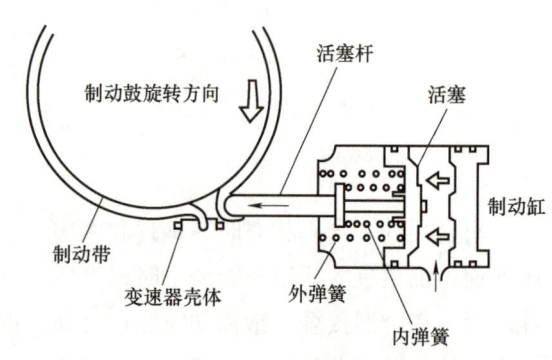

图4-9　带式制动器

装在活塞杆上。

变速器内液压系统的油压施加到活塞上，推动活塞左移，使活塞杆移动并收紧制动带，锁止旋转构件。当油液通过控制阀排出时，弹簧推动活塞回位并放松制动带，制动解除。

### 3. 单向离合器

单向离合器的作用是单向锁止行星齿轮机构中某个基本构件的旋转。当与之相连的构件的受力方向与锁止方向相同时，该构件即被固定或连接；当构件受力方向与锁止方向相反时，该构件即被释放或脱离连接。单向离合器的工作完全由与之相连的构件的相对运动方向控制，在与其连接的行星齿轮机构基本构件的相对运动方向发生变化的瞬间，单向离合器就产生接合或脱离，可使换档平顺无冲击，所以单向离合器的工作不需另外的控制机构。

单向离合器有多种形式，目前应用最多的是楔块式单向离合器。楔块式单向离合器由外环、内环、楔块（滚子）等组成，如图4-10所示。楔块的尺寸 $A$ 略大于内外环之间的距离 $B$，而尺寸 $C$ 则略小于 $B$。当外环相对于内环朝顺时针方向旋转时，楔块在摩擦力的作用下立起，因自锁作用而被卡死在内外环之间，使内环和外环无法相对滑转，此时单向离合器处于锁止状态；当外环相对于内环朝逆时针方向旋转时，楔块在摩擦力的作用下倾斜，脱离锁止状态，内外环可以相对滑转，此时单向离合器处于自由状态。

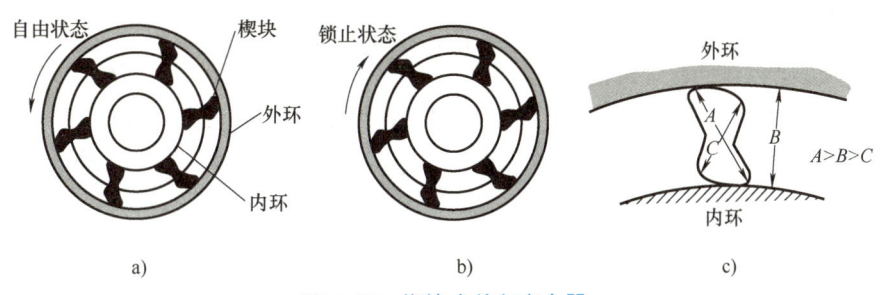

图4-10 楔块式单向离合器

a）自由状态 b）锁止状态 c）楔块尺寸

### （三）行星齿轮传动装置

辛普森式行星齿轮传动装置由辛普森式行星齿轮机构和换档执行机构组成，其中辛普森式行星齿轮机构采用双行星排，前后两个行星排的太阳轮连成一个整体，称为太阳轮组件；前排的行星架和后排的齿圈连成一体，称为前行星架和后齿圈组件，输出轴通常与该组件相连。如图4-11所示，辛普森式行星齿轮机构只有4个独立构件：前齿圈、太阳轮组件、后行星架、前行星架和后齿圈组件。而换档执行元件包括2个离合器、3个制动器和2个单向离合器。

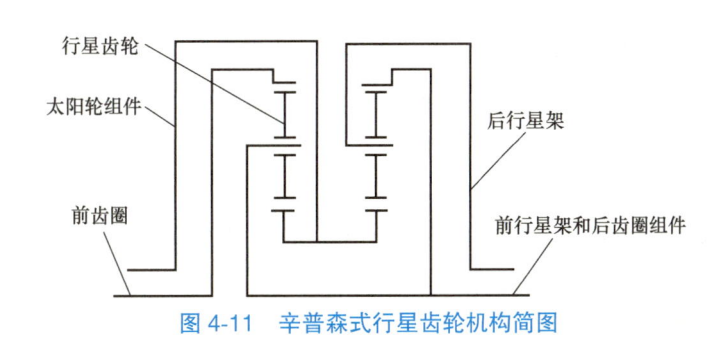

图4-11 辛普森式行星齿轮机构简图

辛普森式行星齿轮变速器的布置和传动原理如图4-12所示。

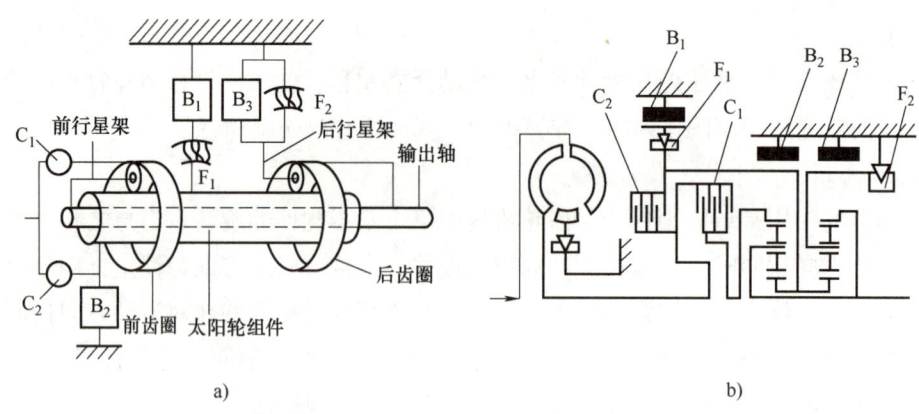

图 4-12 辛普森式行星齿轮变速器的布置和传动原理

装备有自动变速器的汽车，驾驶人可根据行驶情况选择变速杆的各个档位，变速杆的动作带动自动变速器电子液压控制系统中手动阀位置的改变，从而可以选定不同的自动换档范围。就三档辛普森式行星齿轮变速器来说，变速杆的位置有 6 个：P（停车位）、R（倒车位）、N（空档位）、D（前进位）、S 或 2（前进二位）、L 或 1（低档位）。其中，D 位具有 3 个档，可以使自动变速器在一档至三档之间变速；S 或 2 位具有 2 个档，可以在一档至二档之间变速；L 或 1 位只允许以一档行驶。

三档辛普森式行星齿轮变速器各档位与换档执行元件的关系见表 4-2。

表 4-2 三档辛普森式行星齿轮变速器各档位与换档执行元件的关系

| 变速杆位置 | 档位 | 换挡执行元件 ||||||| 
|---|---|---|---|---|---|---|---|---|
|  |  | $C_1$ | $C_2$ | $B_1$ | $B_2$ | $B_3$ | $F_1$ | $F_2$ |
| P | 停车档 |  |  |  |  | 接合 |  |  |
| R | 倒档 |  | 接合 |  |  | 接合 |  |  |
| N | 空挡 |  |  |  |  |  |  |  |
| D | 一 | 接合 |  |  |  |  |  | 锁止 |
|  | 二 | 接合 |  | 接合 |  |  | 锁止 |  |
|  | 三 | 接合 | 接合 | 接合 |  |  |  |  |
| S | 一 | 接合 |  |  |  |  |  | 锁止 |
|  | 二 | 接合 |  | 接合 | 接合 |  | 锁止 |  |
| L | 一 | 接合 |  |  |  | 接合 |  | 锁止 |

三档辛普森式行星齿轮变速器各档的传递路线分析如下：

（1）D 位一档和 S 位一档 如图 4-13 所示，前进离合器 $C_1$ 接合，将输入轴与前齿圈连接，一档单向离合器 $F_2$ 锁止，使后行星架不能逆时针方向转动而固定。此档前后两排行星齿轮机构均参与动力输出。

传递路线为：输入轴→前进离合器 $C_1$→前齿圈→前行星齿轮→

→太阳轮组件→后行星齿轮→后齿圈
→前行星架 ⎬→输出轴。

(2) D位二档　如图4-14所示，前进离合器$C_1$接合，将输入轴与前齿圈连接，二档制动器$B_1$接合，二档单向离合器$F_1$锁止，使太阳轮组件不能逆时针方向转动而固定。此档只有前排行星齿轮机构参与动力输出，后排行星齿轮机构处于空转状态。

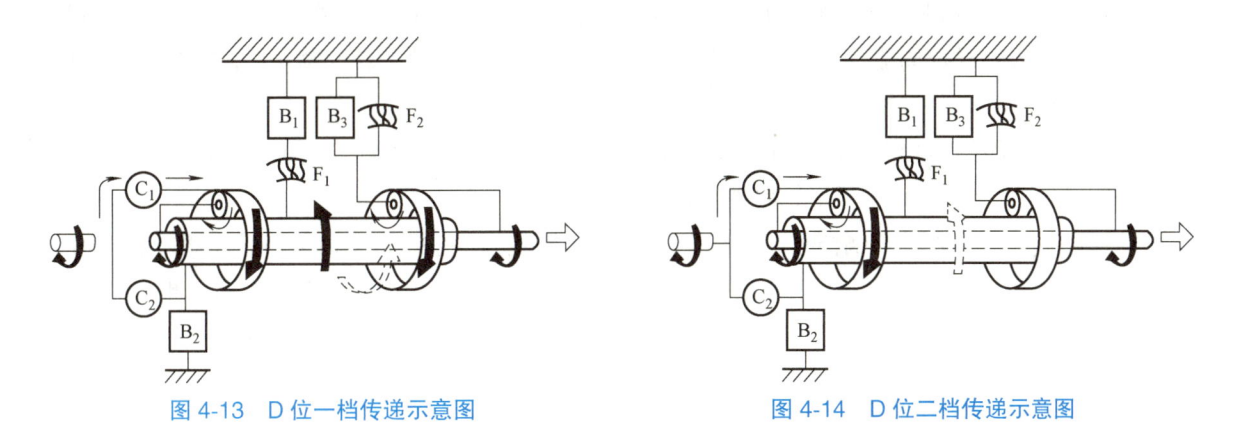

图4-13　D位一档传递示意图

图4-14　D位二档传递示意图

传递路线为：输入轴→前进离合器$C_1$→前齿圈→前行星齿轮→前行星架→输出轴。

(3) D位三档　如图4-15所示，前进离合器$C_1$与倒档和高档离合器$C_2$接合，此时太阳轮和前齿圈均与输入轴连接，故行星架也与它们同速转动，形成直接档，输入轴动力直接传给输出轴。此档也只有前排行星齿轮机构参与动力输出，后排行星齿轮机构处于空转状态。由于前行星架和后齿圈组件与太阳轮组件被连成一体，此时的行星齿轮变速器具有反向传递动力的能力，在汽车怠速工况滑行时可实现发动机的低速制动。

**注意：**

在变速器处于D位一档或二档，汽车滑行时，由于一档单向离合器或二档单向离合器处于滑转状态，不能阻止后行星架或太阳轮组件顺时针方向转动，行星齿轮机构失去反向传递动力的能力，因此，D位一档和二档均没有发动机制动作用。

(4) L位　如图4-16所示，前进离合器$C_1$接合，将输入轴与前齿圈连接，一档和倒档制动器$B_3$接合，后行星架始终被固定。

L位传递路线与D位一档相同。与D位一档不同的是，当发动机处于怠速工况时，汽车在惯性作用下滑行，汽车驱动轮通过变速器输出轴驱动行星齿轮机构，由于后行星架始终被$B_3$固定，这时可反向驱动行星齿轮变速器输入轴以原来的转速转动，从而使与变速器输入轴连接的变矩器涡轮的转速高于与发动机曲轴连接的变矩器泵轮的转速，成为汽车驱动轮通过变矩器反向驱动发动机曲轴的工况。这样，发动机怠速运行阻力可限制驱动轮的转速，汽车减速，实现了利用发动机制动。

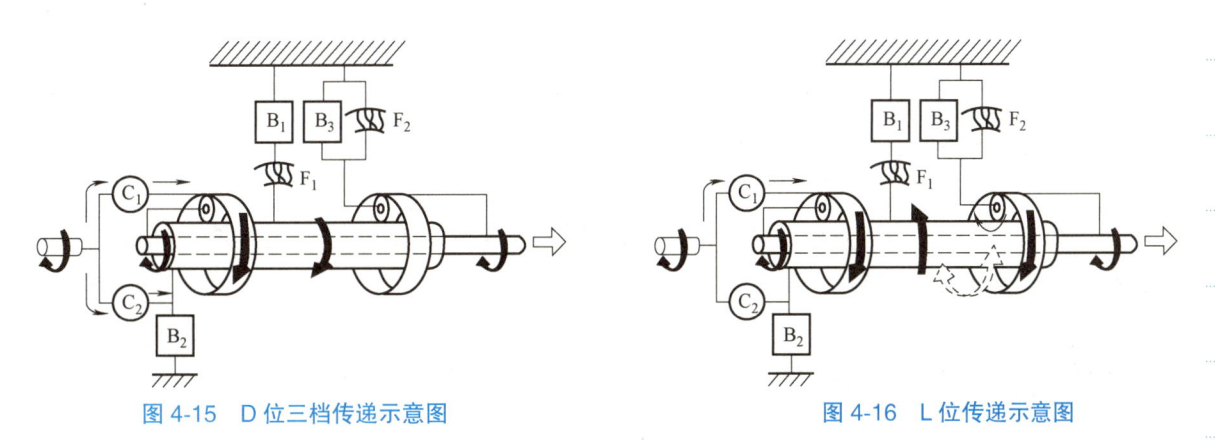

图4-15　D位三档传递示意图

图4-16　L位传递示意图

(5) S位二档　如图4-17所示，前进离合器$C_1$接合，将输入轴与前齿圈连接，二档强制制动器$B_2$接合，太阳轮组件始终被$B_2$固定。

S位二档传递路线与D位二档相同。与D位二档不同之处是，发动机处于急速而汽车进行滑行时，汽车驱动轮通过变速器输出轴驱动行星齿轮机构，由于太阳轮组件始终被$B_2$固定，行星齿轮变速器输入轴被反向驱动，仍以原来的转速转动，变矩器涡轮的转速高于泵轮的转速，所以可利用发动机制动。

(6) R位　如图4-18所示，倒档和高档离合器$C_2$接合，将输入轴与太阳轮组件连接，一档和倒档制动器$B_3$接合，后行星架始终被固定。

传递路线为：输入轴→倒档和高档离合器$C_2$→太阳轮组件→后行星齿轮→后齿圈→输出轴。

从各构件转动方向可以看出，输出轴的转向与输入轴的转向相反，实现了倒档。此时，由于前齿圈可自由旋转，故前行星排处于自由状态，不参加工作。

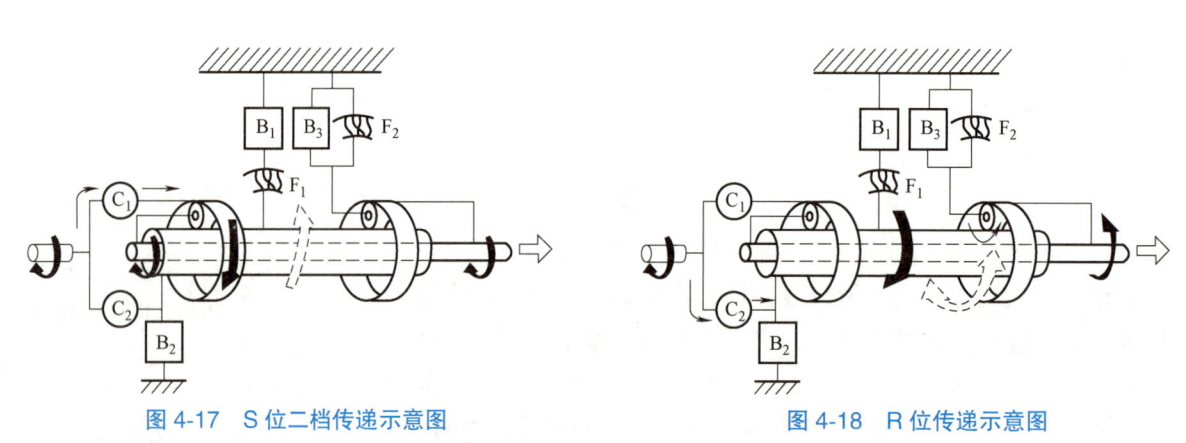

图4-17　S位二档传递示意图

图4-18　R位传递示意图

(7) N位　当变速杆置于N位时，各离合器和制动器均不工作，液力变矩器的动力不能传至行星齿轮变速器，形成空档。

(8) P位　当变速杆置于P位时，如图4-19所示，变速杆的连杆机构推动停车闭锁凸轮，使停车闭锁爪上的齿嵌入变速器输出轴的外齿中。由于停车闭锁爪固定在变速器外壳上，所以输出轴也被固定不能转动，从而锁住了驱动轮。

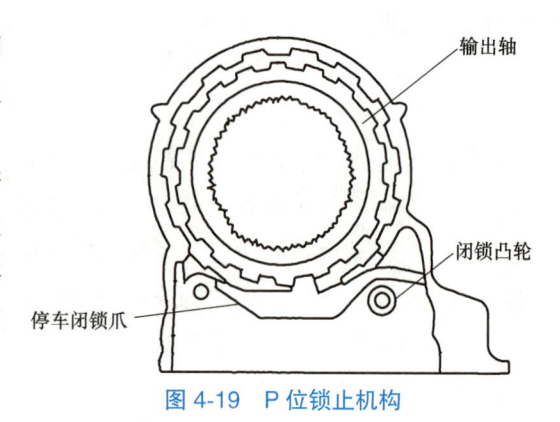

图4-19　P位锁止机构

## 四、液压控制系统

### (一) 液压控制系统的基本组成

液力自动变速器的液压控制系统由动力源、执行机构和控制机构组成。

#### 1. 动力源

液压控制系统的动力源是液压泵，它是整个液压控制系统的工作基础。液压泵的基本作用是提供满足要求的自动变速器油（ATF）。

#### 2. 执行机构

执行机构主要包括离合器、制动器和液压缸等。

#### 3. 控制机构

控制机构包括各种阀，如主油路调压阀、手动阀、换档阀、锁止控制阀等，此外还包括一些辅助装置，如用于防止换档冲击的蓄能器、单向阀等。

### （二）液压泵

液压泵的主要作用是为液力变矩器、离合器、制动器和润滑系统提供液压油。

液压泵一般位于液力变矩器和行星齿轮传动装置之间，由液力变矩器外壳驱动。常用的液压泵有齿轮泵、转子泵和叶片泵3种类型，如图4-20所示。3种液压泵的共同特点是主动部分由液力变矩器花键毂或驱动轴驱动，从动部分与主动部分之间有一定的偏心距。

液力自动变速器使用最多的是内啮合齿轮泵，其典型结构如图4-20a所示。较小的外齿轮是主动齿轮，安装在较大的内齿轮中；内齿轮是从动齿轮，偏心地安装在泵壳中。在内、外齿轮之间有一个月牙形隔板，将内、外齿轮之间的容积分为两部分。外齿轮内径上有两个对称的凸键，与液力变矩器后端液压泵驱动轴的键槽或平面相配合。齿轮泵工作时，主动齿轮带动从动齿轮以相同的方向转动，在齿轮脱离啮合的一端（也就是吸油腔），通过进油口将油液吸入；在齿轮进入啮合的一端（也就是压油腔），容积由大变小，油压升高，将油液以一定的压力泵出。

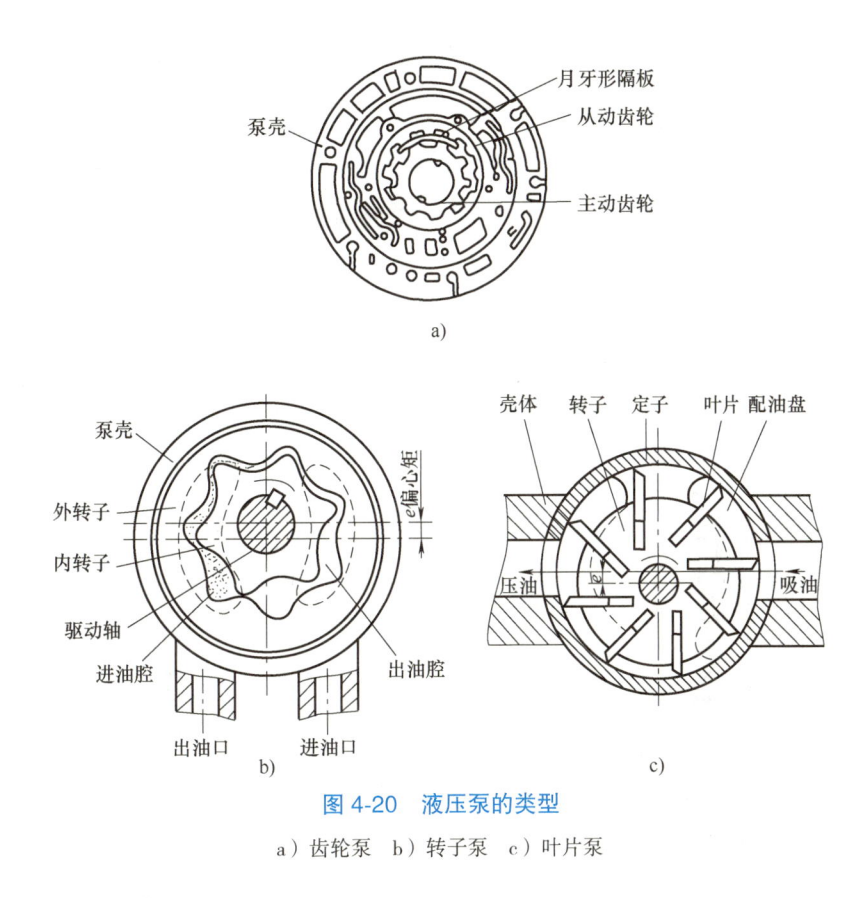

图4-20 液压泵的类型
a）齿轮泵 b）转子泵 c）叶片泵

### （三）控制机构

#### 1. 主油路调压阀

主油路调压阀的作用是根据发动机转速和节气门开度自动调节整个液压控制系统中的油压，保证液压控制系统油压的稳定。主油压是液力自动变速器中最基本和最重要的油压，用于操作变速器内的离合器和制动器，并进一步调节变速器内的其他压力。液力自动变速器的正常工作需要相对稳定的油压，如果油压过高，会导致离合器、制动器接合过快而出现换档冲击；如果油压过低，又会导致离合器、制动器接合不紧而打滑、烧结。

液压泵是由发动机通过液力变矩器直接驱动的，所以液压泵转速随发动机转速的改变而变化，其排油量和油压也与转速成正比。通常在液压泵的输出主油路中安装调压阀，限制液压泵最高输出压力，稳定油压，同时满足主油路系统在不同工况、不同档位时具有不同压力的要求。

主油路调压阀主要由阀芯、柱塞和弹簧等组成，其结构和工作原理如图 4-21 所示。

上端 A 处受到来自液压泵的液压力作用，下端 C 处受到来自节气门阀的液压力和调压弹簧力作用，A、C 两处压力的平衡决定阀芯所处的位置。

若液压泵压力升高，上端 A 处受到的液压力增大，推动阀芯下移压缩弹簧，出油口打开，部分液压油被排出。调节出油口的面积可使工作油压被调整到规定值。

若加大节气门开度，发动机转速提高，液压泵转速随之加快，由液压泵产生的液压力也升高，向下的液压力增大；此时，随着节气门开度的变化，节气门阀的液压力也增大，下端 C 处受到的向上作用力也增大；这样主油路调压阀仍然保持平衡，满足了发动机功率增加时主油路油压增大的要求。

倒档时，手动阀打开另一条油路，将液压油引入调节阀柱塞的 B 腔，使得向上推动阀芯的液压力增加，阀芯上移，出油口被关小，主油路压力增高，从而可以获得满足倒档所需要的液压油压力。

### 2. 手动阀

手动阀又称为手控阀或手动选档阀，与驾驶室的变速杆相连，其作用是控制各档位油路的转换。当驾驶人操纵变速杆时，手动阀会移动，使主油路与不同的控制油路相通，从而控制自动变速器处于不同档位进行工作。例如，当变速杆位于 R 位时，手动阀使主油路与 R 位油路接通，R 位油路将主油压直接输入倒档离合器和制动器，实现倒档，如图 4-22 所示。

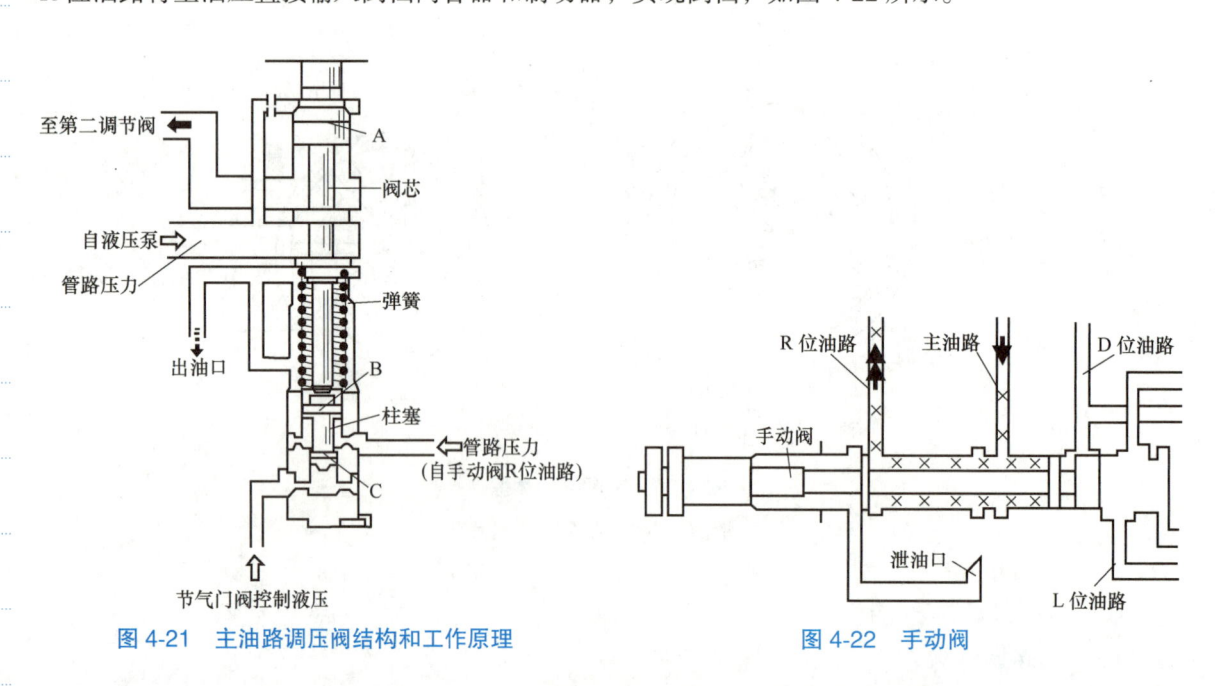

图 4-21 主油路调压阀结构和工作原理

图 4-22 手动阀

### 3. 换档阀

换档阀的作用是根据换档控制信号切换档位油路，以实现两个档位的转换。换档阀是一种换向阀，用来改变油路的方向，使主油路液压油进入不同的换档执行元件（离合器或制动器），从而使自动变速器处于不同的档位。

大部分自动变速器的控制机构采用顺序换档的方式，每个换档阀只能完成相邻两个档位的换档过程，所以四档变速器要有 3 个换档阀。

液力自动变速器的换档阀的工作由 ECU 通过电磁阀来控制。控制方式有两种：一种是加压控制，即通过开启或关闭换档阀控制油路进油孔来控制换档阀的工作；另一种是泄压控制，即通过开启或关闭换档阀控制油路泄油孔来控制换档阀的工作。加压控制方式的工作原理如图 4-23 所示，液压油经电磁阀后通至换档阀的左端。当电磁阀关闭时，没有油压作用在换档阀左端，换档阀在右端弹簧力的作用下移向左端，如图 4-23a 所示；当电磁阀开启时，液压油作用在换档阀左端，使换档阀克服弹簧力右移，如图 4-23b 所示，从而改变油路，实现档位的变换。

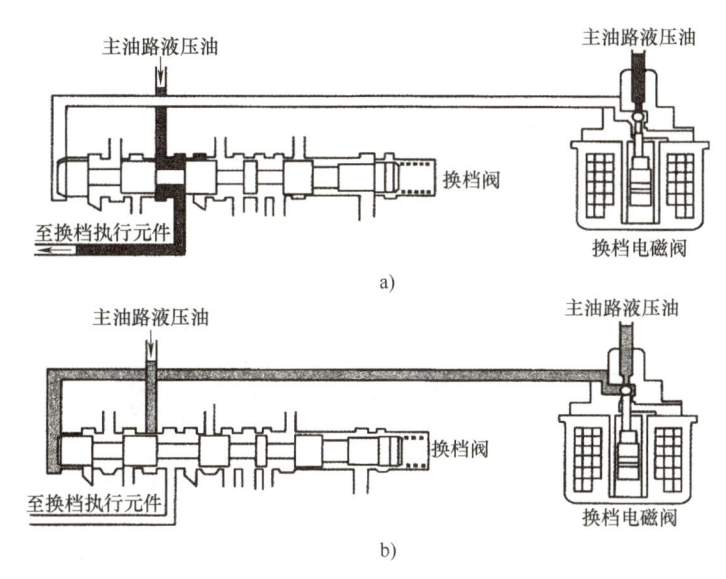

图 4-23 换档阀的工作原理

#### 4. 锁止控制阀

锁止控制阀用于控制液力变矩器中锁止离合器的接合与分离，由 ECU 通过锁止电磁阀控制。锁止控制阀的左端作用着弹簧弹力，主油路液压油经锁止电磁阀作用在锁止控制阀的右端，如图 4-24 所示。

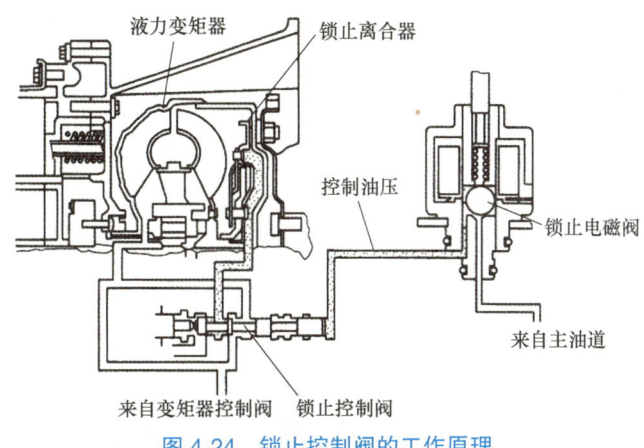

图 4-24 锁止控制阀的工作原理

当锁止电磁阀通电或断电时，作用在锁止控制阀右端的控制油压产生变化，使锁止控制阀的阀芯左右移动，从而改变进、出液力变矩器的液压油方向，达到控制锁止离合器接合或分离的目的。

锁止电磁阀采用脉冲式电磁阀，ECU可利用脉冲电信号占空比的大小来调节锁止电磁阀的开度，以控制作用在锁止控制阀右端的油压，由此调节锁止控制阀左移时排油孔的开度，从而控制锁止离合器活塞右侧油压的大小。脉冲信号的占空比越大，锁止离合器活塞左右两侧的油压差以及锁止离合器的接合力也越大。当脉冲信号的占空比达到一定数值时，锁止离合器即可完全接合。这样，ECU在控制锁止离合器接合时，可以通过电磁阀来调节其接合速度，让接合力逐渐增大，使接合过程更加柔和。

## 五、电子控制系统

液力自动变速器的电子控制系统由输入装置、电磁阀和电子控制单元（ECU）等组成，如图4-25所示。ECU是整个控制系统的控制中心，它根据安装在发动机、自动变速器及汽车各部位上的传感器测得的运转参数（发动机转速、车速、节气门开度、自动变速器油温等）以及各个控制开关送来的驾驶人的操作指令，通过分析运算，按ECU内设定的控制程序向各个电磁阀发出控制信号，以操纵阀板中各种控制阀的工作，从而实现对自动变速器的控制。

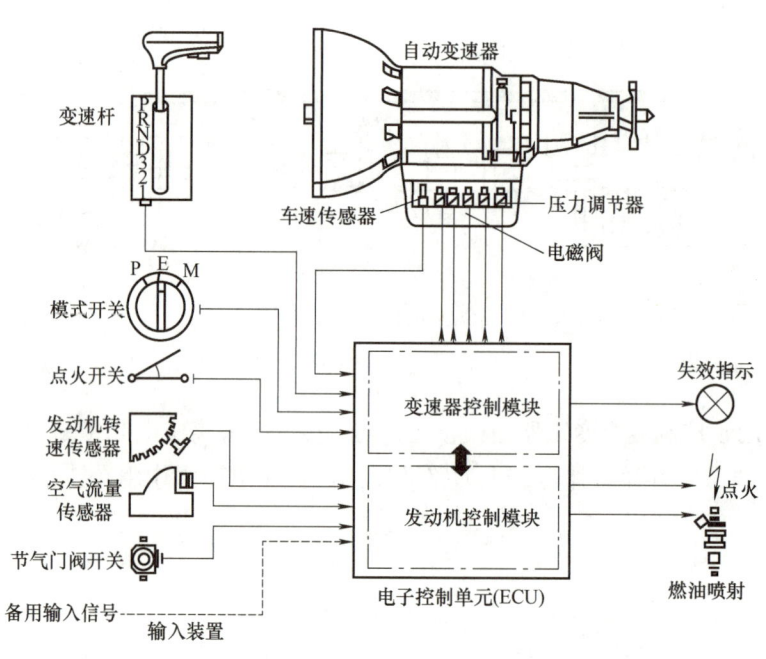

图4-25 电子控制系统

### （一）输入装置

电子控制系统的输入装置包括多个传感器和开关，常用的有节气门位置传感器、车速传感器、输入轴转速传感器、变速器油温传感器、超速档开关、模式开关、空档起动开关、强制降档开关和制动灯开关等。

#### 1. 节气门位置传感器

节气门位置传感器将节气门开启角度转换为电压信号送至ECU，此信号为决定换档点和变矩器锁止时机的基本信号之一。节气门位置传感器安装在发动机节气门体上并与节气门联动。

节气门位置传感器的结构及电路连接如图4-26所示。传感器$V_C$端子为发动机控制模块送来的5V稳压电源。当节气门开度变化时，节气门开度信号用动触点随之滑动，$V_{TA}$端子输出与节气门开度变化成比例的电压信号到ECU中。当节气门全闭时，检测怠速状态的动触点使IDL和$E_2$两个端子接通，从而输出怠速状态信号。

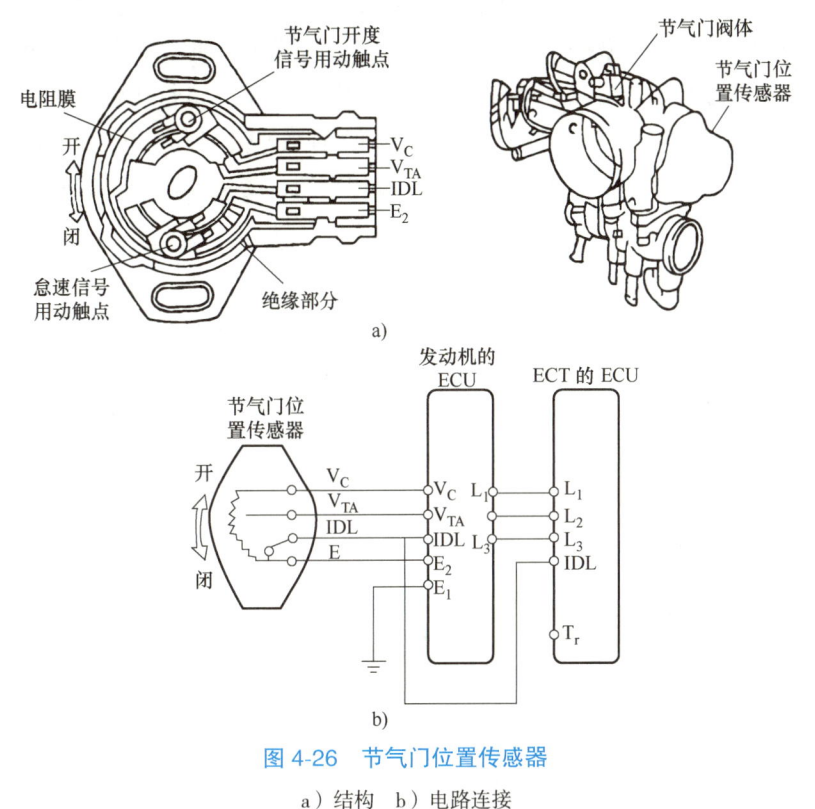

图 4-26 节气门位置传感器

a）结构 b）电路连接

### 2. 车速传感器

车速传感器用于产生频率与车速成正比的电信号，并输入ECU，作为确定换档点和变矩器锁止时机的基本信号之一。车速传感器常用的有光电式、舌簧开关式、电磁感应式等。电磁感应式车速传感器的安装位置和工作原理如图 4-27 所示。

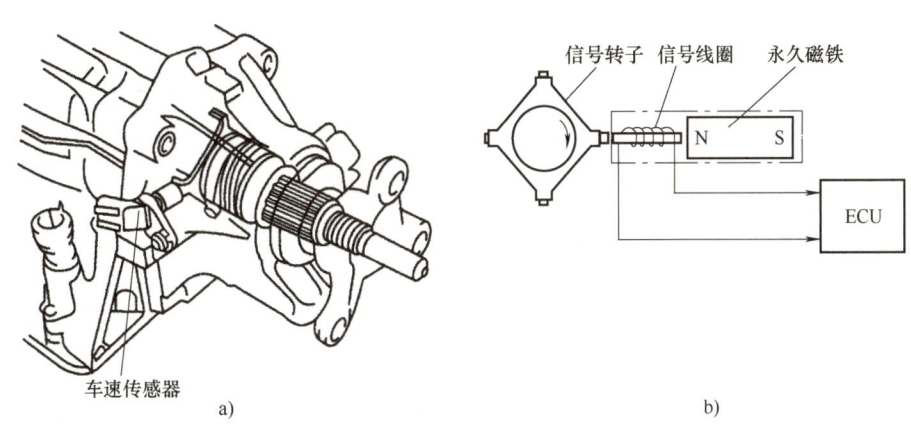

图 4-27 电磁感应式车速传感器

a）安装位置 b）工作原理

电磁感应式车速传感器主要由信号转子、永久磁铁和信号线圈组成。信号转子上带有凸轮，当其转动时，其与线圈铁心之间的气隙产生周期性变化，通过信号线圈的磁通也发生变化，随着磁通的变化，在信号线圈上就会产生感应电压。车速越高，输出轴转速就越高，感应电压的脉冲频率也就越高。ECU按照单位时间内感应出的电压脉冲频率计算输出轴转速，然后换算成车速。

### 3. 输入轴转速传感器

输入轴转速传感器安装在行星齿轮变速器的输入轴或与输入轴连接的离合器鼓附近的壳体上，如图4-28所示，用于检测输入轴转速，并将信号送入ECU，以便精确地控制换档过程。ECU将输入轴转速信号与来自发动机控制模块的发动机转速信号进行比较，计算出变矩器的传动比，使锁止离合器的锁止控制、主油路压力控制、换档控制等得到进一步的优化，以改善汽车的行驶性能。ECU还可以将这一传感器的信号和车速传感器信号进行比较，以判断换档执行元件有无打滑。

### 4. 变速器油温传感器

变速器油温传感器安装在自动变速器油底壳内或液压阀的阀板上，用于检测自动变速器中变速器油的温度，作为ECU进行换档控制、油压控制、锁止离合器控制的依据。

如图4-29所示，变速器油温传感器内部有一热敏电阻，它是依靠热敏电阻阻值随温度变化而变化这一特性来检测油温的。通常使用负温度系数的热敏电阻，即温度越高，电阻值越小，ECU根据阻值的变化计算出变速器油的温度。

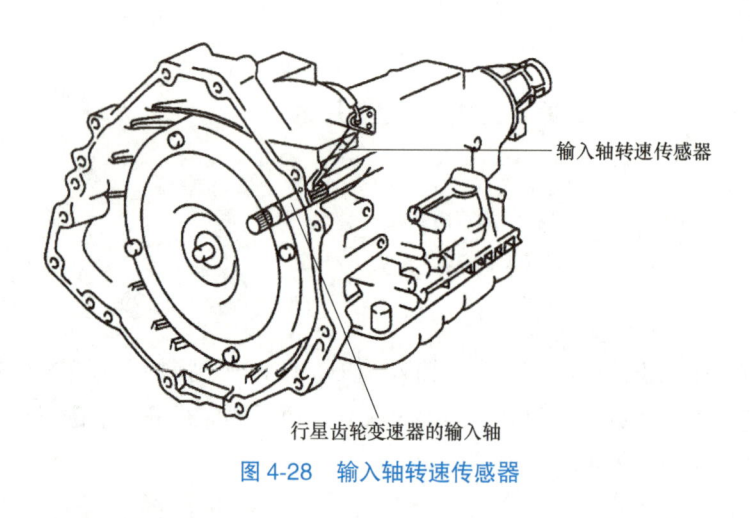

图4-28 输入轴转速传感器

图4-29 变速器油温传感器

### 5. 超速档开关

超速档开关通常位于自动变速器的变速杆上，如图4-30所示，用来控制自动变速器超速档的使用。按下这个开关后，仪表盘上的"O/D OFF"指示灯亮起，表示限制超速档的使用。在这种状态下，四档自动变速器随着车速的提高而升档时，最高只能升入三档，不能升入超速档。

### 6. 模式开关

模式开关又称程序开关，用于选择自动变速器的控制模式，即选择自动变速器的换档规律，以满足不同路况的使用要求，如图4-31所示。换档规律不同，提供的换档点也不同。

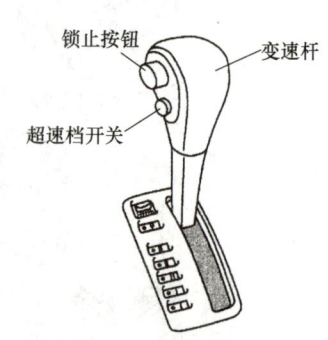

图4-30 超速档开关位置

常见的自动变速器的控制模式有动力模式（PWR）和常规模式（NORM），有的车型有经济模式（ECO）、运动模式（SPORT）、雪地模式（SNOW）、手动模式（MANUL）可供选择。

### 7. 空档起动开关

空档起动开关位于自动变速器手动阀摇臂轴上或变速杆下方，用于检测变速杆的位置。它同时还控制发动机起动机，以确保只有当变速杆位于停车档或空档位置时，发动机才能起动。空档起动开关及各档切换触点如图 4-32 所示。当变速杆位于不同位置时，相应的触点被接通，ECU 根据被接通的触点测得变速杆的位置，从而按照不同的程序控制自动变速器的工作。此外，空档起动开关还控制着仪表盘上或变速杆旁边的手柄位置指示灯。

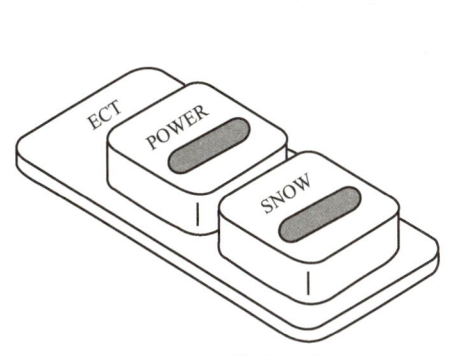

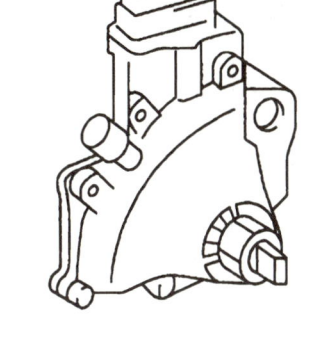

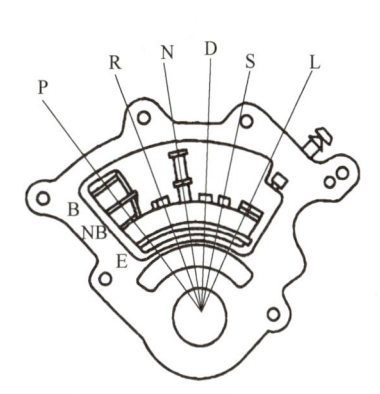

图 4-31　模式开关

图 4-32　空档起动开关及各档切换触点

### 8. 强制降档开关

强制降档开关与节气门拉索装成一体，当加速踏板超过节气门全开位置时，强制降档开关接通，并向 ECU 输送信号，ECU 按其内存设置的程序控制换档，使变速器降一个档位，以提高汽车的加速性能。

### 9. 制动灯开关

制动灯开关用以判断制动踏板是否被踩下。当制动踏板被踩下时，制动灯开关输送信号给 ECU，ECU 便取消锁止离合器的接合，保证车辆的稳定行驶。制动灯开关安装在制动踏板支架上，如图 4-33 所示。

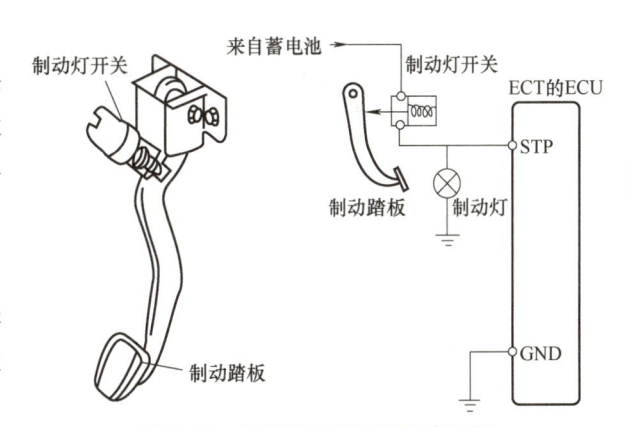

图 4-33　制动灯开关位置及电路图

### （二）主要电磁阀的结构和工作原理

电磁阀安装在自动变速器油底壳中的控制阀体上，ECU 通过各种电磁阀来实现对自动变速器的控制。

#### 1. 换档电磁阀

换档电磁阀由电磁线圈、衔铁、回位弹簧、阀芯等组成，如图 4-34 所示，其作用是在 ECU 的控制下改变作用在换档阀上的控制油压，以实现自动换档。换档电磁阀的电磁线圈在 ECU 的控制下通电时，电磁力使阀芯上移，打开泄油口，使控制油压降低，如图 4-34b 所示；电磁线圈断电时，回位弹簧使阀芯下移，关闭泄油口，使控制油压升高，如图 4-34c 所示。

#### 2. 油压电磁阀

油压电磁阀是一种脉冲线性电磁阀，由电磁线圈、衔铁、滑阀、回位弹簧等组成，如图 4-35 所示，其作用是在 ECU 的控制下产生节气门油压。控制油压电磁阀工作的电信号是一个固定频率的脉冲电信号。电磁阀在脉冲电信号的作用下不断地开启和关闭泄油孔，ECU 通过改变每个脉冲周期内电流接通和断开的时间比率（即占空比），改变电磁阀开启和关闭的时间，以控制油路的压力。电磁阀的工作方式有两种，一种是占空比越大，经电磁阀泄油越多，油压就越低；另一种是占空比越大，油压越高。

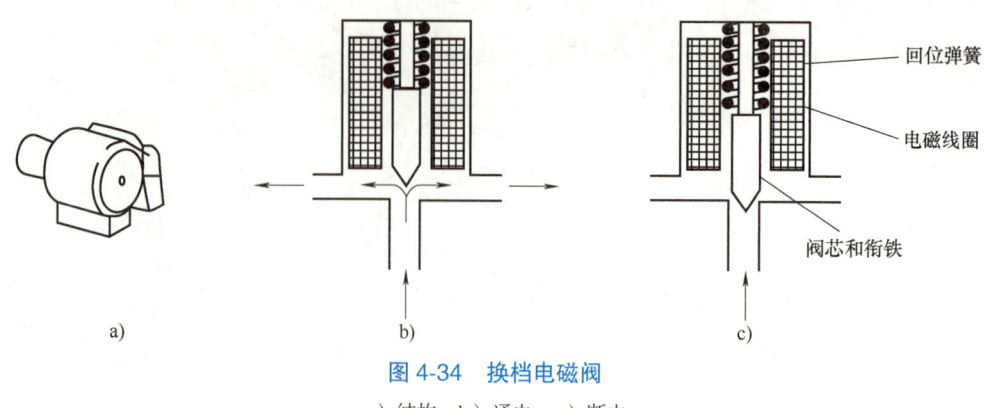

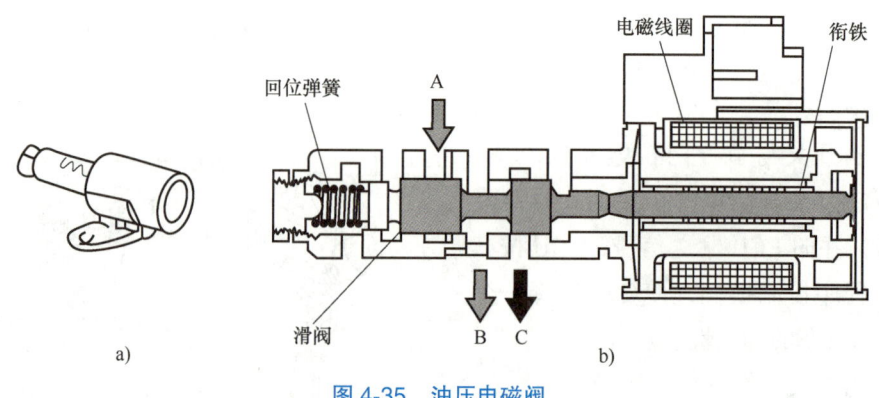

图 4-34 换档电磁阀
a）结构　b）通电　c）断电

图 4-35 油压电磁阀
a）结构　b）工作原理
A—主油路油压　B—节气门油压　C—泄油孔

### （三）电子控制单元

电子控制单元（ECU）具有换档控制、主油路油压控制、锁止离合器控制、自动模式选择控制、换档平顺性控制、故障自诊断、失效保护等功能。

#### 1. 换档控制

自动变速器换档时刻的控制是 ECU 最重要的控制内容之一。汽车在某个特定工况下都有一个与之对应的最佳换档时刻，使其发挥出最好的动力性和经济性。汽车在行驶过程中，ECU 根据模式选择开关信号、节气门开度信号、车速信号等参数来控制接通或断开换档电磁阀，从而打开或关闭通往离合器、制动器的油路，使变速器升档或降档。

换档车速与节气门开度的关系称为换档规律。图 4-36 所示为变速杆处于 D 位时常规驾驶模式与动力驾驶模式的换档规律。

由图 4-36 可见，自动变速器换档具有如下特点：

1）当变速杆在 D 位，且节气门开度相同时，动力驾驶模式换档规律的各档升档车速以及降档车速都比常规驾驶模式换档规律的高，即在发动机转速相对较高时才能换入高一档，也就是延迟升档。升档车速越高，加速动力性越好，降档时亦然。反之，升档车速越低，燃油经济性越好。

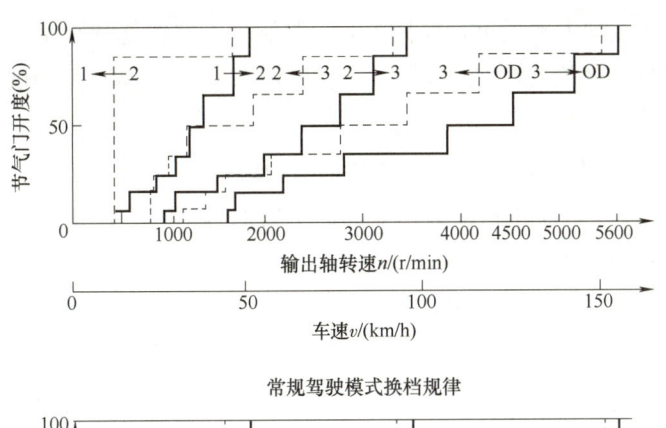

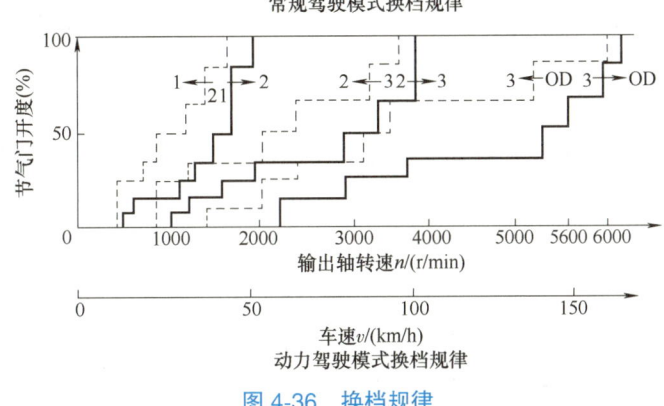

图 4-36 换档规律

2）随着节气门开度的增加，升档或降档的车速增加。所以在实际的换档操作过程中，一般可以采用"抬加速踏板"的方法来快速升档。

### 2. 主油路油压控制

主油路油压是由主油路调压阀调节的。主油路油压应随着发动机负荷的增大而升高，以满足传递大功率时对离合器、制动器等执行元件液压缸工作压力的要求。

ECU 根据节气门位置传感器测定的节气门开度，控制油压电磁阀脉冲信号的占空比，使主油路油压随节气门开度的变化而变化。图 4-37 所示为主油路油压随节气门开度的变化情况。由于倒档使用的时间较少，为减小自动变速器的体积，通常倒档执行机构的尺寸较小，同时其传递转矩较大，因此油压较其他档位要高。

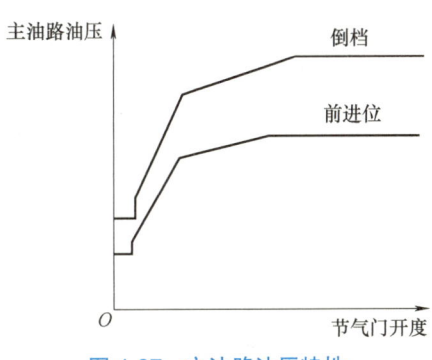

图 4-37 主油路油压特性

### 3. 锁止离合器控制

ECU 可根据车速信号和节气门开度信号使图 4-35 主油路油压锁止电磁阀接通或断开，从而控制锁止时间。

锁止离合器工作时，升档或降档期间，ECU 会把锁止电磁阀电路暂时切断，以减轻换档冲击。

此外，只要发生下述 4 种情况之一，ECU 都将切断锁止电磁阀电路，强制锁止离合器分离：制动灯开关接通；节气门位置传感器的 IDL 端子接通（节气门全闭）；冷却液温度低于 70℃；巡航控制系统工作时，实际车速低于其预置车速但高于 10km/h。

### 4. 自动模式选择控制

ECU 通过各个传感器测得的汽车行驶情况和驾驶人的操作方式，经过运算分析，自动选择采用经济模式、常规模式或动力模式进行换档控制，以满足不同的驾驶操作要求。ECU 在进行自动模式选择控制时，主要参考变速杆的位置及加速踏板被踩下的速率，以判断驾驶人的操作目的，自动选择控制模式。

1）当变速杆位于 S 或 L 位时，ECU 只选择动力模式。

2）变速杆位于 D 位，当加速踏板被踩下的速率较低时，ECU 选择经济模式；当加速踏板被踩下的速率超过控制程序中所设定的速率时，ECU 由经济模式转变为动力模式。ECU 将车速和节气门开度的组合分为一定数量的区域，每个区域有不同的节气门开启速率的程序设定值。车速越低或节气门开度越大时，其设定值越小，也就容易选择动力模式。

3）变速杆位于 D 位，ECU 选择动力模式时，一旦节气门开度低于 1/8，换档规律即由动力模式转换为经济模式。

**5. 换档平顺性控制**

ECU 可以采用多种方法来控制自动变速器的换档过程，以改善换档平顺性，提高汽车的乘坐舒适性。目前常见的改善换档平顺性的控制方法有以下几种：

（1）换档油压控制　在升档或降档的瞬间，通过油压电磁阀适当降低主油路油压，以减小换档冲击，改善换档平顺性。

（2）转矩控制　在换档瞬间，通过延迟发动机的点火时间或减少喷油量，暂时减小发动机的输出转矩，以减小换档冲击和输出轴的转矩波动。

（3）N-D 换档控制　在变速杆由 P 位或 N 位换至 D 位或 R 位，或由 D 位或 R 位换至 P 位或 N 位时，通过调整发动机的喷油量，将发动机的转速变化减至最小限度，以减小换档冲击和输出轴的转矩波动。

**6. 故障自诊断和失效保护**

ECU 内部有一个故障自诊断电路。它能在汽车行驶过程中不断地监测自动变速器电子控制系统各部位的工作情况，一旦发现某个传感器或执行器有故障、工作不正常，立即采取以下保护措施：在汽车行驶时，仪表盘上的自动变速器故障警告灯亮起，提醒驾驶人立即将汽车送至维修厂检修；将检测到的故障内容以故障码的形式储存在 ECU 的存储器中，以便检修人员读取故障码，为查找故障部位提供可靠的依据；按设定的失效保护程序控制自动变速器的工作，保持汽车的基本行驶能力。

## 【任务实施】

### 任务 4-1　自动变速器油的检查与更换

**实训器材：**

整车一辆、自动变速器油、自动变速器油加注器、常用工具、维修手册、抹布等。

**任务准备：**

1）现场安全确认：车辆、举升机、工位安全确认。

2）车辆防护：翼子板布、前格栅布、三件套、车轮挡块。

3）安全检查：机油、冷却液、自动变速器油、蓄电池电压等。

扫一扫

更换自动变速器油

项目四　液力自动变速器的构造与检修

**实施步骤：**

**1. 检查自动变速器油油面高度**

| 序号 | 操作示意图 | 操作方法 | 操作要求 |
|---|---|---|---|
| 1 | | 将汽车停放在水平地面上，拉紧驻车制动器 | 发动机怠速运转至少1min |
| 2 | | 踩住制动踏板，将变速杆拨至各档，并在每个档位上停留数秒，最后将变速杆拨至 P 位 | 使液力变矩器和所有换档执行元件中都充满自动变速器油 |
| 3 | | 从加油管内拔出自动变速器油尺，擦净后插入加油管内再拔出，检查油尺上的油面高度 | 插入油尺时要确保到位；不要有异物掉进机油尺孔 |
| 4 | | 油尺上有两个标记，一个是最低油位，一个是最高油位，检查油位是否在这两个标记之间 | 如果低于最低油位，需要添加自动变速器油，如果高于最高油位，请正确排放自动变速器油 |

75

(续)

| 序号 | 操作示意图 | 操作方法 | 操作要求 |
|---|---|---|---|
| 5 | | 若油面过低，应向加油管中补充自动变速器油，直到油面高度符合标准为止。继续运转发动机，检查自动变速器油底壳、油管接头等处有无漏油，若有漏油，应立即修复 | 经试车之后，应重新检查自动变速器油的油面高度是否正常 |

## 2. 检查自动变速器油质量

| 序号 | 操作示意图 | 操作方法 | 操作要求 |
|---|---|---|---|
| 1 | | 在检查油面高度的同时，应对自动变速器油的质量进行检查，观看油液颜色 | 如果自动变速器油呈红棕色，说明自动变速器油老化变质 |
| 2 | | 将油尺上的自动变速器油滴在干净的白纸上，从颜色、气味和杂质3个方面来判断自动变速器油的质量 | 如果颜色明显发黑，有烧焦味且含有杂质，说明磨损严重 |

## 3. 自动变速器油的更换

| 序号 | 操作示意图 | 操作方法 | 操作要求 |
|---|---|---|---|
| 1 | | 拆下自动变速器油底壳上的放油螺塞，将油放净 | 在放油的同时一定要拧开加油口，这样油放的更干净 |

（续）

| 序号 | 操作示意图 | 操作方法 | 操作要求 |
|---|---|---|---|
| 2 | | 拆下油底壳，并清洗干净 | — |
| 3 | | 拆下自动变速器散热器油管接头，用压缩空气将散热器中的残余油液吹出 | — |
| 4 | | 装好油管接头、油底壳和放油螺塞 | — |
| 5 | | 从加油管中加入规定牌号的自动变速器油 | 注意一定要加至有大量油溢出为止 |
| 6 | | 起动发动机，将变速杆从 P 位换到所有的档位后，再换入 P 位，检查自动变速器油位的高度 | 在 R 位、D 位停留几十秒 |

77

（续）

| 序号 | 操作示意图 | 操作方法 | 操作要求 |
|---|---|---|---|
| 7 |  | 发动机和自动变速器达到正常的工作温度（70~80℃），再次检查油面高度，应位于油尺刻线的最高位附近。自动变速器油液位处于中间位置偏上，正常。 | 变速器温度过高，可能对人体造成烧伤 |

### 工单填写：

| 自动变速器油的检查与更换 | 工作任务单 | 班级： |
|---|---|---|
| | | 姓名： |

| 1. 作业场地准备 | | |
|---|---|---|
| 将工位清理干净，准备好相关器材 | | 是☐ 否☐ |
| 检查设备台架，应安全、清洁 | | 是☐ 否☐ |
| 将车辆停放在举升车位，举升车辆 | | 是☐ 否☐ |

| 2. 记录数据 | | |
|---|---|---|
| 项目名称 | 小组实训过程 | 遇到的问题 |
| 检查自动变速器油油面高度 | | |
| 检查自动变速器油质量 | | |
| 更换自动变速器油 | | |
| 注意事项 | | |

| 3. 作业场地恢复 | |
|---|---|
| 擦拭、整理工具 | |
| 打扫实训场地卫生 | |

**评价反馈：**

| 自动变速器油的检查与更换 | | | | 实训日期： | | | |
|---|---|---|---|---|---|---|---|
| 姓名： | | 班级： | | 学号： | | 教师签名： | |
| 自评：□熟练 □不熟练 | | 互评：□熟练 □不熟练 | | 师评：□合格 □不合格 | | | |

| 序号 | 评分项 | 得分条件 | 分值 | 评分标准 | 自评 | 互评 | 师评 |
|---|---|---|---|---|---|---|---|
| 1 | 安全/7S/态度 | □1. 能进行工位7S操作<br>□2. 能进行设备和工具安全检查<br>□3. 能进行工位安全防护操作<br>□4. 能进行工具清洁、校准、存放操作<br>□5. 能保证三不落地 | 15 | 1项未完成扣3分 | □熟练<br>□不熟练 | □熟练<br>□不熟练 | □合格<br>□不合格 |
| 2 | 专业技能 | □1. 能正确地检查自动变速器油油面高度<br>□2. 能正确地检查自动变速器油质量<br>□3. 能够掌握自动变速器油更换的操作方法 | 50 | 1项未完成扣20分，扣分不得超过50分 | □熟练<br>□不熟练 | □熟练<br>□不熟练 | □合格<br>□不合格 |
| 3 | 工具、设备的使用能力 | □1. 能正确地选择拆装工具<br>□2. 能正确地使用专用工具 | 10 | 1项未完成扣5分 | □熟练<br>□不熟练 | □熟练<br>□不熟练 | □合格<br>□不合格 |
| 4 | 资料、信息查询的能力 | □1. 能严格执行厂家提供的拆装说明<br>□2. 能进行设备和工具安全检查<br>□3. 能进行工位安全防护操作 | 10 | 1项未完成扣5分，扣分不得超过10分 | □熟练<br>□不熟练 | □熟练<br>□不熟练 | □合格<br>□不合格 |
| 5 | 数据判断和分析能力 | □1. 能正确叙述检查步骤<br>□2. 能正确从颜色、气味和杂质3个方面来判断自动变速器油的质量 | 10 | 1项未完成扣5分 | □熟练<br>□不熟练 | □熟练<br>□不熟练 | □合格<br>□不合格 |
| 6 | 表单填写和报告撰写的能力 | □1. 字迹清晰<br>□2. 语句通顺<br>□3. 无错别字<br>□4. 无涂改<br>□5. 无抄袭 | 5 | 1项未完成扣1分 | □熟练<br>□不熟练 | □熟练<br>□不熟练 | □合格<br>□不合格 |

## 任务4-2 齿轮变速机构的检修

**实训器材：**

自动变速器一台、百分表、游标卡尺、塞尺、常用工具、维修手册、专用工具一套、抹布等。

**任务准备：**

1）现场安全确认：车辆、举升机、工位安全确认。

2）车辆防护：翼子板布、前格栅布、三件套、车轮挡块。

3）安全检查：机油、冷却液、自动变速器油、蓄电池电压等。

## 实施步骤：

### 1. 检查前后行星架总成

| 序号 | 操作示意图 | 操作方法 | 操作要求 |
|---|---|---|---|
| 1 | 前行星齿轮 | 用塞尺测量行星齿轮轴向间隙，如果间隙大于最大间隙，则更换前行星齿轮总成 | 检查前后行星架总成 |

### 2. 前行星齿轮总成的检修

| 序号 | 操作示意图 | 操作方法 | 操作要求 |
|---|---|---|---|
| 1 |  | 拆下行星太阳齿轮分总成 | 用卡环钳从鼓上拆下卡环，从鼓上拆下行星太阳齿轮分总成 |
| 2 |  | 拆下太阳轮输入鼓轴卡环 | 用卡环钳从太阳轮分总成上拆下太阳轮输入鼓轴卡环 |
| 3 |  | 拆下前行星齿圈法兰盘分总成 | 用一字螺丝刀拆下卡环，从齿圈上拆下行星齿圈法兰盘 |

项目四 液力自动变速器的构造与检修

(续)

| 序号 | 操作示意图 | 操作方法 | 操作要求 |
|---|---|---|---|
| 4 |  | 检测太阳轮内径 | 用千分表测量太阳轮的内径，标准内径为 22.025~22.046mm，最大直径为 22.096mm |
| 5 |  | 检测前行星齿圈法兰盘总成 | 用千分表测量前行星齿圈法兰盘衬套内径，内径标准值为 19.025~19.050mm，如果内径大于最大值，更换前行星齿圈法兰盘总成 |
| 6 |  | 安装前行星齿圈 | 将前行星齿圈法兰盘置于齿圈上，用螺丝刀安装卡环 |
| 7 |  | 安装太阳轮输入鼓轴卡环 | 用卡环钳安装太阳轮输入鼓轴卡环到太阳轮，安装太阳轮到鼓上，安装卡环到鼓上 |

81

## 工单填写：

| 齿轮变速机构的检修 | 工作任务单 | 班级： |
|---|---|---|
| | | 姓名： |

**1. 作业场地准备**

| 将工位清理干净，准备好相关器材 | 是□ 否□ |
|---|---|
| 检查设备台架，应安全、清洁 | 是□ 否□ |
| 将自动变速器放到台架上 | 是□ 否□ |

**2. 记录数据**

| 项目名称 | 小组实训过程 | 遇到的问题 |
|---|---|---|
| 检查前后行星架总成 | | |
| 检修前行星齿轮总成 | | |
| 注意事项 | | |

**3. 作业场地恢复**

| 擦拭、整理工具 | |
|---|---|
| 打扫实训场地卫生 | |

## 评价反馈：

| 齿轮变速机构的检修 | | 实训日期： | |
|---|---|---|---|
| 姓名： | 班级： | 学号： | 教师签名： |
| 自评：□熟练 □不熟练 | 互评：□熟练 □不熟练 | 师评：□合格 □不合格 | |

| 序号 | 评分项 | 得分条件 | 分值 | 评分标准 | 自评 | 互评 | 师评 |
|---|---|---|---|---|---|---|---|
| 1 | 安全/7S/态度 | □1. 能进行工位 7S 操作<br>□2. 能进行设备和工具安全检查<br>□3. 能进行工位安全防护操作<br>□4. 能进行工具清洁、校准、存放操作<br>□5. 能保证三不落地 | 15 | 1项未完成扣3分 | □熟练<br>□不熟练 | □熟练<br>□不熟练 | □合格<br>□不合格 |
| 2 | 专业技能 | □1. 能正确地拆装前后行星架总成<br>□2. 能正确地进行太阳轮总成的拆解<br>□3. 能正确检测太阳轮内径和前行星齿圈法兰盘总成 | 50 | 1项未完成扣20分，扣分不得超过50分 | □熟练<br>□不熟练 | □熟练<br>□不熟练 | □合格<br>□不合格 |
| 3 | 工具、设备的使用能力 | □1. 能正确地选择拆装工具<br>□2. 能正确地使用专用拆装工具 | 10 | 1项未完成扣5分 | □熟练<br>□不熟练 | □熟练<br>□不熟练 | □合格<br>□不合格 |
| 4 | 资料、信息查询的能力 | □1. 能严格执行厂家提供的拆装说明<br>□2. 能进行设备和工具安全检查<br>□3. 能进行工位安全防护操作 | 10 | 1项未完成扣5分，扣分不得超过10分 | □熟练<br>□不熟练 | □熟练<br>□不熟练 | □合格<br>□不合格 |

（续）

| 序号 | 评分项 | 得分条件 | 分值 | 评分标准 | 自评 | 互评 | 师评 |
|---|---|---|---|---|---|---|---|
| 5 | 数据判断和分析能力 | □ 1. 能正确叙述检查步骤<br>□ 2. 能正确分析太阳轮内径是否符合要求<br>□ 3. 能正确分析前行星齿圈法兰盘衬套内径是否符合要求 | 10 | 1项未完成扣5分，扣分不得超过10分 | □熟练<br>□不熟练 | □熟练<br>□不熟练 | □合格<br>□不合格 |
| 6 | 表单填写和报告撰写的能力 | □ 1. 字迹清晰<br>□ 2. 语句通顺<br>□ 3. 无错别字<br>□ 4. 无涂改<br>□ 5. 无抄袭 | 5 | 1项未完成扣1分 | □熟练<br>□不熟练 | □熟练<br>□不熟练 | □合格<br>□不合格 |

## 任务 4-3　电子控制系统的检测

**实训器材：**
装有自动变速器的整车一辆、维修手册、故障诊断仪、万用表、抹布等。

**任务准备：**
1）现场安全确认：车辆、举升机、工位安全确认。
2）车辆防护：翼子板布、前格栅布、三件套、车轮挡块。
3）安全检查：机油、冷却液、自动变速器油、蓄电池电压等。

**实施步骤：**

| 序号 | 操作示意图 | 操作方法 | 操作要求 |
|---|---|---|---|
| 1 |  | 车速传感器的检测：<br>用万用表测量车速传感器两接线柱之间的电阻 | 判断电阻是否符合要求 |
| 2 |  | 输入轴转速传感器的检测：<br>用1根铁棒或1块磁铁迅速靠近或离开传感器，同时用万用表测量传感器两接线柱之间有无脉冲感应电压 | 测量输入轴转速传感器输出脉冲时，应将传感器拆下 |
| 3 |  | 变速器油温传感器的检测：<br>拆下变速器油温传感器，将传感器置于有水的烧杯中，加热杯中的水，同时测量在不同温度下传感器两接线柱之间的电阻 | 将测量的电阻值与标准相比，如果不符合标准，更换传感器 |

(续)

| 序号 | 操作示意图 | 操作方法 | 操作要求 |
|---|---|---|---|
| 4 |  | 超速档开关的检测：拆下超速档开关插接器，用万用表欧姆档检查超速档开关端子 1、2 之间的电阻 | 正常情况：超速档开关置于 ON 位时，电阻无穷大；置于 OFF 位时，电阻为 0 |
| 5 |  | 强制降档开关的检测：将点火开关置于 ON 位，在加速踏板完全踩下或松开时，测量 ECU 端子 KD 与车身接地之间的电压 | 加速踏板完全踩下时，电压应小于 1V；加速踏板松开时，电压应为 10~14V |
| 6 |  | 电磁阀的检修：<br>（1）检查电磁阀的电阻断开电磁阀插接器，测量电磁阀端子和车身搭铁之间的电阻，如图 a 所示<br>（2）检查电磁阀的工作用蓄电池给电磁阀通电，检查其工作是否有响声<br>（3）对电磁阀施加 0.5MPa 的压缩空气，检查电磁阀是否漏气，如图 b 所示。 | 如果电磁阀存在漏气，则应更换电磁阀，对于脉冲式电磁阀，由于线圈的电阻很小，故不可与 12V 蓄电池直接相连，否则容易烧毁电磁阀线圈。如图 c 所示，在蓄电池正极串联 1 个 8~10W 的灯泡，并将其接于电磁阀的一端。当将蓄电池另一端与电磁阀接通时，电磁阀应向外伸出；断开时，电磁阀应缩回，否则应更换电磁阀 |

84

**工单填写：**

| 电子控制系统的检测 | 工作任务单 | 班级：<br>姓名： |
|---|---|---|
| 1. 作业场地准备 | | |
| 将工位清理干净，准备好相关器材 | | 是□　否□ |
| 检查设备台架，应安全、清洁 | | 是□　否□ |
| 将车辆停放在举升车位 | | 是□　否□ |
| 2. 记录数据 | | |
| 项目名称 | 小组实训过程 | 遇到的问题 |
| 车速传感器的检测 | | |
| 输入轴转速传感器的检测 | | |
| 变速器油温传感器的检测 | | |
| 超速档开关的检测 | | |
| 强制降档开关的检测 | | |
| 电磁阀的检修 | | |
| 注意事项 | | |
| 3. 作业场地恢复 | | |
| 擦拭、整理工具 | | |
| 打扫实训场地卫生 | | |

**评价反馈：**

| 电子控制系统的检测 | | | 实训日期： | | | |
|---|---|---|---|---|---|---|
| 姓名： | | 班级： | | 学号： | | 教师签名： |
| 自评：□熟练 □不熟练 | | 互评：□熟练 □不熟练 | | 师评：□合格 □不合格 | | |

| 序号 | 评分项 | 得分条件 | 分值 | 评分标准 | 自评 | 互评 | 师评 |
|---|---|---|---|---|---|---|---|
| 1 | 安全/7S/态度 | □1. 能进行工位7S操作<br>□2. 能进行设备和工具安全检查<br>□3. 能进行工位安全防护操作<br>□4. 能进行工具清洁、校准、存放操作<br>□5. 能保证三不落地 | 15 | 1项未完成扣3分 | □熟练<br>□不熟练 | □熟练<br>□不熟练 | □合格<br>□不合格 |
| 2 | 专业技能 | □1. 能正确熟练地运用工具对传感器进行检修<br>□2. 能正确熟练地运用工具对执行器进行检修 | 50 | 1项未完成扣25分 | □熟练<br>□不熟练 | □熟练<br>□不熟练 | □合格<br>□不合格 |
| 3 | 工具、设备的使用能力 | □1. 能正确地选择拆装工具<br>□2. 能正确地使用专用拆装工具 | 10 | 1项未完成扣5分 | □熟练<br>□不熟练 | □熟练<br>□不熟练 | □合格<br>□不合格 |
| 4 | 资料、信息查询的能力 | □1. 能严格执行厂家提供的拆装说明<br>□2. 能进行设备和工具安全检查<br>□3. 能进行工位安全防护操作 | 10 | 1项未完成扣5分，扣分不得超过10分 | □熟练<br>□不熟练 | □熟练<br>□不熟练 | □合格<br>□不合格 |
| 5 | 数据判断和分析能力 | □1. 能正确分析常见传感器、执行器的作用<br>□2. 能正确分析常见传感器、执行器的工作原理 | 10 | 1项未完成扣5分 | □熟练<br>□不熟练 | □熟练<br>□不熟练 | □合格<br>□不合格 |
| 6 | 表单填写和报告撰写的能力 | □1. 字迹清晰<br>□2. 语句通顺<br>□3. 无错别字<br>□4. 无涂改<br>□5. 无抄袭 | 5 | 1项未完成扣1分 | □熟练<br>□不熟练 | □熟练<br>□不熟练 | □合格<br>□不合格 |

## 【理论测试】

| 液力自动变速器的构造与检修 | 学习任务单 | 班级：<br>姓名： |
|---|---|---|

### 一、填空题

1. 自动变速器一般可分为_____、_____和_____。
2. 自动变速器主要由_____、齿轮变速传动装置、_____、_____等组成。
3. 自动变速器的变速杆位于_____位和_____位时，发动机才能起动。
4. 单排行星齿轮机构的3个基本构件是_____、_____、_____。
5. 行星齿轮变速器的换挡执行元件包括_____、_____、_____。

### 二、判断题

1. 检查自动变速器油油面高度时，发动机应处于熄火状态。（    ）
2. 与手动变速器相比，装有自动变速器的汽车燃油经济性好。（    ）
3. 自动变速器和手动变速器的润滑油是通用的。（    ）
4. 液力变矩器在正常工作时，泵轮转速总是小于涡轮转速。（    ）

5. 只有当泵轮与涡轮的转速相等时，液力变矩器才能起传动作用。　　　　（　　）
6. 液力变矩器的变矩作用主要是通过导轮实现的。　　　　　　　　　　（　　）

## 三、问答题

1. 简述液力变矩器的组成及其工作特点。
2. 简述单排行星齿轮机构的结构及其变速原理。
3. 简述辛普森式行星齿轮机构和拉维娜式行星齿轮机构的结构特点。

# 项目五  双离合自动变速器的构造与检修

## 【工作情境】

### 故障现象
一辆 2015 年产的一汽大众迈腾 2.0TSI 轿车，搭载 02E 六档直接换档变速器，行驶里程 30000km。用户反映该车冷车行驶一切正常，但行驶 2km 后，车辆会突然失去动力，同时仪表盘上档位显示区变成红屏。

### 故障分析
按照用户的描述，该车出现故障后档位显示异常，说明是变速器部分出现问题。冷车行驶正常，但行驶较短里程后失去动力，由此判断是变速器内部的温度传感器出现了故障，可通过故障诊断仪读取故障码进一步分析验证。本项目重在引导学生熟知双离合自动变速器的基本结构和工作原理，掌握变速器内部传感器和执行器的作用，可以根据故障现象进行简单的引导检修。

## 【学习目标】

| 素质目标： | 知识目标： | 能力目标： |
|---|---|---|
| 1. 培养学生正确的世界观、人生观、价值观。<br>2. 引导学生热爱劳动、崇尚劳动，提升学生的劳动素养。<br>3. 培养学生德智体美劳全面发展。 | 1. 能说明双离合自动变速器的特点。<br>2. 知道双离合自动变速器的组成和工作原理。 | 1. 具有选用正确的工具按照维修手册要求进行双离合自动变速器的分解和检测的能力。<br>2. 具有分析并排除双离合自动变速器相关故障的能力。 |

## 【知识储备】

### 一、七档 DSG 的特点和工作原理

#### 1. 七档 DSG 的特点
1）变速器结构模块化。离合器、机械电子模块和变速器分别构成一个单元，在结构上相对独立。

2）采用干式双离合器。采用与手动变速器类似的干式双离合器，有效地提高了传动效率。

3）机械电子模块和机械变速器具有单独的润滑油系统，一次性加注，无须更换。

4）变速器机械部分有 2 个输入轴、3 个输出轴，形成 7 个前进档和 1 个倒档。

5）按需驱动的液压泵。变速器的液压泵采用电动机驱动，按照需要由计算机控制液压泵的动作。

6）无油/水热交换器。由于变速器机械电子模块和机械变速器的润滑油加注量较少，故没有自动变速器油/水热交换器。

### 2. 七档 DSG 的工作原理

七档 DSG 主要由 2 个相互独立的子变速器组成，如图 5-1 所示，每个子变速器的结构都与手动变速器相同，各有一个离合器。2 个离合器都是干式离合器，由机械电子模块根据待挂档位进行控制。离合器 $K_1$、输入轴 1、输出轴 1 和一、三、五、七档传动齿轮等构成了子变速器 1；离合器 $K_2$、输入轴 2、输出轴 2、3 和二、四、六、倒档传动齿轮等构成了子变速器 2。

在工作过程中，始终有一个子变速器传递动力，另一个子变速器可换至下一档，因为该档的离合器处于分离状态。

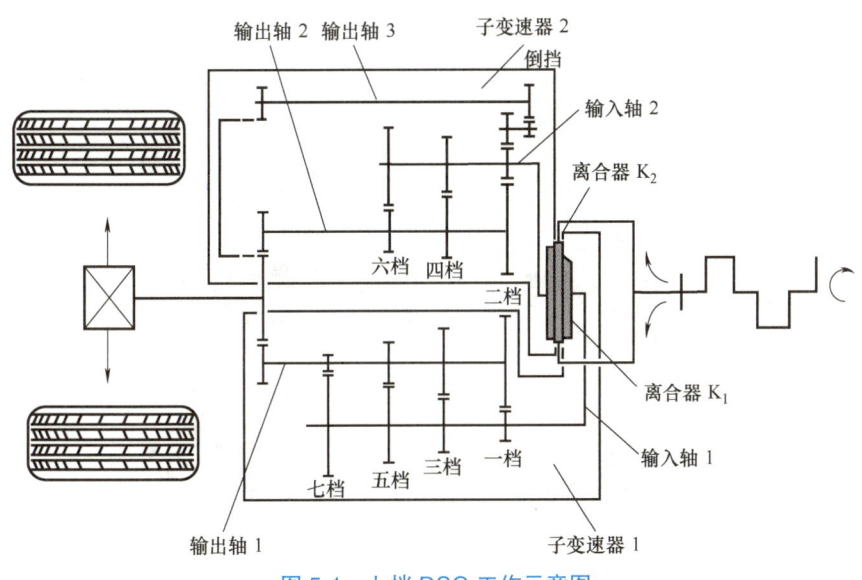

图 5-1 七档 DSG 工作示意图

## 二、七档 DSG 的组成

七档 DSG 由双离合器、机械变速器、控制系统（液压系统和电子控制单元）3 部分组成。

### 1. 双离合器

（1）双离合器的结构 双离合器由 2 个传统的离合器接合在一起，包括 1 个驱动盘、2 个离合器、2 个离合器操纵杆和支承环等，如图 5-2 所示。离合器 $K_1$ 和 $K_2$ 位于驱动盘的两侧，离合器 $K_1$ 通过花键毂安装到变速器输入轴 1 上，离合器 $K_2$ 通过花键毂安装到变速器输入轴 2 上。

（2）双离合器各部件的工作原理 每个离合器都可以单独实现分离和接合，与手动变速器所使用的离合器的工作状态相反，离合器处于常分离状态。工作时，电子控制单元按需要控制其中一个离合器的接合。

1）离合器 $K_1$。未操纵离合器 $K_1$ 时（图 5-3a），$K_1$ 从动盘与驱动盘之间存在间隙，因为没有摩擦力，所以不能进行动力传输；当离合器 $K_1$ 接合时（图 5-3b），$K_1$ 操纵杆将 $K_1$ 接合轴承压向

$K_1$ 碟形弹簧，使 $K_1$ 压盘被拉向 $K_1$ 从动盘以及驱动盘，转矩通过驱动盘经 $K_1$ 从动盘传递给输入轴1。

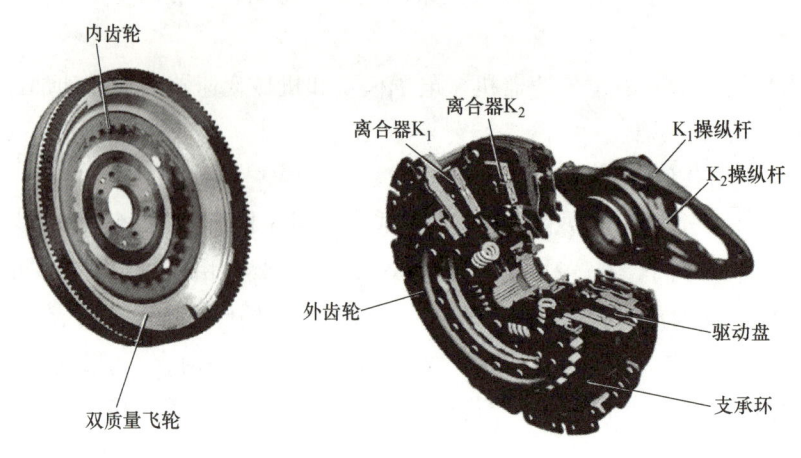

图 5-2 双离合器的结构

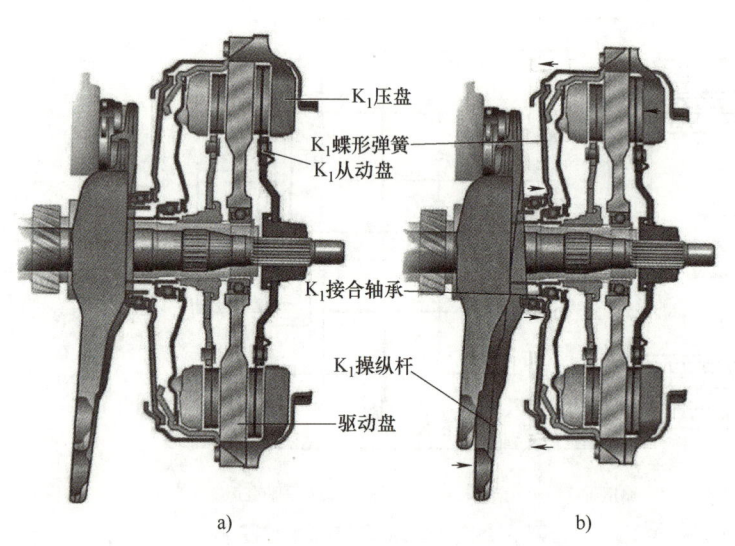

图 5-3 离合器 $K_1$ 的结构及工作原理
a）离合器分离 b）离合器接合

2）离合器 $K_2$。未操纵离合器 $K_2$ 时（图 5-4a），$K_2$ 从动盘与驱动盘之间存在间隙，因为没有摩擦力，所以不能进行动力传输；当离合器 $K_2$ 接合时（图 5-4b），接合轴承压向碟形弹簧，由于碟形弹簧支承在离合器壳体上，因此 $K_2$ 压盘压向驱动盘，转矩经 $K_2$ 从动盘传递给输入轴2。

## 2. 机械变速器

OAM 七档 DSG 机械变速器的主要功能与手动变速器齿轮变速机构相同，即实现变速、变向及空档，而且其结构与手动变速器齿轮变速机构的结构相似，采用的都是普通圆柱齿轮，如图 5-5 所示。

机械变速器由 5 个平行的齿轮轴及轴上相互啮合的多对圆柱斜齿轮组成，其中有 2 个输入轴和 3 个输出轴，其结构展开如图 5-6 所示。输入轴 1 通过花键与离合器 $K_1$ 连接，输入轴 2 通过花键与离合器 $K_2$ 连接。输出轴 1、输出轴 2、输出轴 3 都是通过输出齿轮与差速器上的主减速器从动齿轮啮合的。变速器输出轴上有同步器，用于实现换档。

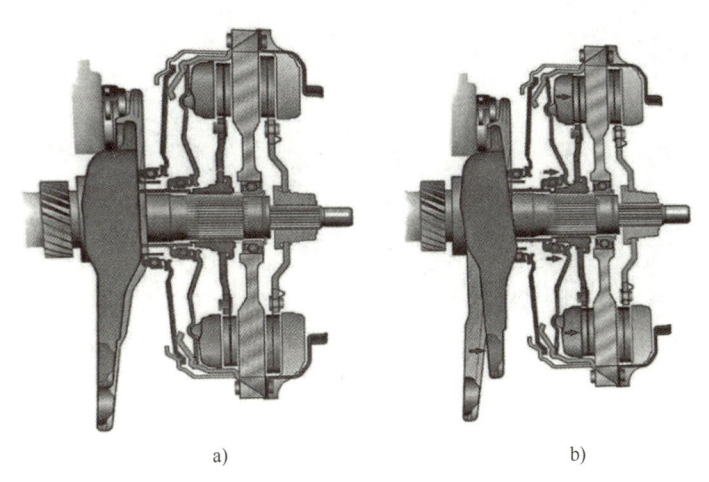

图 5-4 离合器 K₂ 的结构及工作原理

a）离合器分离　b）离合器接合

图 5-5　OAM 七档 DSG 机械变速器的结构

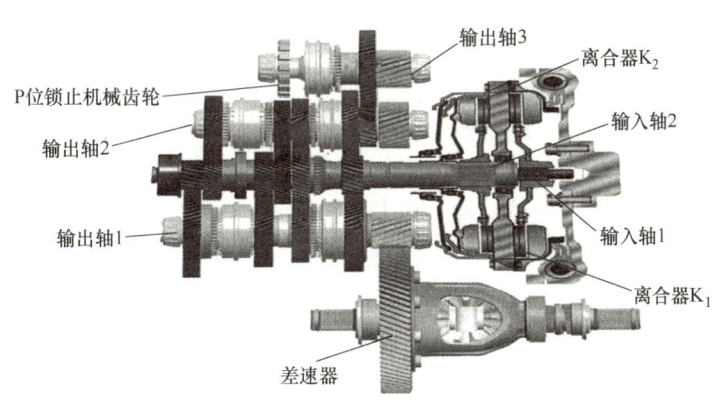

图 5-6　OAM 七档 DSG 机械变速器展开图

（1）输入轴　变速器的输入轴 1 和输入轴 2 为同轴布置，输入轴 2 为空心轴，输入轴 1 穿过中空的输入轴 2，如图 5-7 所示。每个输入轴上都有 1 个将其支承在变速器壳体内的球轴承。

1）输入轴 1。输入轴 1 上有一、三、五、七档的主动齿轮和变速器输入轴 1 的转速传感器 G632 的磁性脉冲信号轮，信号轮用于获取变速器输入轴 1 的转速，如图 5-8 所示。

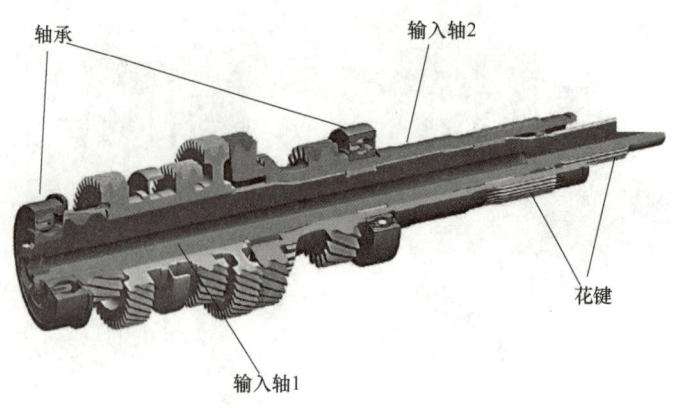

图 5-7　OAM 七档 DSG 的输入轴

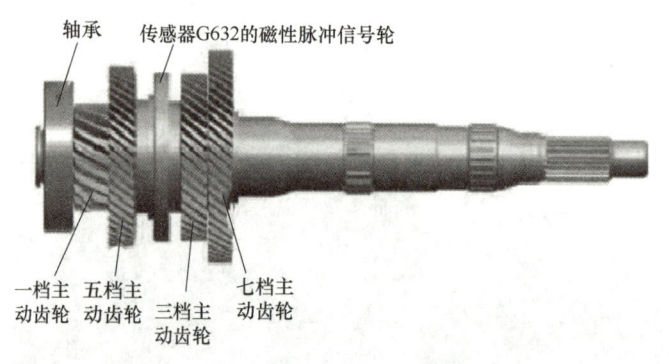

图 5-8　输入轴 1 的结构

2）输入轴 2。输入轴 2 上只有 2 个圆柱齿轮，作为二、四、六档和倒档的主动齿轮，二档和倒档共用一个主动齿轮，四档和六档共用一个主动齿轮。输入轴 2 上还有变速器输入轴 2 的转速传感器 G612 的齿轮脉冲信号轮，用于获取变速器输入轴 2 的转速，如图 5-9 所示。

（2）输出轴

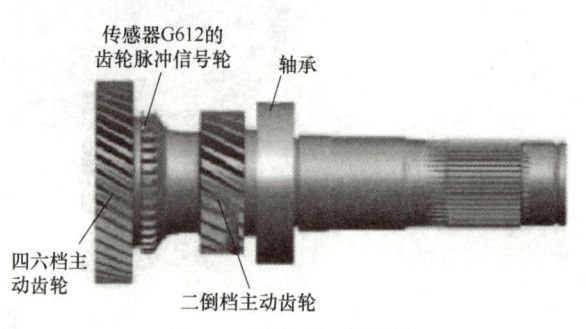

图 5-9　输入轴 2 的结构

1）输出轴 1。输出轴 1 上有一、二、三、四档从动齿轮，一、三档同步器、二、四档同步器和输出齿轮，如图 5-10 所示。输出轴 1 上的一、三档从动齿轮与输入轴 1 上的一、三档主动齿轮常啮合，输出轴 1 上的二、四档从动齿轮与输入轴 2 上的二、四档主动齿轮常啮合，输出齿轮作为主减速器的主动齿轮与差速器上的主减速器从动齿轮啮合。

2）输出轴 2。输出轴 2 上有五、六、七档从动齿轮，倒档中间齿轮 1、2，五、七档同步器、六、倒档同步器和输出齿轮，如图 5-11 所示。输出轴 2 上的五、七档从动齿轮与输入轴 1 上的五、七档主动齿轮啮合，输出轴 2 上的六档齿轮、倒档中间齿轮 1 与输入轴 2 上的六档、倒档主动齿轮啮合，倒档中间齿轮 2 与输出轴 3 上的倒档从动齿轮啮合，输出齿轮作为主减速器的主动齿轮与差速器上的主减速器从动齿轮啮合。五、六、七档从动齿轮和倒档中间齿轮 1、2 空套在输出轴 2 上，倒档中间齿轮 1、2 为刚性一体。

3）输出轴 3。输出轴 3 上有倒档从动齿轮、倒档同步器、P 位锁止机构齿轮和输出齿轮，如图 5-12 所示。

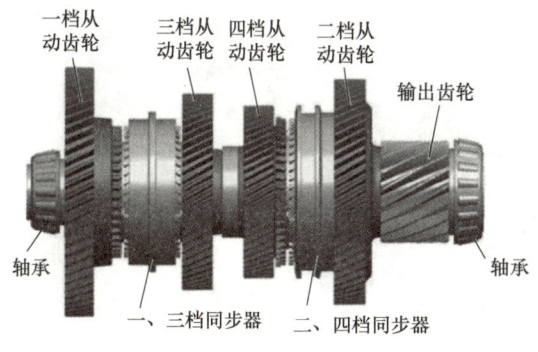

图 5-10 输出轴 1 的结构

图 5-11 输出轴 2 的结构

（3）同步器　同步器的作用是使接合套与待啮合的齿圈迅速同步，缩短换档时间，且防止在同步前啮合而产生冲击。同步器是由同步装置（推动件、摩擦件）、锁止装置、接合装置构成的，如图 5-13 所示。七档 DSG 短暂的换档时间与其采用的锁环式惯性同步器有很大的关系，其中一、二、三档同步器为三锥面同步器，四档同步器为双锥面同步器，五、六、七、倒档同步器为单锥面同步器。

与单锥面同步器相比，双锥面或三锥面同步器增大了摩擦力矩，换档同步效果更好，换档时间更短。三锥面同步器多用于中高档车的低档位上，可使换档更加顺畅，而且在拥挤的城市道路上，对频繁换档的变速器齿轮也是一种保护。

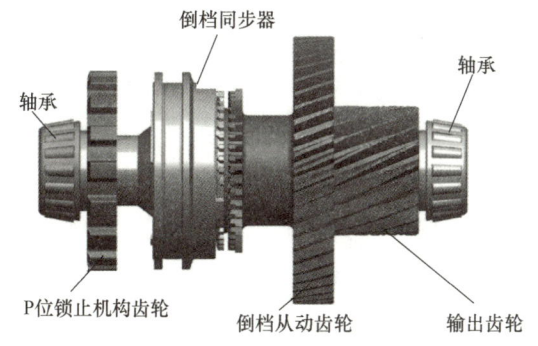

图 5-12 输出轴 3 的结构

图 5-13 同步器

七档 DSG 与传统的手动变速器一样，都是由换档拨叉推动接合套，通过同步环使待啮合齿轮迅速同步，接合套完全与待啮合齿轮接合，完成换档过程，但其行驶中没有动力中断。

同步器由换档拨叉控制，OAM 七档 DSG 共有 5 个同步器、4 个换档拨叉轴，变速器的结构及换档拨叉如图 5-14 所示。

换档机构如图 5-15 所示，换档拨叉和活塞相连，为实现档位的变换，油压被供应到活塞上，推动活塞移动。当活塞移动时，换档拨叉和接合套也随之移动，完成换档。通过永久磁铁和档位传感器，变速器电子控制单元能够准确地获得换档机构的当前位置。

（4）档位及动力传递路线　OAM 七档 DSG 的换档过程包括离合器切换和档位切换，顺序为先进行档位切换，然后控制离合器。当变速器处于一个档位行驶时，控制系统会提前将下一个档位的同步器接合，在换档时刻只进行离合器的切换，两个离合器则同时进行分离或接合的控制。因此换档过程中没有动力完全切断的过程，能够保证换档平顺性及良好的动力性。

图 5-14　OAM 七档 DSG 结构及换挡拨叉

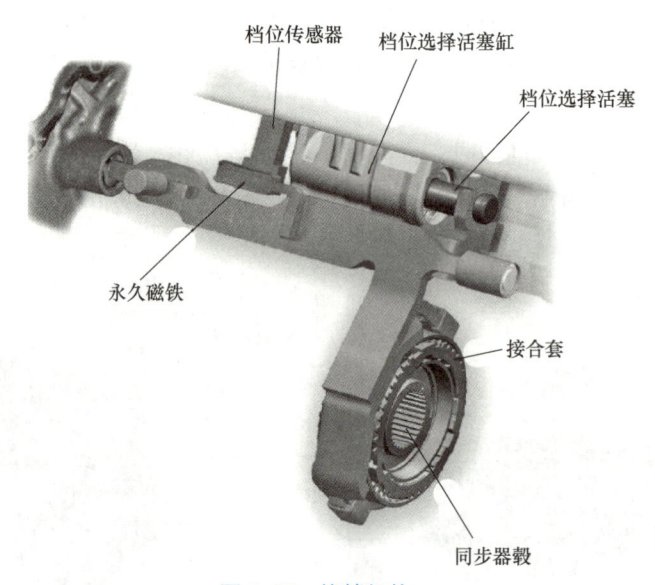

图 5-15　换档机构

OAM 七档 DSG 各档位及动力传递路线如下：

1）一档：一、三档同步器挂入一档，离合器 $K_1$ 接合，动力依次经过发动机曲轴、双质量飞轮、离合器 $K_1$、输入轴 1 的一档主动齿轮、输出轴 1 的一档从动齿轮、输出轴 1 的输出齿轮、差速器主减速齿轮，如图 5-16 所示。

2）二档：二、四档同步器挂入二档，离合器 $K_2$ 接合，动力依次经过发动机曲轴、双质量飞轮、离合器 $K_2$、输入轴 2 的二档主动齿轮、输出轴 1 的二档从动齿轮、输出轴 1 的输出齿轮、差速器主减速齿轮，如图 5-17 所示。

3）三档：一、三档同步器挂入三档，离合器 $K_1$ 接合，动力依次经过发动机曲轴、双质量飞轮、离合器 $K_1$、输入轴 1 的三档主动齿轮、输出轴 1 的三档从动齿轮、输出轴 1 的输出齿轮、差速器主减速齿轮，如图 5-18 所示。

4）四档：二、四档同步器挂入四档，离合器 $K_2$ 接合，动力依次经过发动机曲轴、双质量飞轮、离合器 $K_2$、输入轴 2 的四档主动齿轮、输出轴 1 的四档从动齿轮、输出轴 1 的输出齿轮、差速器主减速齿轮，如图 5-19 所示。

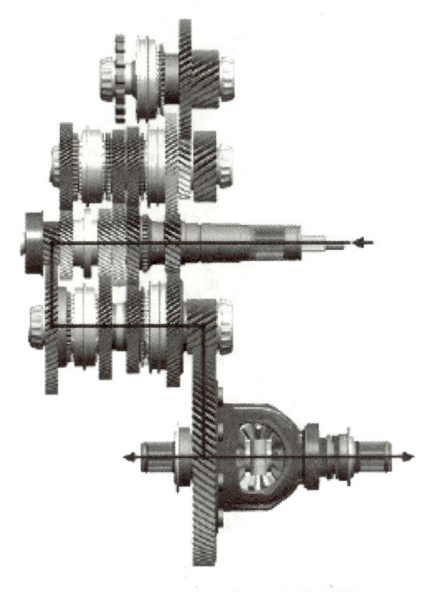

图 5-16 一档动力传递路线　　　　　　　　图 5-17 二档动力传递路线

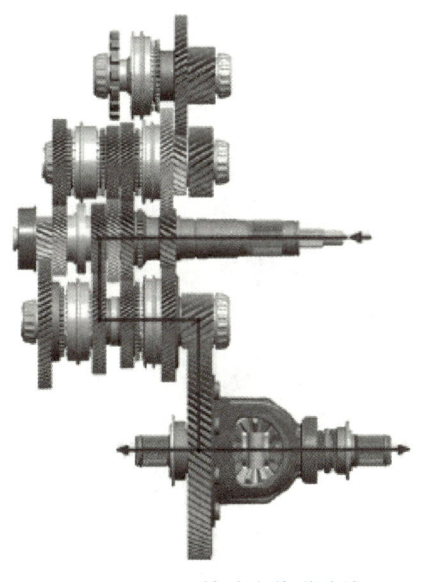

图 5-18 三档动力传递路线　　　　　　　　图 5-19 四档动力传递路线

5）五档：五、七档同步器挂入五档，离合器 $K_1$ 接合，动力依次经过发动机曲轴、双质量飞轮、离合器 $K_1$、输入轴 1 的五档主动齿轮、输出轴 2 的五档从动齿轮、输出轴 2 的输出齿轮、差速器主减速齿轮，如图 5-20 所示。

6）六档：六、倒档同步器挂入六档，离合器 $K_2$ 接合，动力依次经过发动机曲轴、双质量飞轮、离合器 $K_2$、输入轴 2 的六档主动齿轮、输出轴 2 的六档从动齿轮、输出轴 2 的输出齿轮、差速器主减速齿轮，如图 5-21 所示。

7）七档：五、七档同步器挂入七档，离合器 $K_1$ 接合，动力依次经过发动机曲轴、双质量飞轮、离合器 $K_1$、输入轴 1 的七档主动齿轮、输出轴 2 的七档从动齿轮、输出轴 2 的输出齿轮、差速器主减速齿轮，如图 5-22 所示。

8）倒档：同步器挂入倒档，离合器 $K_2$ 接合，动力依次经过发动机曲轴、双质量飞轮、离合器 $K_2$、输入轴 2 的倒档主动齿轮、输出轴 2 的倒档中间齿轮 1、倒档中间齿轮 1、输出轴 3 的倒档从动齿轮、输出轴 3 的输出齿轮、差速器主减速齿轮，如图 5-23 所示。

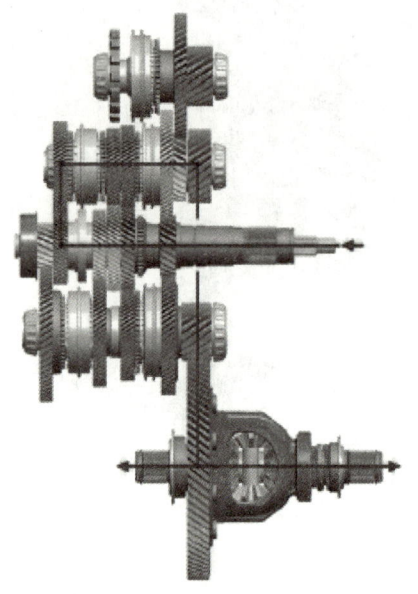

图 5-20　五档动力传递路线　　　　　　　　图 5-21　六档动力传递路线

图 5-22　七档动力传递路线　　　　　　　　图 5-23　倒档动力传递路线

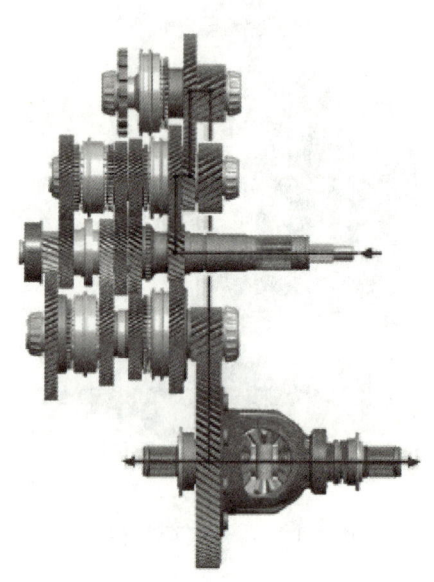

3. 控制系统

OAM 七档 DSG 的控制系统由液压系统和电子控制单元两部分组成，该变速器将这两部分集成为一个机械电子模块。

（1）液压系统　OAM 七档 DSG 的液压系统由液压泵、液压泵电动机、压力传感器 G270、限压阀以及单向阀、压力调节阀 N436、蓄压器等组成，如图 5-24 所示。

1）液压泵单元。液压泵单元安装在机械电子模块内，由一个液压泵和一个电动机组成，如图 5-25a 所示。液压泵电动机是无刷直流电动机，它由电子控制单元根据压力需求控制，电动机通过联轴器驱动液压泵。

液压泵为齿轮泵，其工作原理如图 5-25b 所示，液压泵抽吸液压油，然后以大约 7MPa 的压力将液压油压入循环油路，液压油在泵壳与齿隙之间从抽吸侧被输送至压力侧。

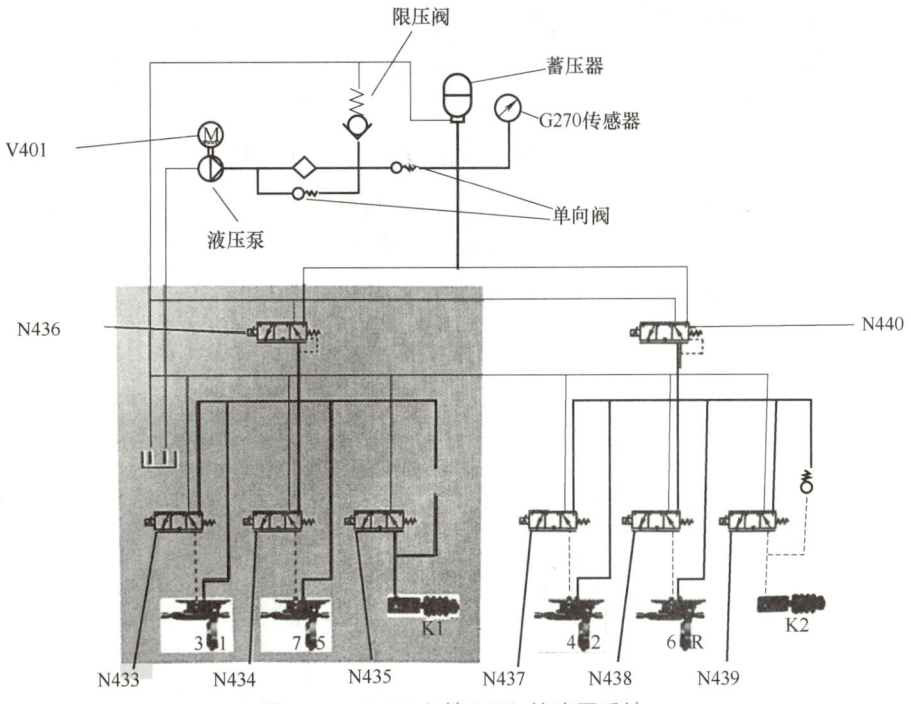

图 5-24　OAM 七档 DSG 的液压系统

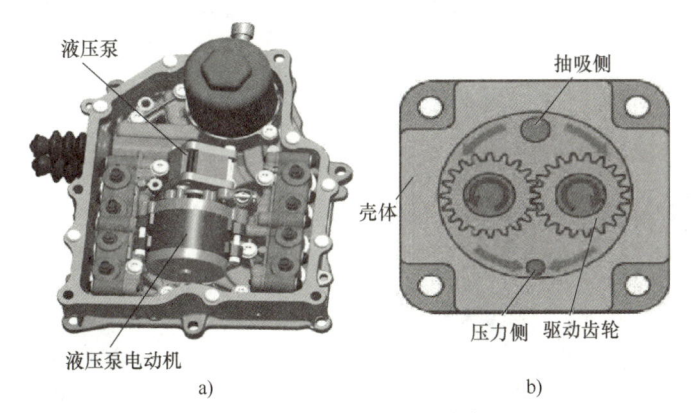

图 5-25　OAM 七档 DSG 的液压泵

无刷直流电动机由定子和转子组成，其结构如图 5-26 所示。当系统压力达到 6MPa 时，电动机停止工作，依靠蓄压器维持压力；当压力降到 4MPa 时，电动机恢复工作。如果电动机不能被激活，则系统油液压力下降，并且离合器在压盘弹簧的作用下断开。

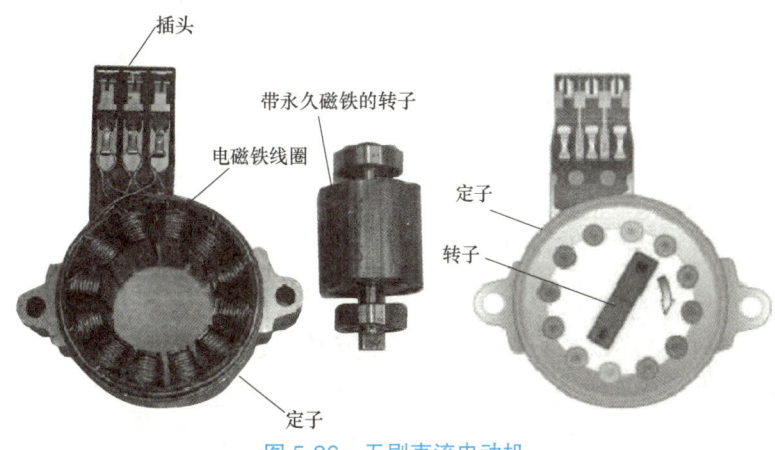

图 5-26　无刷直流电动机

2）压力传感器 G270 和限压阀。液压泵压缩液压油，经滤清器压至限压阀、蓄压器和压力传感器。当限压阀和压力传感器处的油液压力达到大约 7MPa 时，电子控制单元关闭电动机和液压泵。

3）换档阀 N433、N434、N437、N438。档位调节器和换档阀集成在机械电子模块内，如图 5-27 所示。换档控制过程如图 5-28 所示，档位调节器活塞与换档拨叉连接，换档时，档位调节器活塞在油压的作用下移动，带动换档拨叉和接合套挂入档位。

换档阀调节档位调节器的油量，每个档位调节器都可以换到 2 个档位。如果未换挡，则油压使档位调节器保持在空档。

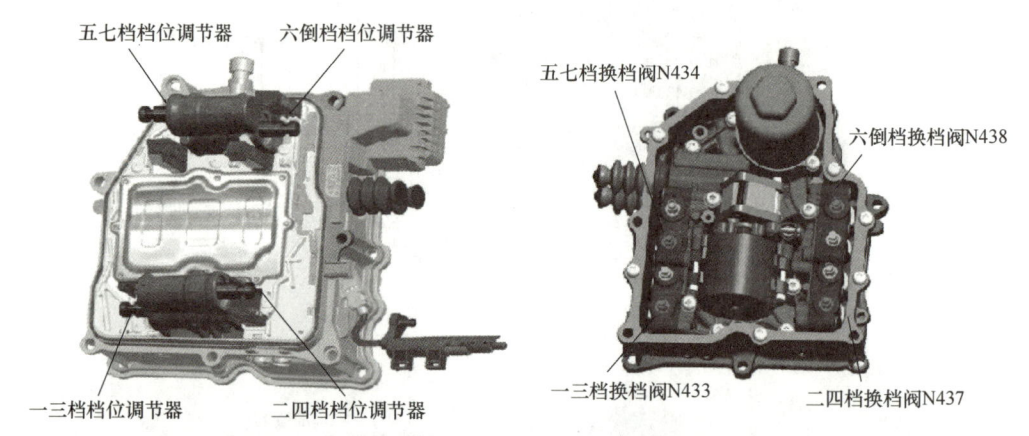

图 5-27 档位调节器和换档阀

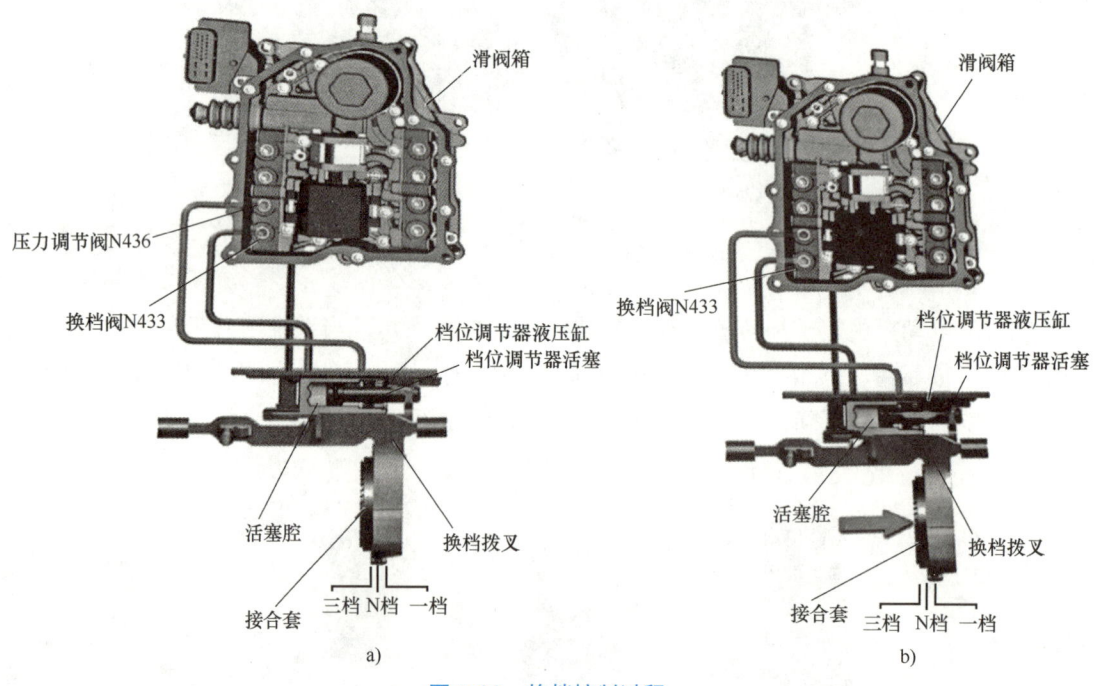

图 5-28 换档控制过程
a）不挂入任何档位 b）挂入 1 档

换档阀的工作原理如下（以挂入一档为例）：初始位置状态时，换档阀 N433 控制油压，使档位调节器活塞处于 N 档，不挂入任何档位，如图 5-28a 所示。换档时，换档阀 N433 提升左侧活塞腔的油压，档位调节器活塞被推向右侧，与活塞连接的换档拨叉和接合套随活塞一同向右侧移动,接合套移动到一档位置,齿轮接合,便挂入一档,如图 5-28b 所示。

4)离合器控制阀。对离合器 $K_1$ 和 $K_2$ 的操纵以液压控制方式实现,在机械电子模块中有两个离合器调节器。离合器调节器由离合器液压缸和离合器活塞组成,如图 5-29 所示,其中离合器活塞控制离合器的操纵杆。离合器活塞上有一个永久磁铁,用于离合器行程传感器识别活塞位置。

离合器的控制过程如下(以控制离合器 $K_1$ 为例)。

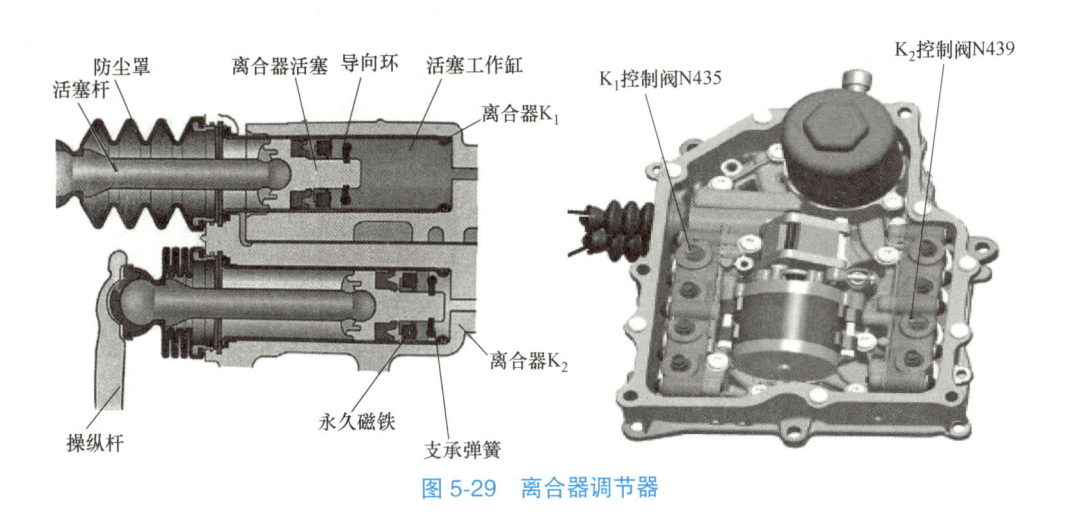

图 5-29 离合器调节器

离合器分离:离合器控制阀 N435 回油方向打开,来自压力调节阀 N436 的液压油流入蓄能器,离合器活塞处于空闲位置,如图 5-30a 所示。

离合器接合:如果离合器 $K_1$ 需要接合,离合器控制阀 N435 由电子控制单元激活,N435 被激活后,接通到离合器调节器的油道,油压在离合器活塞的后方被建立,离合器活塞移动并推动离合器操纵杆,离合器 $K_1$ 接合,如图 5-30b 所示。

离合器打滑:变速器输入转速和输出转速不同,转速差是通过离合器控制阀 N435 控制离合器调节器与回流油路间的油压来调节的。

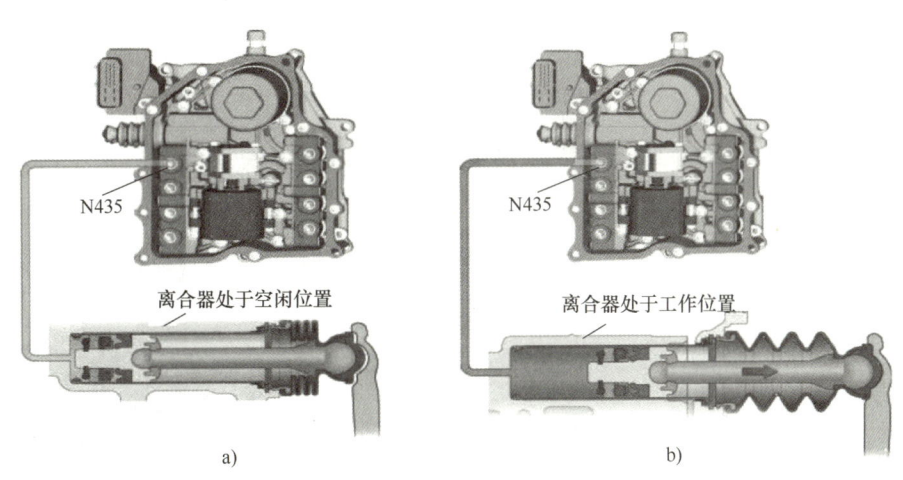

图 5-30 离合器控制过程
a)分离 b)接合

(2)电子控制单元 OAM 七档 DSG 的电子控制单元根据输入信号,实现换档控制、离合器控制、液压泵驱动、系统压力调节、安全保护等功能,电子控制单元的组成如图 5-31 所示。

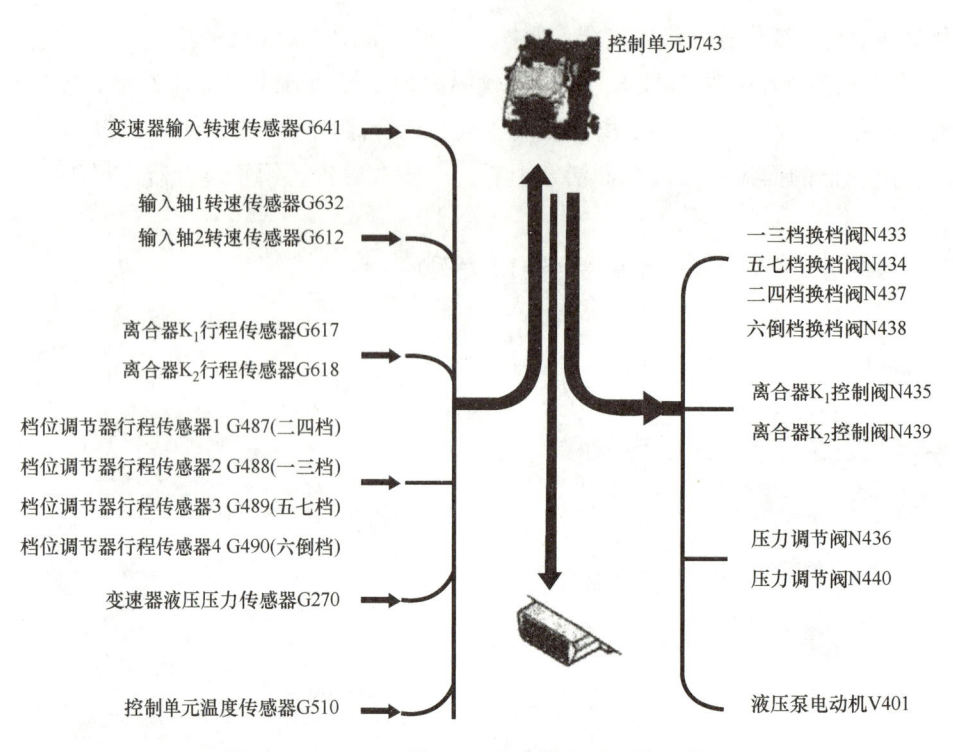

图 5-31 OAM 七档 DSG 电子控制单元的组成

1）离合器行程传感器 G617、G618。离合器行程传感器位于离合器调节器上方，其作用是可靠、精确地获知离合器当前的操作状态。利用非接触式传感器获取离合器行程，能够提高传感器功能的可靠性，因为此方式能够避免磨损和振动造成的测量误差。控制单元根据该传感器信号来控制离合器调节器，如果离合器行程传感器 G617 失灵，离合器 $K_1$ 停止工作，无法换到一、三、五、七档；如果离合器行程传感器 G618 失灵，则无法换到二、四、六、倒档。

离合器行程传感器的工作原理如图 5-32 所示。在初级线圈接入交流电，铁心周围形成一个磁场。当离合器活塞移动时，永久磁铁也跟着一起移动，次级线圈由于磁场的变化感应出不同的电压，传感器根据电压的变化量测出离合器的行程。

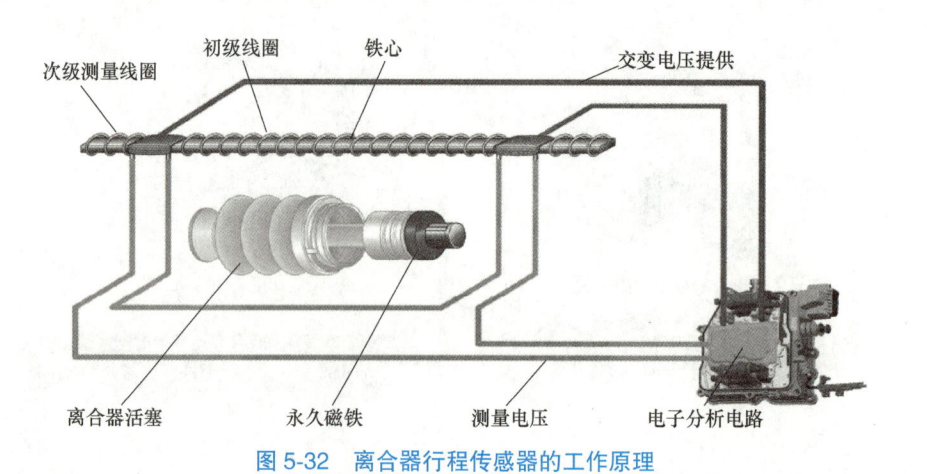

图 5-32 离合器行程传感器的工作原理

2）变速器输入转速传感器 G641。G641 安装在变速器壳体内，以电子方式探测起动机齿圈，从而获取变速器的输入转速。

控制单元需要获取变速器输入转速信号进行离合器控制和离合器滑转率计算。为此，需要将离合器前的变速器输入转速传感器 G641 的信号与输入轴转速传感器 G632 和 G612 的信号进行对比。信号缺失时，控制单元将发动机转速信号作为替代信号。

3）输入轴转速传感器 G632、G612。G632 探测位于输入轴 1 上的脉冲信号轮，控制单元根据该信号计算输入轴 1 的转速。G612 探测输入轴 2 上的齿轮，控制单元根据该信号计算输入轴 2 的转速。

如果输入轴 1 转速传感器 G632 失灵，则关闭子变速器 1，只能换到二、四、六、倒档。如果输入轴 2 转速传感器 G612 失灵，则关闭子变速器 2，只能换到一、三、五、七档。

4）控制单元温度传感器 G510。G510 直接安装在电子控制单元内，用以检查控制单元的温度，如图 5-33 所示。热的液压油不断流向控制单元，从而持续加热控制单元，温度过高可能削弱电子元件的功能。传感器直接测量元件的临界温度，以尽早采取降温措施，从而避免发生过热现象。当温度达到 139℃ 以上时，将采取降低发动机转矩的措施。此信号缺失时，控制单元采用内部存储的替代值。

5）变速器液压压力传感器 G270。G270 集成在机械电子模块的液压油循环回路内，采用膜片压力传感器结构，如图 5-34 所示。控制单元利用此信号控制液压泵电动机 V401，当液压油压力约为 6MPa 时，关闭电动机；液压油压力降到约 4MPa 时，再次接通电动机。信号缺失时，液压泵电动机一直运转，液压油压力由限压阀决定。

图 5-33　控制单元温度传感器 G510　　　图 5-34　变速器液压压力传感器 G270

6）档位调节器行程传感器 G487~G490。档位调节器行程传感器接合换档拨叉上的磁铁产生信号，控制单元根据该信号识别档位调节器的准确位置，以此控制档位调节器进行换档。某一传感器失灵时，控制单元将无法识别相应档位调节器的位置，便无法识别是否通过档位调节器和换档拨叉换到了某一档位。为了避免造成变速器损坏，在这种情况下会关闭失灵传感器对应的子变速器。

## 【任务实施】

### 任务 5-1　拆装 OAM 七档 DSG 双离合器

**实训器材：**
双离合器总成、支撑盘、变速器支撑板、发动机密封塞套件、压具、起拔器、钢直尺、限位量规、深度卡尺等。

**任务准备：**

1）将工位清理干净，准备好相关器材。

2）拆下变速器，并固定在发动机和变速器支架上。

**实施步骤：**

1. 拆卸双离合器

| 序号 | 操作示意图 | 操作方法 | 操作要求 |
| --- | --- | --- | --- |
| 1 |  | 拔下两个排气罩，用发动机密封塞套件中的合适密封塞密封，防止其漏油 | 排气罩拆卸后必须予以更换 |
| 2 |  | 拆下离合器毂的卡环 | — |
| 3 |  | 用钩子和螺丝刀取出离合器毂，拆下离合器卡环，取出离合器总成 | — |
| 4 |  | 拆卸离合器 $K_2$ 接合轴承 | 由于离合器很重，需要两个人配合作业，防止离合器坠落损坏离合器和伤到自己 |

项目五　双离合自动变速器的构造与检修

（续）

| 序号 | 操作示意图 | 操作方法 | 操作要求 |
|---|---|---|---|
| 5 | | 拆卸离合器 $K_1$ 操纵杆及接合轴承 | — |
| 6 | | 拧出螺栓，拆卸离合器 $K_2$ 操纵杆和导向套 | — |
| 7 | | 取下固定导向套支架 | — |

2. 安装双离合器

| 序号 | 操作示意图 | 操作方法 | 操作要求 |
|---|---|---|---|
| 1 | | 用两个新螺栓固定导向套支架（拧紧力矩为 8N·m+90°） | 确保两个操纵杆的塑料固定器和离合器 $K_2$ 操纵杆及其导向套已正确安装 |
| 2 | | 安装离合器 $K_1$ 操纵杆及接合轴承，确认位置正确 | — |

103

（续）

| 序号 | 操作示意图 | 操作方法 | 操作要求 |
|---|---|---|---|
| 3 | | 安装离合器 $K_2$ 接合轴承的调整垫片及接合轴承 | — |
| 4 | | 安装离合器毂 | 离合器毂的安装位置是唯一的，其上的大轮齿应与从动盘上的标记对准 |

**工单填写：**

| 拆装 OAM 七档 DSG 双离合器 | 工作任务单 | 班级： |
|---|---|---|
| | | 姓名： |
| 1. 作业场地准备 ||||
| 将工位清理干净，准备好相关器材 || | 是□ 否□ |
| 检查设备台架，应安全、清洁 || | 是□ 否□ |
| 拆下变速器，并固定在发动机和变速器支架上 || | 是□ 否□ |
| 2. 记录数据 ||||
| 项目名称 | 小组实训过程 || 注意事项 |
| 双离合器拆卸分解 | 分解步骤：<br>1.<br>2.<br>3.<br>4. || 记录应全面，不得漏项 |
| 零件摆放 | 摆放原则是：<br>1.<br>2.<br>3. || |

104

（续）

| 项目名称 | 小组实训过程 | 注意事项 |
|---|---|---|
| 认识零部件 | 1. 双离合器的组成：<br><br>2. 双离合器的工作原理： | 正确分析 |
| 组装顺序 | 正确的组装顺序是：<br>1.<br>2.<br>3.<br>4.<br>5. | 注意正确操作流程 |
| 注意事项 | 1.<br>2. | |
| 3. 作业场地恢复 | | |
| 擦拭、整理工具 | | |
| 打扫实训场地卫生 | | |

**评价反馈：**

| 拆装 OAM 七档 DSG 双离合器 | | | 实训日期： | | |
|---|---|---|---|---|---|
| 姓名： | 班级： | | 学号： | | 教师签名： |
| 自评：□熟练 □不熟练 | 互评：□熟练 □不熟练 | | 师评：□合格 □不合格 | | |

| 序号 | 评分项 | 得分条件 | 分值 | 评分标准 | 自评 | 互评 | 师评 |
|---|---|---|---|---|---|---|---|
| 1 | 安全/7S/态度 | □1. 能进行工位 7S 操作<br>□2. 能进行设备和工具安全检查<br>□3. 能进行工位安全防护操作<br>□4. 能进行工具清洁、校准、存放操作<br>□5. 能保证三不落地 | 15 | 1项未完成扣3分 | □熟练<br>□不熟练 | □熟练<br>□不熟练 | □合格<br>□不合格 |
| 2 | 专业技能 | □1. 能正确地拆装双离合器零部件<br>□2. 能正确地分析双离合器主要零件的结构及安装位置<br>□3. 掌握相应的检修项目和操作方法 | 50 | 1项未完成扣20分，扣分不得超过50分 | □熟练<br>□不熟练 | □熟练<br>□不熟练 | □合格<br>□不合格 |
| 3 | 工具、设备的使用能力 | □1. 能正确地选择拆装工具<br>□2. 能正确地使用专用拆装工具 | 10 | 1项未完成扣5分 | □熟练<br>□不熟练 | □熟练<br>□不熟练 | □合格<br>□不合格 |
| 4 | 资料、信息查询的能力 | □1. 能严格执行厂家提供的拆装说明<br>□2. 能进行设备和工具安全检查<br>□3. 能进行工位安全防护操作 | 10 | 1项未完成扣5分，扣分不得超过10分 | □熟练<br>□不熟练 | □熟练<br>□不熟练 | □合格<br>□不合格 |

（续）

| 序号 | 评分项 | 得分条件 | 分值 | 评分标准 | 自评 | 互评 | 师评 |
|---|---|---|---|---|---|---|---|
| 5 | 数据判断和分析能力 | ☐ 1. 能正确地叙述拆装步骤<br>☐ 2. 能正确地分析双离合器组成部分<br>☐ 3. 能正确地分析离合器的工作过程 | 10 | 1项未完成扣5分，扣分不得超过10分 | ☐熟练<br>☐不熟练 | ☐熟练<br>☐不熟练 | ☐合格<br>☐不合格 |
| 6 | 表单填写和报告撰写的能力 | ☐ 1. 字迹清晰<br>☐ 2. 语句通顺<br>☐ 3. 无错别字<br>☐ 4. 无涂改<br>☐ 5. 无抄袭 | 5 | 1项未完成扣1分 | ☐熟练<br>☐不熟练 | ☐熟练<br>☐不熟练 | ☐合格<br>☐不合格 |

## 任务 5-2　离合器 $K_1$、$K_2$ 接合轴承位置的调整

**实训器材：**

双离合器总成、支撑盘、变速器支撑板、发动机密封塞套件、压具、起拔器、钢直尺、限位量规、深度卡尺等。

**任务准备：**

1）将工位清理干净，准备好相关器材。

2）将拆卸好的双离合器放到工作台上。

**实施步骤：**

在更换双离合器、机械电子模块、操纵杆、接合轴承或操纵杆的固定架后，必须对接合轴承位置进行调整。

进行调整时，必须分开观察各个公差。先确定变速器侧所有必需的尺寸，以便选择合适的调整垫片。然后凭经验确定离合器的公差，并在之后的计算中将其作为计算系数。由变速器侧的公差和离合器的公差决定调整垫片的厚度。

### 1. 确定尺寸 B

| 序号 | 操作示意图 | 操作方法 | 操作要求 |
|---|---|---|---|
| 1 |  | 安装离合器 $K_2$ 操纵杆和导向套，检查 $K_2$ 操纵杆是否处于正确的位置，并用两个新螺栓拧紧；装入离合器 $K_1$ 操纵杆，检查位置是否正确 | 在测量之前先安装塑料固定器 |
| 2 |  | 装回旧卡环 | — |

106

(续)

| 序号 | 操作示意图 | 操作方法 | 操作要求 |
|---|---|---|---|
| 3 |  | 游标卡尺调零，测量外侧输入轴端面到卡环之间的距离 B | 将钢直尺竖放在变速器壳体法兰上，钢直尺应横跨轴端 |

## 2. 确定离合器 $K_1$ 的尺寸 $A_1$

外侧输入轴端面到限位量规之间的距离为 $A_1$，将限位量规置于离合器 $K_1$ 接合轴承上，按压限位量规，同时将其转动。这样可以观察到接合轴承的转动情况，从而使限位量规正确地"安装"在接合轴承上。

| 操作示意图 | 操作方法 | 操作要求 |
|---|---|---|
|  | 将钢直尺竖放在变速器壳体法兰上，将游标卡尺调零，测量轴端与限位量规的间距 $A_1$ | 为了测量更精确，在对面的位置上再次测量尺寸 $A_1$，取其平均值 |

## 3. 计算确定离合器 $K_1$ 调整垫片的厚度

| 操作示意图 | 操作方法 | 操作要求 |
|---|---|---|
|  | $K_1$ 调整垫片厚度 $=A_1-B+$ 限位量规的高度 − 额定尺寸 + 离合器公差。限位量规的高度始终相同，为 51.18mm；额定尺寸是 $K_1$ 接合轴承深度的额定值，为 50.08mm；离合器公差从新离合器上读取，注意应带上正负号。根据计算结果，查表确定调整垫片的厚度，选取并测量新的调整垫片 | 注意安装时只能插入一个调整垫片 |

## 4. 确定离合器 $K_2$ 的尺寸 $A_2$

| 序号 | 操作示意图 | 操作方法 | 操作要求 |
|---|---|---|---|
| 1 |  | 外侧输入轴端面到限位量规之间的距离为 $A_2$。安装离合器 $K_2$ 接合轴承，由于 $K_2$ 接合轴承上有 4 个凹槽，所以只能安装在一个位置上 | — |

107

| 序号 | 操作示意图 | 操作方法 | 操作要求 |
|---|---|---|---|
| 2 |  | 旋转接合轴承，检查其安装是否到位以及凹槽位置是否正确，把限位量规开口较大的一端朝上安装到接合轴承上，把钢直尺竖放在变速器壳体法兰上，将游标卡尺放在输入轴的上端面，以此为基准调零，测量 $A_2$ | 为了测量更精确，在对面的位置上再次测量尺寸 $A_2$，计算平均值 |

### 5. 计算确定离合器 $K_2$ 调整垫片的厚度

$K_2$ 调整垫片厚度 = $A_2$ – $B$ + 限位量规内部高度 – 额定尺寸 + 离合器公差。限位量规内部高度始终相同，为 36.20mm；额定尺寸为 34.35mm。根据计算结果，查表确定调整垫片的厚度，选取并测量新的调整垫片。

**工单填写：**

| 离合器 $K_1$、$K_2$ 接合轴承位置的调整 | 工作任务单 | 班级： |
|---|---|---|
| | | 姓名： |
| **1. 作业场地准备** ||||
| 将工位清理干净，准备好相关器材 || 是□ 否□ ||
| 检查设备台架，应安全、清洁 || 是□ 否□ ||
| 将拆卸好的双离合器放到工作台上 || 是□ 否□ ||
| **2. 记录数据** ||||
| 项目名称 | 小组实训过程 | 注意事项 |
| 确定尺寸 $B$ | 确定尺寸 $B$ 的含义，然后操作测量：<br>测量结果1：<br>测量结果2：<br>平均值： | |
| 确定离合器 $K_1$ 的尺寸 $A_1$ | 确定尺寸 $A_1$ 的含义，然后操作测量：<br>测量结果1：<br>测量结果2：<br>平均值： | |
| 计算确定离合器 $K_1$ 调整垫片的厚度 | 确定 $K_1$ 调整垫片的厚度含义，然后操作计算：<br>$K_1$ 调整垫片的厚度 =<br>查表确定厚度为： | |
| 确定离合器 $K_2$ 的尺寸 $A_2$ | 确定尺寸 $A_2$ 含义，然后操作测量：<br>测量结果1：<br>测量结果2：<br>平均值： | |

（续）

| 项目名称 | 小组实训过程 | 注意事项 |
|---|---|---|
| 计算确定离合器 $K_2$ 调整垫片的厚度 | 确定 $K_2$ 调整垫片的厚度含义，然后操作计算：<br>$K_2$ 调整垫片的厚度 =<br>查表确定厚度为： | |
| 注意事项 | 1.<br><br>2. | |
| 3. 作业场地恢复 | | |
| 擦拭、整理工具 | | |
| 打扫实训场地卫生 | | |

## 评价反馈：

| 离合器 $K_1$、$K_2$ 接合轴承位置的调整 | | | 实训日期： | |
|---|---|---|---|---|
| 姓名： | 班级： | | 学号： | 教师签名： |
| 自评：□熟练　□不熟练 | 互评：□熟练　□不熟练 | | 师评：□合格　□不合格 | |

| 序号 | 评分项 | 得分条件 | 分值 | 评分标准 | 自评 | 互评 | 师评 |
|---|---|---|---|---|---|---|---|
| 1 | 安全/7S/态度 | □1. 能进行工位 7S 操作<br>□2. 能进行设备和工具安全检查<br>□3. 能进行工位安全防护操作<br>□4. 能进行工具清洁、校准、存放操作<br>□5. 能保证三不落地 | 15 | 1 项未完成扣 3 分 | □熟练<br>□不熟练 | □熟练<br>□不熟练 | □合格<br>□不合格 |
| 2 | 专业技能 | □1. 能正确地测量各个尺寸<br>□2. 能正确地计算各个结果 | 50 | 1 项未完成扣 25 分 | □熟练<br>□不熟练 | □熟练<br>□不熟练 | □合格<br>□不合格 |
| 3 | 工具、设备的使用能力 | □1. 能正确地选择操作工具<br>□2. 能正确地使用专用工具 | 10 | 1 项未完成扣 5 分 | □熟练<br>□不熟练 | □熟练<br>□不熟练 | □合格<br>□不合格 |
| 4 | 资料、信息查询的能力 | □1. 能严格执行厂家提供的拆装说明<br>□2. 能进行设备和工具安全检查<br>□3. 能进行工位安全防护操作 | 10 | 1 项未完成扣 5 分，扣分不得超过 10 分 | □熟练<br>□不熟练 | □熟练<br>□不熟练 | □合格<br>□不合格 |
| 5 | 数据判断和分析能力 | □1. 能正确叙述调整步骤<br>□2. 能正确叙述各个尺寸含义<br>□3. 能正确计算各个结果 | 10 | 1 项未完成扣 5 分，扣分不得超过 10 分 | □熟练<br>□不熟练 | □熟练<br>□不熟练 | □合格<br>□不合格 |
| 6 | 表单填写和报告撰写的能力 | □1. 字迹清晰<br>□2. 语句通顺<br>□3. 无错别字<br>□4. 无涂改<br>□5. 无抄袭 | 5 | 1 项未完成扣 1 分 | □熟练<br>□不熟练 | □熟练<br>□不熟练 | □合格<br>□不合格 |

## 【理论测试】

| 双离合自动变速器的构造与检修 | 学习任务单 | 班级：<br>姓名： |
|---|---|---|

### 一、选择题

1. OAM 七档 DSG 变速器通过离合器 $K_1$ 可啮合（　　）。
   A. 一、三、五、七档　　　　B. 二、四、六、倒档　　　　C. 所有档位
2. OAM 七档 DSG 变速器输出轴 1 将转矩传递到（　　）上。
   A. 差速器　　　　　　　　B. 输出轴 2　　　　　　　　C. 机油泵
3. 接合套由（　　）操纵完成换档。
   A. 变速杆　　　　　　　　B. 换档拨叉　　　　　　　　C. 换档拉索
4. OAM 七档 DSG 变速器的（　　）配备有三锥面同步器。
   A. 四档　　　　　　　　　B. 一、二、三档　　　　　　C. 倒档
5. 离合器 $K_1$ 将发动机转矩传到（　　）。
   A. 输出轴 2 上　　B. 输出轴 1 上　　C. 输入轴 1 上　　D. 输入轴 2 上

### 二、判断题

1. 装备 DSG 的汽车，没有离合器踏板，同时没有变矩器。（　　）
2. DSG 最大的特点在于它采用了双离合器。（　　）
3. 双离合变速器工作时有两个档位啮合。（　　）
4. 选用手动模式时不做升档操作，若将加速踏板踩到底，DSG 不会升档。（　　）
5. DSG 具有手动变速器的灵活及自动变速器的舒适，它能提供不间断的动力输出。（　　）

### 三、问答题

1. 简述双离合自动变速器的特点。
2. 简述七档 DSG 的结构和工作原理。

# 项目六　无级变速器的构造与检修

## 【工作情境】

### 故障现象

一辆装配01J无级变速器的奥迪A6L，组合仪表显示变速器报警，挂入D位后松开制动踏板，车辆无法向前行驶，踩下加速踏板，发动机转速达到1500r/min时，车辆突然起步出现严重耸车，行驶中车辆正常，其余档位均正常。

### 故障分析

用VAS5052读取故障码为：压力控制阀污染（静态）；通过查阅资料得知压力控制阀在滑阀箱内部安装，对其更换滑阀箱后试车故障依然存在。经再次电脑检测和路试决定更换变速器控制单元。更换变速器控制单元后故障排除，车辆行驶一切正常。更换变速器控制单元时，发现变速器油较浑浊，应同时更换变速器油及变速器油滤清器。

## 【学习目标】

| 素质目标： | 知识目标： | 能力目标： |
|---|---|---|
| 1. 培养学生正确的世界观、人生观、价值观。<br>2. 引导学生热爱劳动、崇尚劳动，提升学生的劳动素养。<br>3. 培养学生德智体美劳全面发展。 | 1. 了解无级变速器的特点。<br>2. 掌握无级变速器的组成和工作原理。<br>3. 掌握相应的检修项目和操作方法。 | 1. 具有选用正确的工具按照维修手册的要求进行无级变速器的分解和检测的能力。<br>2. 具有分析并排除无级变速器相关故障的能力。 |

## 【知识储备】

### 一、无级变速器的工作原理

无级变速技术采用传动带和工作直径可变的主、从动轮相配合来传递动力，可以实现传动比的连续改变，从而得到传动系统与发动机工况的最佳匹配。

无级变速器（Continuous Variable Transmission，CVT）与有级变速器的主要区别在于：它的速比不是间断的，而是一系列连续的值。

1. 无级变速器的类型

无级变速器按结构和传动方式可分为电力式、液力式和机械式3种。其中，电力式和液力式无级变速器因为成本高、效率低、结构复杂等原因没有得到广泛的应用；而机械式无级变速器与前两种相比，具有结构简单紧凑、成本低、操纵方便等优点，是目前主流的选择。本项目所提到的CVT都是指机械式无级变速器。

2. 无级变速器的特点

无级变速器相对于传统的手动和自动变速器有以下优点：

（1）结构简单，体积更小　CVT既没有手动变速器的众多齿轮副，也没有自动变速器复杂的行星齿轮组，它主要靠主、从动轮和金属带或滚轮转盘来实现速比的无级变化。

（2）经济性好　CVT可以在相当宽的范围内实现无级变速，从而获得传动系统与发动机工况的最佳匹配值，提高整车的燃油经济性。

（3）动力性好　汽车的后备功率决定了汽车的爬坡能力和加速能力。汽车的后备功率越大，汽车的动力性越好。由于CVT的无级变速特性，能够获得后备功率最大的传动比，所以CVT的动力性能明显优于手动变速器（MT）和自动变速器（AT）。

（4）排放低　CVT的速比工作范围宽，能够使发动机以最佳工况工作，从而改善了燃烧过程，降低了废气的排放量。

（5）舒适性好　由于CVT实现了真正的无级变速，动力传递平顺，发动机转速总是保持在较低的范围，整车行驶更安静。

CVT的缺点：其传动带很容易损坏，不能承受较大的载荷，只限于用在低功率和低转矩汽车上。

3. 无级变速器的工作原理

无级变速器是由传动链轮实现无级变速的，如图6-1所示。它可使传动比在最小和最大之间无级调节，提供一个合适的传动比，从而使发动机总是工作在最佳转速范围内，使汽车的动力性或经济性最优化。

无级变速器由带锥面盘体的链轮装置1和链轮装置2以及工作于两个锥面链轮组之间的V形槽内的专用传动链组成。链轮装置1由发动机驱动，发动机转矩通过传动链传递到链轮装置2，并由此传给主减速器。

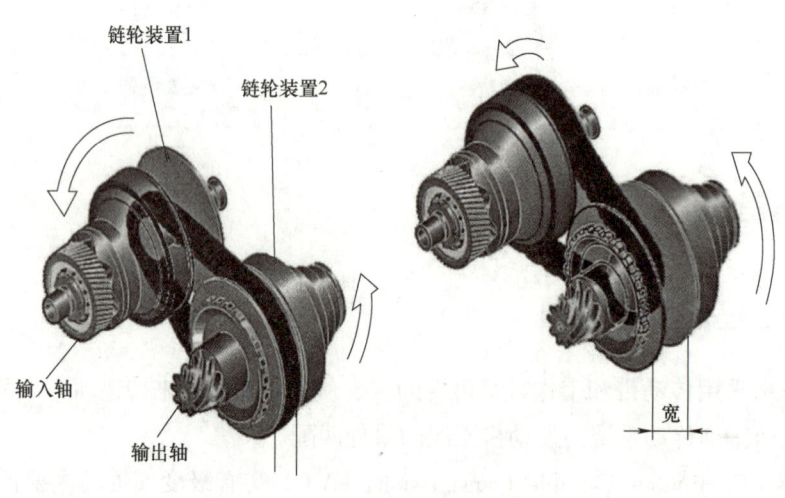

图 6-1　无级变速器

## 二、无级变速器的基本结构

下面以 01J 无级变速器为例，说明无级变速器的组成。01J 无级变速器主要由飞轮减振装置、前进档离合器、倒档离合器、行星齿轮机构、辅助减速齿轮、链传动装置、液压控制系统和电子控制系统组成，如图 6-2 所示。

发动机输出的转矩通过飞轮减振装置或双质量飞轮传递给变速器，前进档离合器和倒档离合器都是湿式摩擦离合器，两者均为起动装置。倒档的旋转方向是通过行星齿轮机构改变的。发动机的转矩通过辅助减速齿轮传递到链传动装置，并由此传递给主减速。液压控制系统和电子控制系统集成为一体，位于变速器的内部。

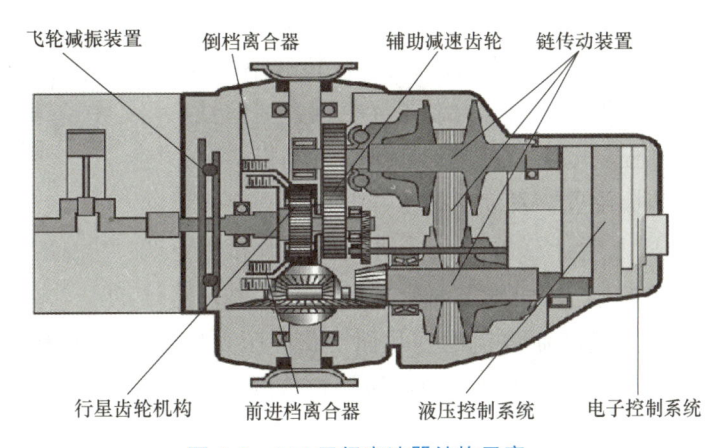

图 6-2  01J 无级变速器结构示意

### 1. 飞轮减振装置

飞轮减振装置的作用是减缓发动机与变速器之间动力连接产生的扭转振动，保证发动机无噪声运转。

### 2. 前进档离合器和行星齿轮机构

（1）前进档离合器和倒档离合器  前进档离合器和倒档离合器的作用是将发动机的转矩传递给速比变换系统，在起步过程中，利用半联动的形式保证汽车平稳起步；正常工作时，将发动机曲轴和变速器速比变换系统的主动轮连接成一体，形成刚性连接。

（2）行星齿轮机构  行星齿轮机构的结构如图 6-3 所示，由齿圈、两个行星轮、行星架、太阳轮组成。当太阳轮顺时针转动时，驱动行星轮 1 逆时针转动，行星轮 1 驱动行星轮 2 顺时针转动，最后驱动齿圈也顺时针转动。

太阳轮与输入轴和前进档离合器的钢片相连接，行星架与辅助减速齿轮的主动齿轮和前进档离合器的摩擦片相连接，齿圈和倒档离合器的摩擦片相连接，倒档离合的钢片和变速器壳体相连接。

1）P/N 位的动力传递路线。变速杆处于 P 或 N 位时，前进档离合器和倒档离合器都不工作。发动机的转矩通过与输入轴相连接的太阳轮传到行星齿轮机构并驱动行星轮 1，行星轮 1 再驱动行星轮 2，行星轮 2 与齿圈相啮合。车辆尚未行驶时，行星架（行星齿轮机构的输出部分）的阻力很大，处于静止状态，齿圈以发动机转速一

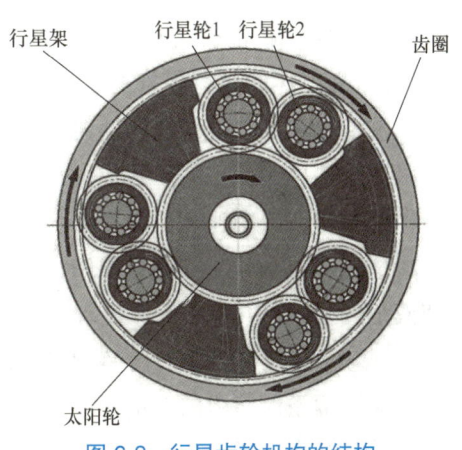

图 6-3  行星齿轮机构的结构

半的速度怠速运转，旋转方向与发动机相同。

2）D 位的动力传递路线。变速杆处于 D 位时，前进档离合器工作。由于前进档离合器钢片与太阳轮连接，摩擦片与行星架连接，此时，太阳轮（变速器输入轴）与行星架（输出部分）连接，行星齿轮机构被锁死成为一体，并与发动机运转方向相同，传动比为 1∶1。

3）R 位的动力传递路线。变速杆处于 R 位时，倒档离合器工作。由于倒档离合器摩擦片与齿圈相连接，钢片与变速器壳体相连接，此时，齿圈被固定，转矩从太阳轮传递到行星架。由于是双行星齿轮（其中一个为惰轮），所以行星架就会以与发动机旋转方向相反的方向运转，车辆向后行驶。

由行星架输出的动力经辅助减速齿轮传递到链传动装置，如图 6-4 所示。

(3) 离合器控制　为平稳地将发动机的转矩传递给变速器，实现汽车起步，在起步过程中，电子控制单元根据各类信号来调整离合器以控制起步过程。电子控制单元通过对发动机转速、变速器输入转速、加速踏板位置、发动机转矩、制动力、变速器油温等参数进行逻辑分析之后计算出离合器的额定压力和压力调节电磁阀 N215 的控制电流，从而确定离合器的压力，离合器传递的发动机转矩也相应地随控制电流的变化而变化。压力传感器检测液压控制系统中离合器的实际压力，若实际压力与额定压力差值超过一定范围，便进行修正。离合器的控制如图 6-5 所示。

图 6-4　动力传递路线

1）离合器压力的控制。离合器压力与发动机转矩成正比，与系统压力无关。液压控制阀中的输导压力阀 VSTV 始终为压力调节电磁阀 N215 提供一个 0.5MPa 的压力。根据电子控制单元计算的控制电流，压力调节电磁阀 N215 会调节出一个控制压力，该压力的大小决定离合器控制阀 KSV 的位置。离合器控制阀的压力由系统压力提供，KSV 根据 N215 的触发信号（电流的大小）产生离合器压力，高控制压力产生高离合器压力。离合器压力通过安全阀 SIV 传递到手动阀 HS，手动阀的位置改变就会将转矩传递到前进档离合器（D 位）或倒档离合器（R 位）。当变速杆位于 P 位或 N 位时，手动阀切断供油，前进档离合器和倒档离合器的油路都与油底壳相通。

2）离合器的安全切断控制。当压力传感器检测到实际离合器压力明显高于变速器控制单元所计算的离合器额定压力时，变速器就会进入安全紧急故障状态。在这种情况下，无论手动阀处于任何位置以及其他系统状态如何，离合器压力都会泄掉。这种安全切断是由安全阀 SIV 来实现的，以确保离合器快速分离，SIV 由压力调节电磁阀激活。当离合器压力上升到 4kPa 时，离合器控制阀 KSV 的供油被切断，油底壳与手动阀的连接通道被打开。

3）离合器的过载保护控制。根据变速器实际工作状态，电子控制单元计算出离合器打滑温度、发动机转矩以及变速器油温，当控制单元通过油温传感器测得的离合器温度因离合器过载而超出标定限值时，控制单元减小发动机转矩，目的是降低离合器的工作温度，防止离合器过热。

4）离合器的冷却控制。为确保离合器的正常工作温度，离合器由单独的冷却液流来冷却。为减少离合器冷却时的动力损失，冷却液流由集成在阀体上的冷却液控制单元在需要时接通。冷却液量可通过吸气喷射泵来增加，而不必对液压泵的容量有过高的要求。为了优化离合器冷却性能，冷却液仅传递到链传动装置中。前进档离合器的冷却液和液压油通过变速器输入轴的中间孔道流通，两条油路由内部钢管彼此分开。变速器输入轴出油孔上安有润滑油分配器，将润滑油引导到前进档离合器。

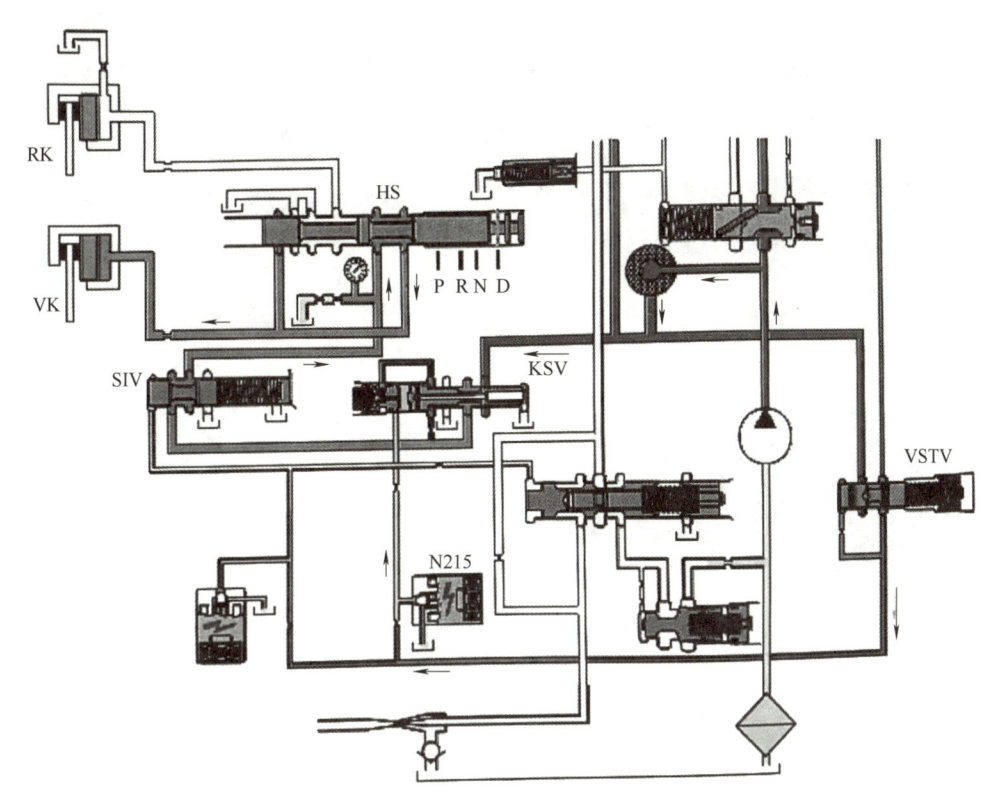

图 6-5　离合器的控制

### 3. 链传动装置

链传动装置是 CVT 最重要的装置，其功用是实现无级变速传动。

（1）结构与工作原理　链传动装置由两组滑动锥面链轮和传动链等组成。主动链轮由发动机通过辅助减速齿轮驱动，发动机转矩由传动链传递到从动链轮，并由此传给主减速器。每组链轮装置中的其中一个链轮可沿轴向移动，来调整传动链的跨度尺寸，从而连续地改变传动比。两组链轮装置必须同步进行调整，这样才能保证传动链始终处于张紧状态，并且具有足够的传动链和链轮之间的接触压力。

链轮的轴向移动由液压泵驱动。为减少发动机功率消耗，根据双联活塞原理，01J 无级变速器采用两个液压泵独立驱动的液压系统，分别负责提供改变传动比的锥面链轮轴向移动力和保持锥面链轮与链条之间摩擦力的推力。该系统的设计特点是：单纯改变传动比时，用小截面活塞和低油压，大截面活塞仅提供一定压力来保持摩擦力。

传动链的结构如图 6-6 所示。传动链的转动节采用双转动压块，转动压块在锥面链轮间跳动，即锥面链轮互相挤压，依靠转动压块正面和锥面链轮接触面间的摩擦力传递转矩。在传动链传动过程中，转动压块之间形成滚动摩擦，降低了动力损失和磨损。传动链的转动节采用不等长链节，可防止共振并降低转动噪声。

（2）换档控制

1）电子控制。为了在各个工况下均获得最佳传动比，电子控制单元根据驾驶人输入的信息和车辆工作状态计算出变速器的额定输入转速。变速器输入转速传感器 G182 检测链轮装置 1 处的变速器实际输入转速。电子控制单元对实际值和设定值进行比较，计算出换档压力调节电磁阀 N216 的控制电流，N216 产生液压换档阀的控制压力，该压力与控制电流成正比。电子控制单元通过检测来自变速器输入转速传感器 G182 和变速器输出转速传感器 G195 的信号以及发动机转速信号，实现对换档的监控，如图6-7所示。

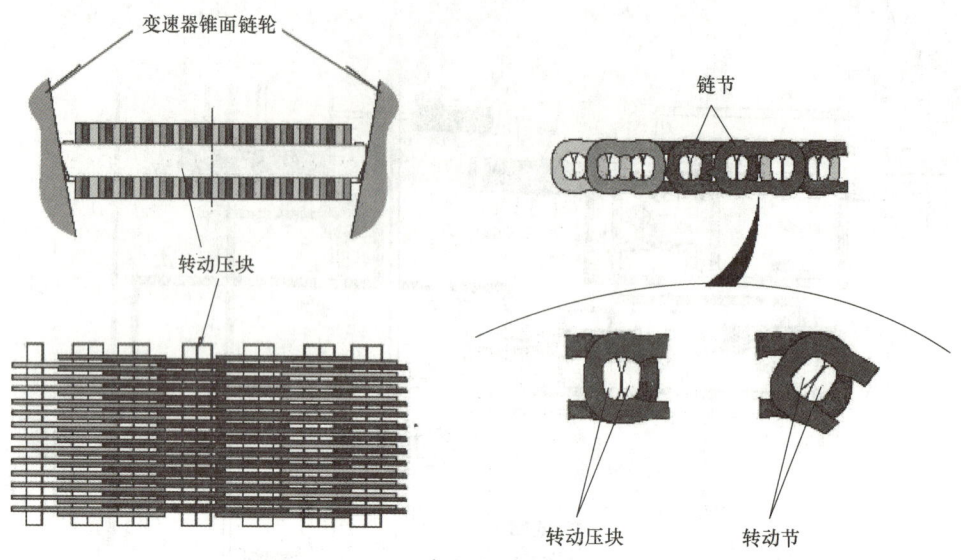

图6-6 传动链的结构

2）液压控制。液压控制单元中的输导压力阀VSTV向换档压力调节电磁阀N216提供一个约0.5MPa的常压。N216根据电子控制单元计算的控制电流产生控制压力，该压力的大小会影响减压阀UV的位置。根据控制压力，减压阀UV将调节出来的压力传递到主动链轮和从动链轮的分离缸，如图6-8所示。当控制压力在0.18~0.22MPa之间时，减压阀UV处于关闭状态。当控制压力低于0.18MPa时，调节压力通过减压阀UV传递到主动链轮的分离缸，同时从动链轮的分离缸与油底壳接通，链传动装置朝增速的方向变速。当控制压力高于0.22MPa时，调节压力通过减压阀传递到从动链轮的分离缸，同时主动链轮的分离缸与油底壳相通，链传动装置朝减速的方向变速。

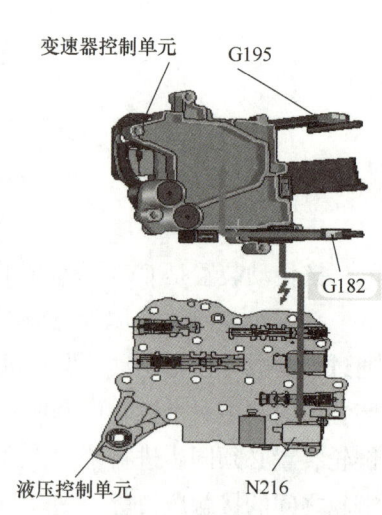

图6-7 电子控制

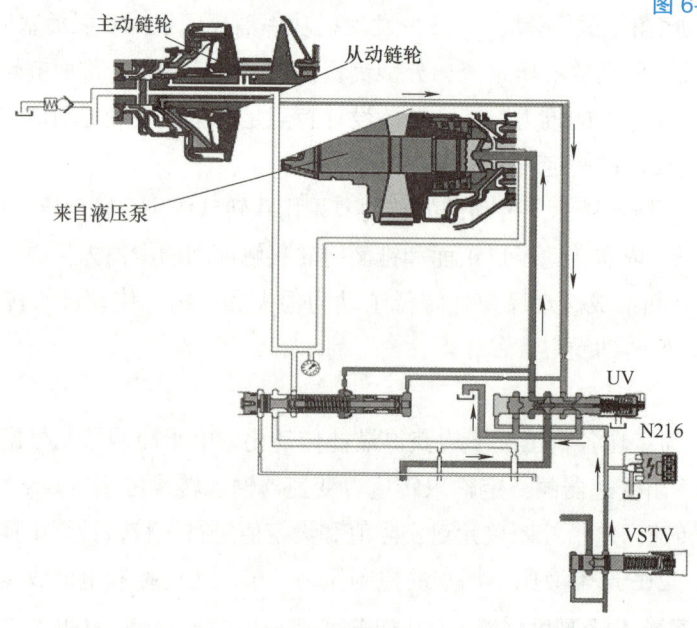

图6-8 液压控制

(3) 接触压力控制　压力缸中合适的油压最终产生锥面链轮与传动链之间的接触压力，若接触压力过高，会降低传动效率；相反，若接触压力过低，传动链会打滑，将损坏传动链和链轮。转矩传感器用来根据要求建立起尽可能精确、安全的接触压力。

转矩传感器集成于主动链轮内，静态和动态高精确度地监控传递到压力缸的实际转矩，并建立压力缸的正确油压。转矩传感器主要部件为2个滑轨架，每个滑轨架有7个滑轨，滑轨中装有7个滚子，如图6-9所示。

滑轨架1装在辅助减速齿轮中，滑轨架2通过内花键与主动链轮连接，由转矩传感器活塞支撑，并可以轴向移动。转矩传感器活塞调整接触压力，并形成2个压力腔：转矩传感器腔1和腔2。转矩传感器产生的轴向力作为控制力，与发动机转矩成正比，压力缸中建立起来的压力与控制力成正比。滑轨架彼此间可径向旋转，将转矩转化为轴向力（因滚子和滑轨的几何关系），此轴向力施加于滑轨架2并作用到转矩传感器控制凸缘，从而关闭或打开转矩传感器腔输出端，如图6-10所示。

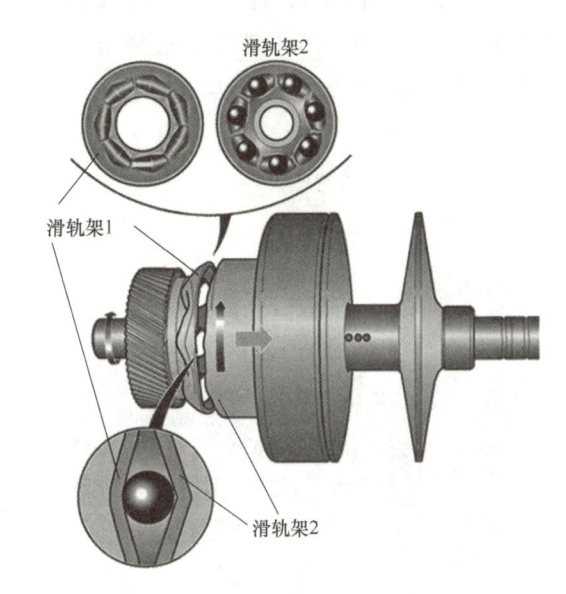

图6-9　转矩传感器的组成

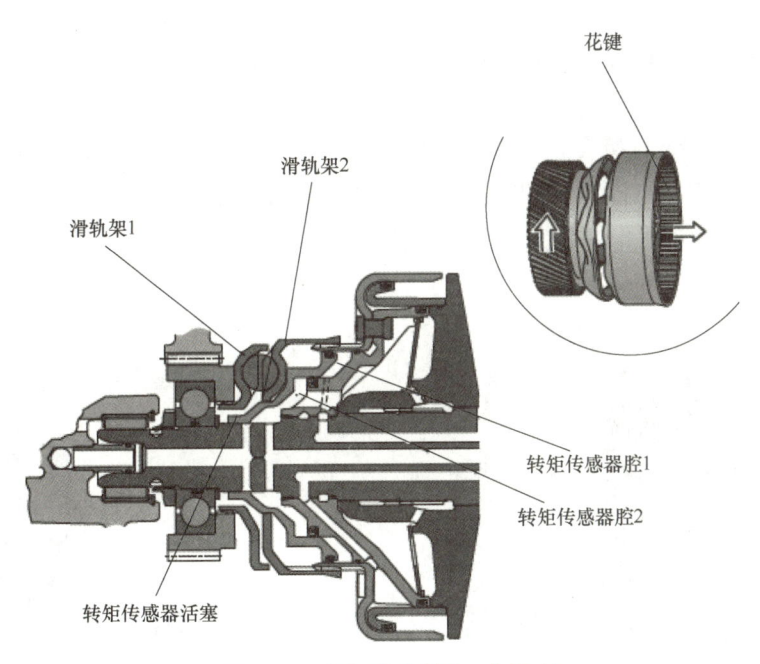

图6-10　转矩传感器的工作原理

1）输入转矩低时，转矩传感器腔1直接与压力缸相通。发动机转矩产生的轴向力与压力缸的压力达到平衡。在汽车稳定运行的情况下，出油孔只部分关闭，打开出油孔后压力下降，出油孔进油压力降低，直至恢复压力平衡，如图6-11所示。

2）输入转矩提高时，控制凸缘进一步关闭出油孔，压力缸内的压力升高，直到建立起新的平衡，如图6-12所示。

3）输入转矩达到峰值时，控制凸缘完全关闭出油孔，如图 6-13 所示。若转矩传感器进一步移动，将会起到液压泵的作用，此时被排出的油使压力缸的压力迅速上升，这样就会毫无延迟地调整接触压力。锥面链轮产生的接触压力不仅取决于输入转矩，还取决于传动链跨度半径，此两者确定了链传动装置的实际传动比。

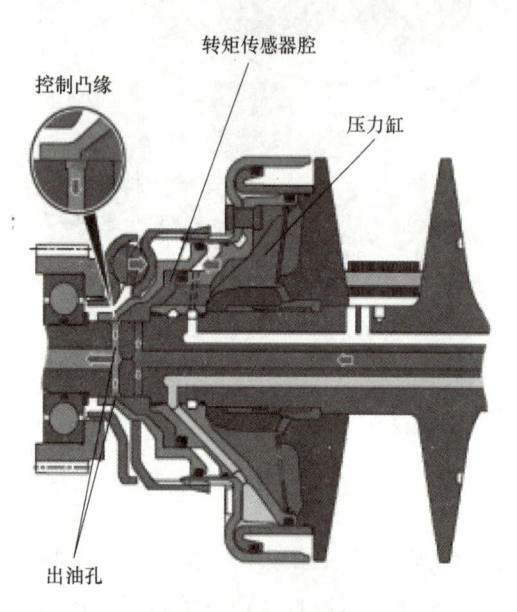

图 6-11 输入转矩低

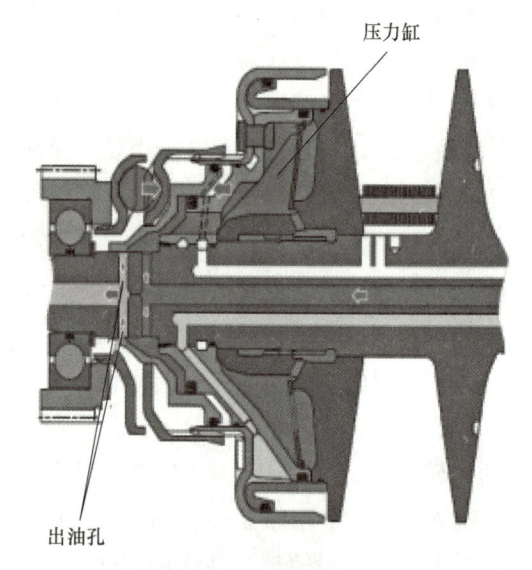

图 6-12 输入转矩提高

**4. 液压控制系统**

CVT 的液压控制系统具有系统油压的控制、油路的转换控制、用油元件的供油及冷却控制等功能。

（1）液压泵　液压泵直接安装在液压控制单元上，形成一个整体，如图 6-14 所示，减少了压力损失并节约了成本。01J 变速器装有高效率的带月牙形隔板的内啮合齿轮泵，尽管该泵所需的液压油相对少，但却可产生需要的压力。

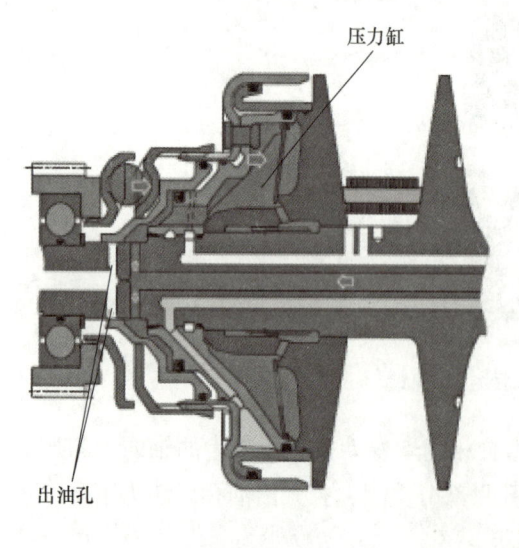

图 6-13 转矩达到峰值

图 6-14 液压泵的安装位置

（2）吸气喷射泵　吸气喷射泵集成在离合器冷却系统中，以供应冷却离合器所需的润滑油。

吸气喷射泵的结构如图 6-15 所示。吸气喷射泵根据文丘里管原理工作，当离合器需要冷却时，液压油由液压泵泵出，通过吸气喷射泵进行导流并形成动力喷射流，液压油流经泵的真空部分产生一定真空，将油从油底壳吸出，并与动力喷射流一起形成一股大量的油流，在不增加液压泵容量的情况下，液压油量几乎加倍。单向阀阻止吸气喷射泵空运转，并且有助于对液压油的供应做出迅速的反应。

（3）液压控制单元　液压控制单元由手动阀、9 个液压阀和 3 个压力调节电磁阀组成。液压控制单元和电子控制单元直接插接在一起。

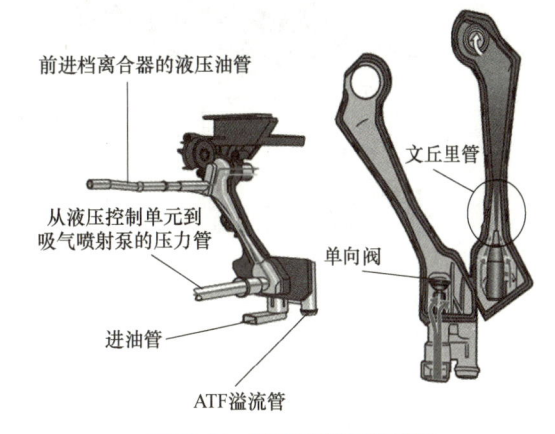

图 6-15　吸气喷射泵的结构

液压控制单元的主要功能有：控制前进档离合器、倒档离合器，调节离合器压力，冷却离合器，为接触压力控制提供液压油，传动控制，为飞溅润滑油罩盖供油。

液压控制系统的油路如图 6-16 所示。为保护部件，限压阀 DBV 将最高压力限制在 0.82MPa。通过输导压力阀 VSTV 向压力调节电磁阀提供一个恒定为 0.5MPa 的输导控制压力。最小压力阀 MDV 可防止起动时液压泵吸入发动机进气。当液压泵输出功率高时，最小压力阀 MDV 打开，允许液压油从回油管流到液压泵吸入侧，从而提高液压泵的效率。施压阀 VSPV 控制系统压力，在特定功能下，它始终提供足够的油压。压力调节电磁阀 N88 有两个功能：控制离合器冷却阀 KKV 和安全阀 SIV，N215 激活离合器控制阀 KSV，N216 激活减压阀 UV。

（4）ATF 冷却系统　ATF 冷却器集成在发动机散热器中，与发动机冷却循环中的冷却液进行热交换。

如图 6-17 所示，差压阀 DDV1 可防止 ATF 冷却器的压力过高（ATF 温度低）。当 ATF 温度低时，供油管和回油管建立起的压力有很大的不同。达到标定压差后，DDV1 打开，供油管与回油管直接接通，使 ATF 的温度迅速升高。当 ATF 过滤器的流动阻力过高时，差压阀 DDV2 打开，阻止 DDV1 打开，ATF 冷却系统因有背压而无法工作。

5. 电子控制系统

01J 变速器的电子控制系统主要由电子控制单元和传感器等组成。

（1）电子控制单元　电子控制单元 J217 集成在变速器内，直接用螺栓紧固在液压控制单元上。3 个压力调节电磁阀与电子控制单元间直接通过坚固的插接器连接，而没有连接线。电子控制单元用一个 25 针的小型插头与汽车线束相连，如图 6-18 所示。J217 的底座为一个坚硬的铝板壳，起到隔热的作用。该壳体容纳全部的传感器，因此不再需要线束和插头，因而没有单独线束。线束与发动机线束集成在一起，这种结构使 J217 的可靠性得到较大的提高。

1）动态控制程序。电子控制单元有一个动态控制程序（DRP），用于计算变速器目标输入转速。DRP 的目标是使操纵性能尽可能地与驾驶人输入相适应。

为实现上述目的，电子控制单元接收驾驶人动作、车辆运动状态和路面情况信息，计算加速踏板动作频率和加速踏板角度位置、车速和车辆加速情况，利用这些信息和逻辑组合，在发动机转速范围内，通过改变传动比，将变速器输入转速设定在最佳动力性和最佳经济性之间，使汽车的操纵性能和驾驶性能尽可能地与驾驶人输入信号相匹配。

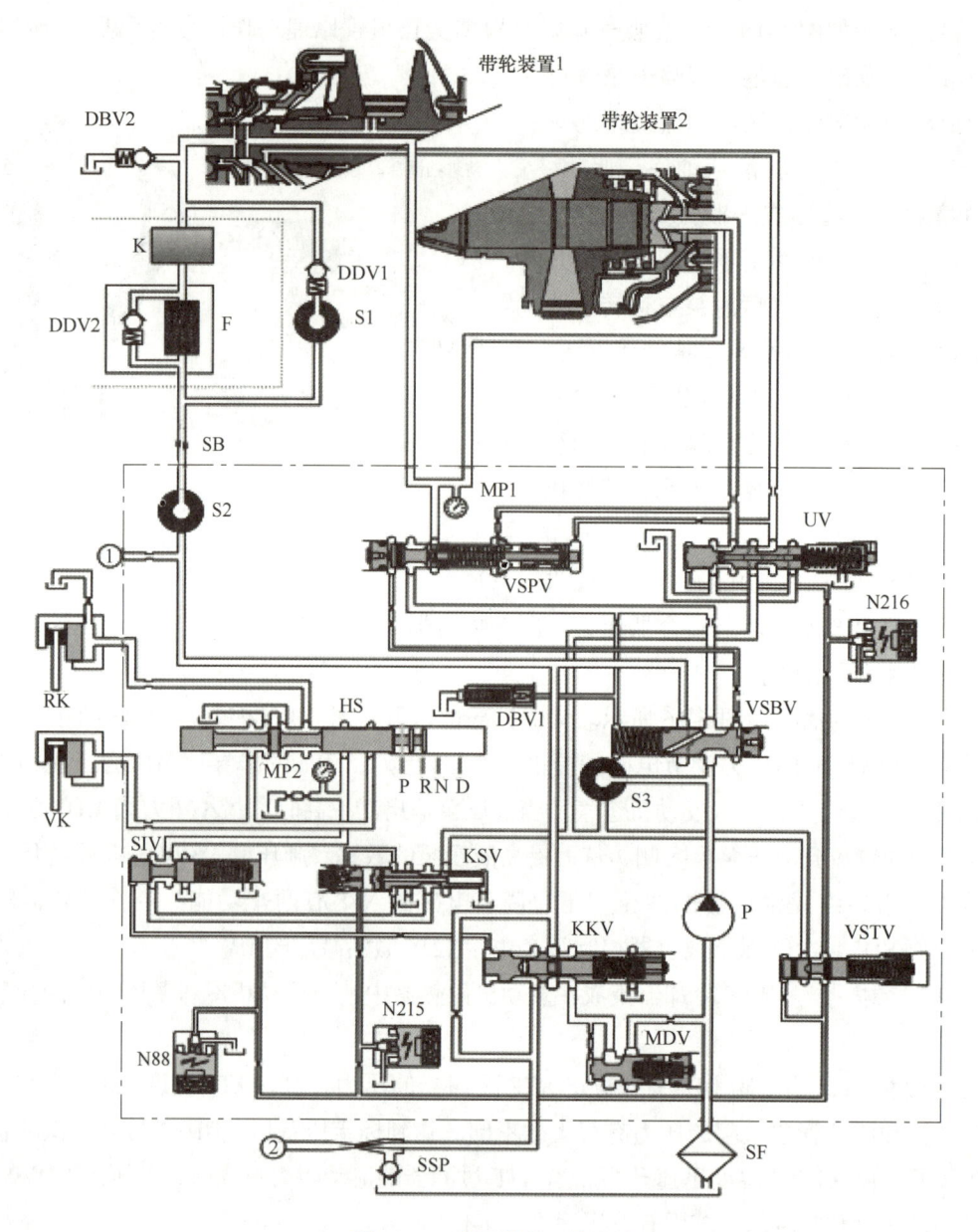

图 6-16 液压控制系统油路

DBV1—限压阀 1　DBV2—限压阀 2　DDV1—差压阀 1　DDV2—差压阀 2　F—ATF 滤清器　HS—手动阀　K—ATF 冷却器　KKV—离合器冷却阀　KSV—离合器控制阀　MDV—最小压力阀　MP1—接触压力测试点（由 G194 监测）　MP2—离合器压力测试点（由 G193 监测）　N88—压力调节电磁阀（离合器冷却 / 安全切断阀）　N215—压力调节电磁阀（离合器）　N216—压力调节电磁阀（换档）　P—液压泵　RK—倒档离合器　S1—ATF 过滤器 1　S2—ATF 过滤器 2　S3—ATF 过滤器 3　SB—链轮润滑 / 冷却喷孔　SF—ATF 进油过滤器　SIV—安全阀　SSP—吸气喷射泵　UV—减压阀　VK—前进档离合器　VSBV—流量控制阀　VSPV—施压阀　VSTV—输导压力阀

2）强制降档功能。驾驶人通过把加速踏板踩到底，接通强制降档开关，告知电子控制单元，要求提供最大加速度。为满足要求，必须快速提供发动机最大功率。为此，发动机转速被调整到最大功率处的转速，并保持到加速踏板角度减小为止。

3）依据行驶阻力自适应控制。与负荷有关的动力被电子控制单元计算出来以测定行驶阻力，如上坡、下坡、车辆处于被牵引状态等。将该行驶阻力与在平路上行驶时的牵引阻力进行比较，指示是否需要提高或降低所需功率。

项目六  无级变速器的构造与检修

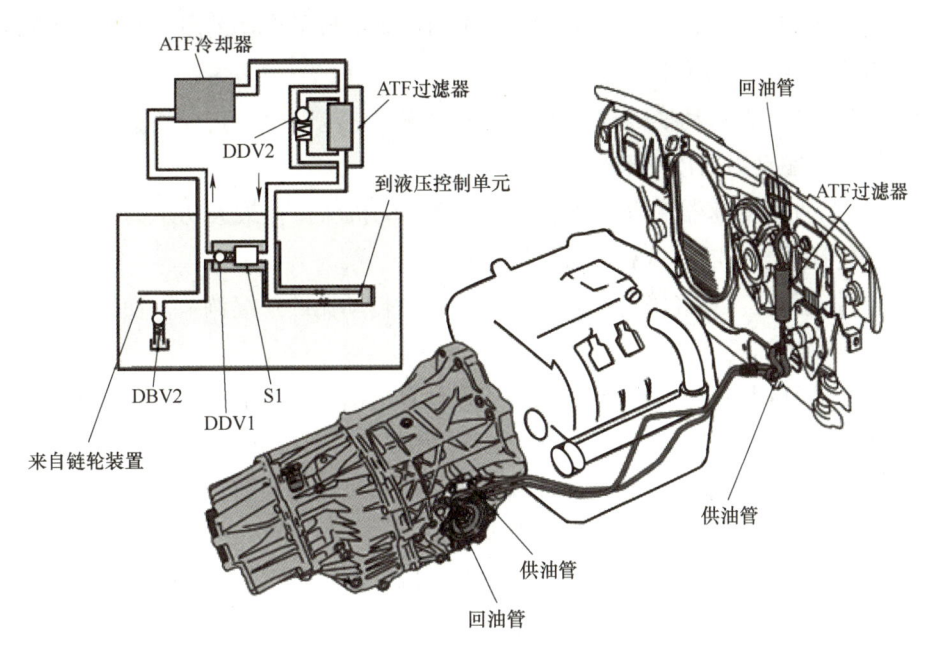

图 6-17  ATF 冷却系统

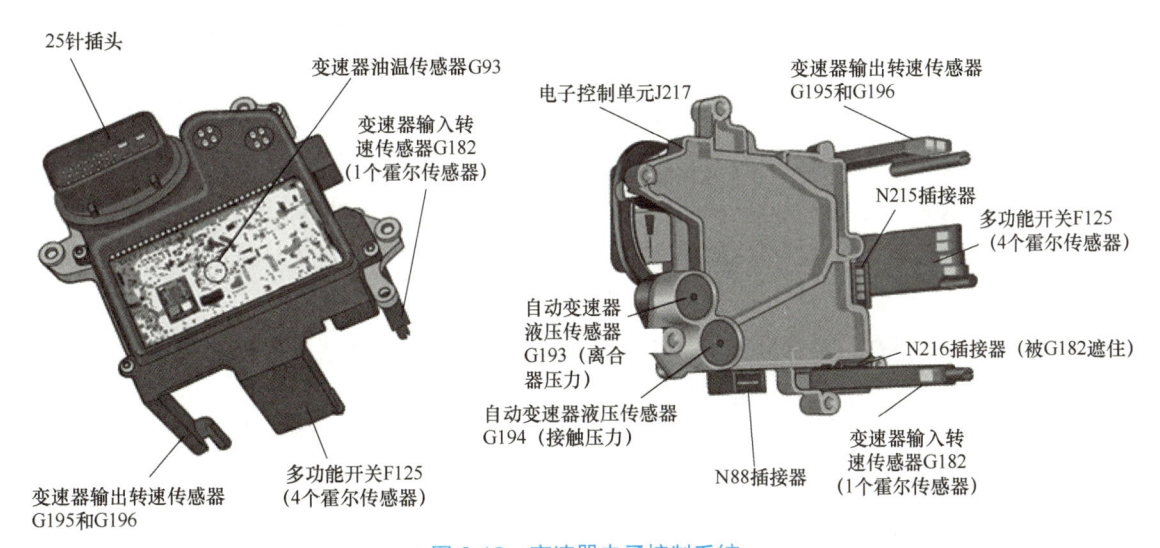

图 6-18  变速器电子控制系统

4）与车速巡航控制系统协调工作。如果车速巡航控制系统开关打开，当汽车下坡行驶时，由于巡航控制时的传动比经常很低，导致发动机制动效果不足。在这种情况下，电子控制单元通过提高变速器的输入转速来增强发动机的制动效果。

5）升级程序。电子控制单元可以通过软件进行升级。电子控制单元的程序、特性参数和数据（软件）以及输出信号的计算值，都永久性的存储于电子可编程存储器（EEPROM）中，并将其实时提供给电子控制单元。

6）起步和转矩传递过程由电子-液压控制单元监控和调整。电子-液压控制单元控制离合器或制动器，与液力变矩器相比，具有质量轻、安装空间小等优点，并可使起动特性适应驾驶状态、使爬坡转矩适应驾驶状态以及在过载或非正常使用情况下具有保护功能。

7）对离合器的控制。电子控制单元接收发动机转速、变速器输入转速、加速踏板位置、发动机转矩、变速器油温等信号，以控制离合器的工作。电子控制单元通过这些参数计算出离合器所需的额定压力，并且确定压力调节电磁阀 N215 的控制电流，离合器压力和离合器传递的发动机转矩随控制电流的变化而变化。

8）最佳舒适模式。在自动换档模式下，在传动比变化范围内可获得任意传动比，传动比可完全无抖动地调节，驱动力的传输不会中断。

9）最佳动力特性。变速器输入转速的控制可将发动机保持在最大功率的输出状态，汽车加速时，驱动力的传递不会中断，可获得最佳加速特性。

10）最佳燃油经济性。在经济行驶模式下，通过对传动比的连续调节，使发动机总是处于最佳工作模式，提高了燃油经济性。

11）过载保护。利用内建模型，电子控制单元计算出离合器打滑温度，若离合器温度因过载而超出标定限值，发动机转矩将减小。当发动机转矩减小到发动机怠速上限时，在一段时间内，发动机将对加速踏板信号无反应，离合器冷却系统确保短时间内使离合器降温，此后又迅速重新提供发动机最大转矩。一般离合器过载情况很少出现。

12）爬坡控制功能。爬坡控制的特点是：当踩下制动踏板、车辆短时间静止时，减小爬坡转矩，于是发动机便不必产生很大的转矩，降低了汽车的运转噪声（车辆静止，发动机怠速运转时产生的嗡嗡声），并且只需要稍加制动即可停住汽车，因而改善了燃油经济性和舒适性。若汽车长时间停于坡道上，当制动力不足，车辆回溜时，离合器压力将增大，使汽车停住（坡道停车功能）。该功能是通过两个变速器输出转速传感器 G195 和 G196 区分汽车是向前行驶还是向后行驶来实现的。

13）微量打滑控制。微量打滑控制是对离合器进行控制，可减缓发动机产生的扭转振动。在部分负荷下，离合器特性被调整到发动机输出转矩为 160N·m 时的状态。

当发动机转速上升到大约 1800r/min 时，转矩达到约 220N·m，此时离合器在"微量打滑"模式下工作。在此模式下，变速器输入轴和链轮装置 1 之间的打滑率（速度差别）保持在 5~20r/min 之间。

14）离合器控制匹配。离合器控制匹配功能的作用是保持恒定的离合器控制质量，控制适合的离合器压力，提高效率。因离合器的摩擦因数经常变化，为了能在任何工作状态下使离合器控制的舒适性能不变，必须不断优化控制电流及离合器转矩之间的关系。离合器的摩擦因数取决于变速器油、变速器油温、离合器温度、离合器打滑率等，为了补偿这些影响并优化离合器控制，在爬坡控制模式和部分负荷状态下，控制电流和离合器转矩要相匹配。

15）故障自诊断功能。故障在很大程度上可通过自诊断功能识别。根据故障对驾驶安全性影响的程度，可通过仪表板上的变速杆位置指示灯显示给驾驶人。故障自诊断的结果有 3 种不同的显示状态。

16）换档控制。根据边界条件，动态控制程序计算出变速器额定输入转速，电子控制单元对实际值与设定值进行比较，以便获得最佳传动比。

（2）传感器

1）变速器输入转速传感器 G182 和变速器输出转速传感器 G195、G196 的安装位置如图 6-19 所示。传感器 G182 检测链轮装置 1 的转速，提供实际的变速器输入转速，变速器输入转速与发动机转速一起用于离合器控制，作为变速控制的输入变化参考量。

传感器 G195 和 G196 检测链轮装置 2 的转速，以识别变速器输出转速。来自 G195 的信号用于检测转速，来自 G196 的信号用来区别旋转方向，从而可确定汽车是向前行驶还是向后行驶。变速器输出转速用于变速控制、爬坡控制和坡道停车功能等。

若 G195 损坏，则变速器输出转速可通过 G196 的信号取得，但坡道停车功能失效；若 G196 损坏，坡道停车功能也失效；若两个传感器都损坏，可从轮速信号获取替代值（通过 CAN 总线），坡道停车功能失效。

2）自动变速器液压传感器 G193、G194。传感器 G193 检测前进档和倒档离合器压力，用来监控离合器的功能。离合器压力监控有高的优先权，因此多数情况下，G193 失效时都会使安全阀被激活。传感器 G194 检测接触压力，此压力由转矩传感器调节。因接触压力总是与实际变速器输入转矩成正比，所以利用 G194 的信号可十分准确地计算出变速器输入转矩。G194 的信号用于离合器控制（爬坡功能控制和匹配）。若 G194 信号不正确，则爬坡控制匹配功能失效，爬坡转矩由存储值来控制。

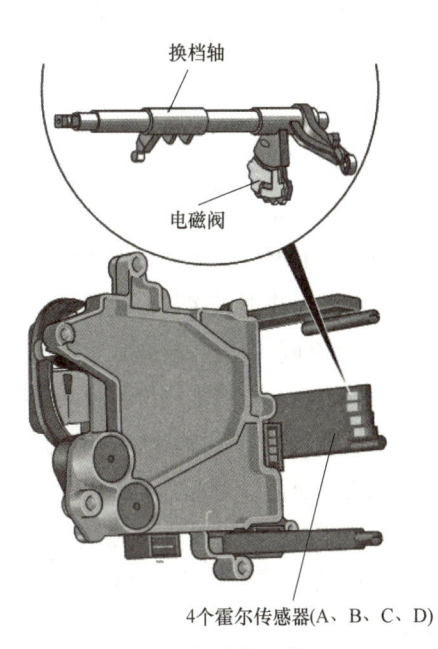

3）多功能开关 F125。多功能开关 F125 如图 6-20 所示，由 4 个霍尔传感器组成，霍尔传感器由换档轴上的电磁阀控制。高位置时开关关闭（1），低位置时开关打开（0），因此，一个开关可产生 1 和 0 两个信号，4 个开关能产生 16 种不同的换档组合。4 个换档组合用于识别变速杆位置（P、R、N、D），2 个换档组合监测中间位置（P-R、R-N-D），10 个换档组合用于故障分析，见表 6-1。例如：变速杆换入 N 位，若霍尔传感器 C 损坏，换档组合为 0001，电子控制单元将不再能识别变速杆位置 N。电子控制单元识别出此换档组合为故障状态并使用合适的替代程序。

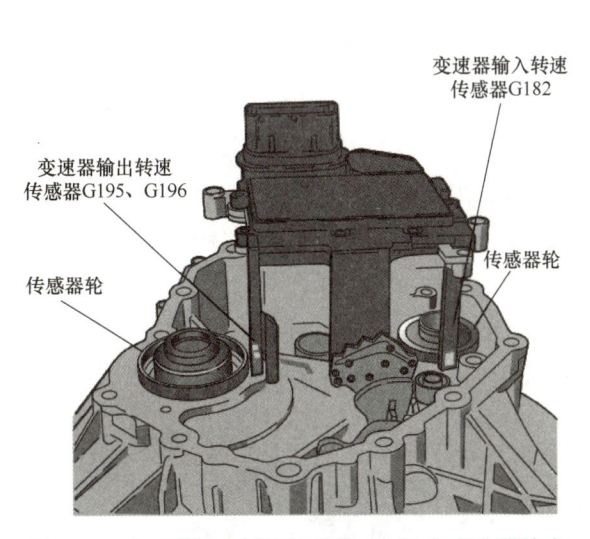

图 6-19 变速器输入转速传感器 G182 和变速器输出转速传感器 G195、G196

图 6-20 多功能开关 F125

电子控制单元需要换档位置信息用于完成起动机锁止控制，倒车灯控制 P/N，内部锁控制。车辆运行状态信息用于离合器控制（前进/倒车/空档），倒车时用于锁止传动比。

若 F125 有故障，一般很难显示出来，但在某些情况下，将导致车辆不能行驶。

4）变速器油温传感器 G93。传感器 G93 集成在电子控制单元的电子器件中，用于记录电子控制单元铝制壳体的温度，即相应的变速器油的温度。变速器油温影响离合器控制和变速器输入转速控制，在控制和匹配功能中发挥着重要的作用。若 G93 损坏，发动机温度会被用来计算出一个替代值，匹配功能和某些控制功能失效。

表 6-1 换档组合

| 变速杆位置 | 霍尔传感器 ||||
| --- | --- | --- | --- | --- |
|  | A | B | C | D |
|  | 换档组合 ||||
| P | 0 | 1 | 0 | 1 |
| P-R | 0 | 1 | 0 | 0 |
| R | 0 | 1 | 1 | 0 |
| R-N-D | 0 | 0 | 1 | 0 |
| N | 0 | 0 | 1 | 1 |
| D | 1 | 0 | 1 | 0 |
| 故障 | 0 | 0 | 0 | 0 |
| 故障 | 0 | 0 | 0 | 1 |
| 故障 | 0 | 1 | 1 | 1 |
| 故障 | 1 | 0 | 0 | 0 |
| 故障 | 1 | 0 | 0 | 1 |
| 故障 | 1 | 0 | 1 | 1 |
| 故障 | 1 | 1 | 0 | 0 |
| 故障 | 1 | 1 | 0 | 1 |
| 故障 | 1 | 1 | 1 | 0 |
| 故障 | 1 | 1 | 1 | 1 |

为保护变速器部件，若变速器油温超过 145℃，发动机输出功率将下降；若变速器油温继续上升，发动机输出功率逐渐减小。

5）制动动作信号。制动动作信号用于变速杆锁止功能、爬坡控制、动态控制程序（DCP）。电子控制单元并不直接与制动灯开关连接，制动动作信号由发动机控制单元 CAN 总线提供。

6）强制降档信号。强制降档信号不需要单独的开关，位于加速踏板组件上的簧载压力元件产生一个阻尼点，将强制降档感觉传给驾驶人。

当驾驶人激活强制降档功能时，传感器 G79 和 G185（加速踏板组件）的电压值超过节气门全开时的电压值。当超过强制低速档点相对应的电压值时，发动机控制单元通过 CAN 总线向变速器电子控制单元发送一个强制降档信号。

在自动模式下，当强制降档功能被激活时，最大加速的最大动力控制参数将被选择。强制降档功能不能被连续激活。当强制降档功能被激活一次后，加速踏板只需要保持在节气门全开位置。

7）Tiptronic（手自一体）开关 F189。Tiptronic 开关 F189 由 3 个霍尔传感器组成，分别为降档传感器、Tiptronic 识别传感器、升档传感器，这些霍尔传感器由位于鱼鳞板上的电磁阀激活，如图 6-21 所示。

鱼鳞板上有 7 个 LED 指示灯，4 个用

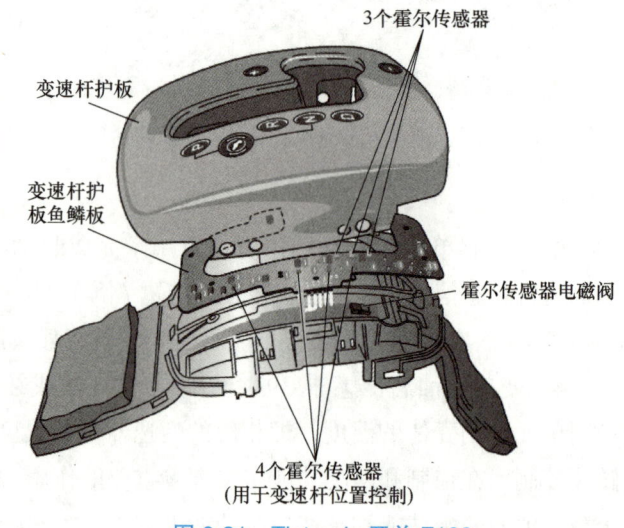

图 6-21 Tiptronic 开关 F189

于变速杆位置显示，1个用于制动动作信号，其余2个用于变速杆护板上的"+"和"-"信号。每个变速杆位置LED都由单独的霍尔传感器控制。

## 【任务实施】

### 任务　无级变速器的分解与装配

**实训器材：**
本田飞度无级变速器、变速器拆装架、专用工具、常用工具、工具车、零件架、维修手册、ATF、通用润滑脂、抹布等。

**任务准备：**
1）将工位清理干净，准备好相关器材。
2）将本田飞度无级变速器安装到拆装架上。

**实施步骤：**

#### 1. 本田飞度无级变速器的分解

本田飞度无级变速器的结构如图6-22所示。

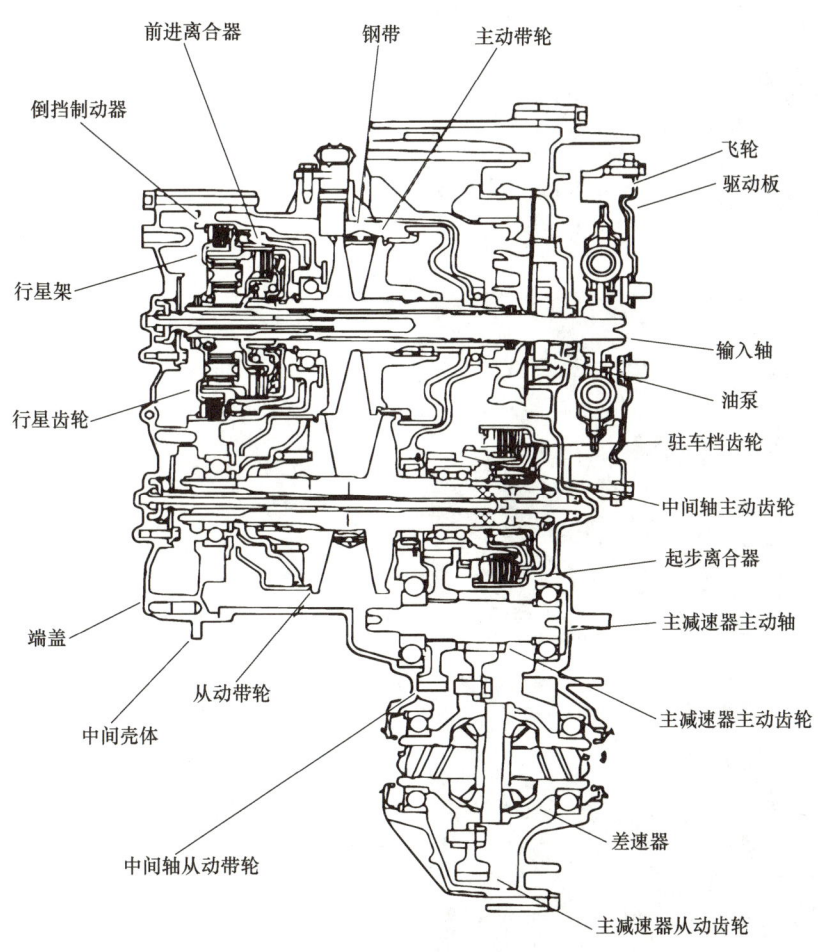

图6-22　本田飞度无级变速器的结构

汽车传动系统检修

| 序号 | 操作示意图 | 操作方法 | 操作要求 |
|---|---|---|---|
| 1 | | 拆下围绕着自动变速器外壳的21颗十二号固定螺栓 | 将拆卸下来的零部件摆放整齐 |
| 2 | | 拆下变速器侧边油阀 | 拆卸工具、零件做到四不落地 |
| 3 | | 油阀上有9颗十号固定螺栓，拆下后可以拔下螺栓 | 按照拆装顺序摆放好螺栓 |
| 4 | | 拔下后按顺序摆放好 | 注意摆放顺序 |
| 5 | | 使用鲈鱼钳拔下油管，注意需要用无毛布包裹，防止划伤油管造成漏油 | 按顺序摆放好，注意油管有大有小分两个型号 |

126

项目六　无级变速器的构造与检修

（续）

| 序号 | 操作示意图 | 操作方法 | 操作要求 |
| --- | --- | --- | --- |
| 6 |  | 拆解侧阀板 8 颗十号固定螺栓，并拿出下阀板 | 注意封油板易破损 |
| 7 |  | 拆下侧电磁阀，由 1 颗十号固定螺栓固定 | — |
| 8 |  | 取下前端盖固定螺栓，一共 21 颗 | 有 2 颗较长，注意区分 |
| 9 |  | 取下减速器总成 | 注意摆放，防止砸伤 |

127

（续）

| 序号 | 操作示意图 | 操作方法 | 操作要求 |
|---|---|---|---|
| 10 |  | 拆下增扭齿轮 | — |

### 2. 本田飞度无级变速器的装配

本田飞度无级变速器的装配按照与拆卸的相反顺序进行。

**工单填写：**

| 无级变速器的分解与装配 | 工作任务单 | 班级： |
|---|---|---|
| | | 姓名： |

| 1. 作业场地准备 | | |
|---|---|---|
| 将工位清理干净，准备好相关器材 | | 是□ 否□ |
| 检查设备台架，应安全、清洁 | | 是□ 否□ |
| 将无级变速器安装到拆装架上 | | 是□ 否□ |

2. 记录数据

| 项目名称 | 小组实训过程 | 注意事项 |
|---|---|---|
| 分解变速器 | 分解步骤：<br>1.<br>2.<br>3.<br>4. | 注意正确操作流程 |
| 零件摆放 | 摆放原则是：<br>1.<br>2.<br>3. | |
| 认识零部件 | 1. 行星齿轮机构的作用：<br><br>2. 离合器的作用：<br><br>3. 主、从动链轮装置的工作原理： | 正确分析 |

128

项目六　无级变速器的构造与检修

（续）

| 项目名称 | 小组实训过程 | 注意事项 |
|---|---|---|
| 组装顺序 | 正确的组装顺序是：<br>1.<br>2.<br>3.<br>4.<br>5. | 注意正确操作流程 |
| 注意事项 | 1.<br>2. | |

3. 作业场地恢复

| 擦拭、整理工具 | |
|---|---|
| 打扫实训场地卫生 | |

## 评价反馈：

| 无级变速器的分解与装配 | | | 实训日期： | | | |
|---|---|---|---|---|---|---|
| 姓名： | | 班级： | 学号： | | 教师签名： | |
| 自评：□熟练　□不熟练 | | 互评：□熟练　□不熟练 | 师评：□合格　□不合格 | | | |

| 序号 | 评分项 | 得分条件 | 分值 | 评分标准 | 自评 | 互评 | 师评 |
|---|---|---|---|---|---|---|---|
| 1 | 安全/7S/态度 | □1. 能进行工位 7S 操作<br>□2. 能进行设备和工具安全检查<br>□3. 能进行工位安全防护操作<br>□4. 能进行工具清洁、校准、存放操作<br>□5. 能保证三不落地 | 15 | 1项未完成扣3分 | □熟练<br>□不熟练 | □熟练<br>□不熟练 | □合格<br>□不合格 |
| 2 | 专业技能 | □1. 能正确地拆装无级变速器零部件<br>□2. 能正确地分析无级变速器主要零件的结构及安装位置<br>□3. 能够掌握相应的检修项目和操作方法 | 50 | 1项未完成扣20分，扣分不得超过50分 | □熟练<br>□不熟练 | □熟练<br>□不熟练 | □合格<br>□不合格 |
| 3 | 工具、设备的使用能力 | □1. 能正确地选择拆装工具<br>□2. 能正确地使用专用拆装工具 | 10 | 1项未完成扣5分 | □熟练<br>□不熟练 | □熟练<br>□不熟练 | □合格<br>□不合格 |
| 4 | 资料、信息查询的能力 | □1. 能严格执行厂家提供的拆装说明<br>□2. 能进行设备和工具安全检查<br>□3. 能进行工位安全防护操作 | 10 | 1项未完成扣5分，扣分不得超过10分 | □熟练<br>□不熟练 | □熟练<br>□不熟练 | □合格<br>□不合格 |
| 5 | 数据判断和分析能力 | □1. 能正确地叙述拆装步骤<br>□2. 能正确地分析行星齿轮机构动力传递路线<br>□3. 能正确地分析离合器的控制功能<br>□4. 能正确地分析主、从动链轮的动力传递过程 | 10 | 1项未完成扣2分 | □熟练<br>□不熟练 | □熟练<br>□不熟练 | □合格<br>□不合格 |
| 6 | 表单填写和报告撰写的能力 | □1. 字迹清晰<br>□2. 语句通顺<br>□3. 无错别字<br>□4. 无涂改<br>□5. 无抄袭 | 5 | 1项未完成扣1分 | □熟练<br>□不熟练 | □熟练<br>□不熟练 | □合格<br>□不合格 |

## 【理论测试】

| 无级变速器的构造与检修 | 学习任务单 | 班级： |
|---|---|---|
| | | 姓名： |

### 一、选择题

1. 无级变速器一般简写为（　　）。
   A. MT　　　　　　　B. CVT　　　　　　　C. AT　　　　　　　D. AMT

2. 当代轿车上配置的无级变速器是通过（　　）来改变传动比的。
   A. 两轴式变速机构　　　　　　　　　　B. 三轴式变速机构
   C. 1对锥齿轮传动　　　　　　　　　　D. 可变链轮旋转直径

3. 无级变速器链轮装置的组成包括（　　）。
   A. 金属传动链　　　B. 输入轴　　　　C. 输出轴　　　　D. 离合器

### 二、判断题

1. 自动变速器都是自动无级变速的。（　　）
2. 01J无级变速器是靠两组滑动锥面链轮来实现无级变速的。（　　）
3. 无级变速器的经济性不如普通自动变速器。（　　）
4. 无级变速器不能传递过大的转矩，所以不能用在装有大排量发动机的车辆上。（　　）
5. 变速器按其传动比的变化可分为无级变速器和有级变速器两类。（　　）

### 三、问答题

1. 简述01J无级变速器的结构组成与工作原理。
2. 简述当无级变速器油温过高时，电子控制单元的控制措施。
3. 转矩传感器的作用是什么？它是如何调节合适的油压产生锥面接触压力的？

# 项目七　万向传动装置的构造与检修

## 【工作情境】

### 故障现象
某车主反馈在汽车起步或突然改变车速时，传动轴发出"咔"的响声；在汽车缓行时，发出"咣当、咣当"的响声。

### 故障分析
该故障可能是由万向节松旷而引起的，具体故障原因可能是：①凸缘盘连接螺栓松动；②万向节主、从动部分游动角度太大；③万向节十字轴磨损严重。

## 【学习目标】

| 素质目标： | 知识目标： | 能力目标： |
|---|---|---|
| 1. 培养学生正确的世界观、人生观、价值观。<br>2. 引导学生热爱劳动、崇尚劳动，提升学生的劳动素养。<br>3. 培养学生德智体美劳全面发展。 | 1. 知道万向传动装置的作用、组成及应用。<br>2. 知道十字轴式万向节、等速万向节的结构与工作原理。 | 1. 具有选用正确的工具按照维修手册的要求进行万向传动装置的分解和检测的能力。<br>2. 具有分析并排除万向传动装置的相关故障的能力。 |

## 【知识储备】

### 一、万向传动装置的结构和功能

#### 1. 万向传动装置的作用
万向传动装置在汽车上有很多应用，结构虽稍有不同，但其作用都是一样的，即在轴线相交且相互位置经常发生变化的两轴之间传递动力。

#### 2. 万向传动装置的组成
万向传动装置主要包括万向节和传动轴，对于传动距离较远的分段式传动轴，为了提高传动轴的刚度，还设置有中间支承，如图7-1所示。

#### 3. 万向传动装置的应用
万向传动装置在汽车上的应用主要有以下几个方面。

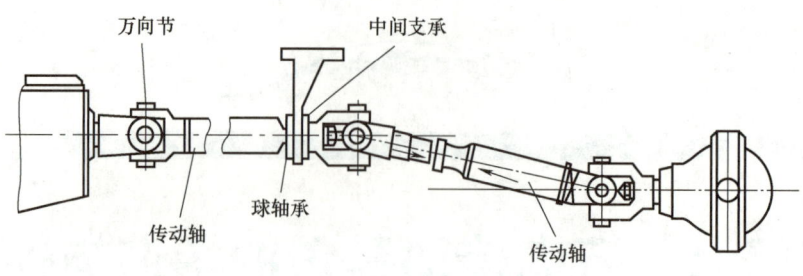

图 7-1 万向传动装置的组成

（1）变速器与驱动桥之间（4×2汽车）　位于变速器与驱动桥之间的万向传动装置如图 7-2 所示。一般汽车的变速器、离合器与发动机 3 者合为一体装在车架上，驱动桥通过悬架与车架相连。在负荷变化以及汽车在不平路面行驶时引起的跳动，会使驱动桥输入轴与变速器输出轴之间的夹角和距离发生变化。

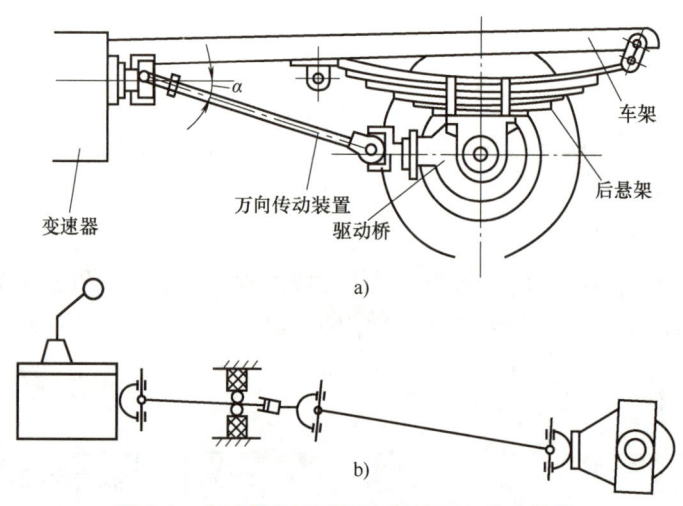

图 7-2　变速器与驱动桥之间的万向传动装置

（2）变速器与分动器、分动器与驱动桥之间（越野汽车）　为消除车架变形及制造、装配误差等引起的轴线同轴度误差对动力传递的影响，变速器与分动器、分动器与驱动桥之间须装有万向传动装置，如图 7-3 所示。

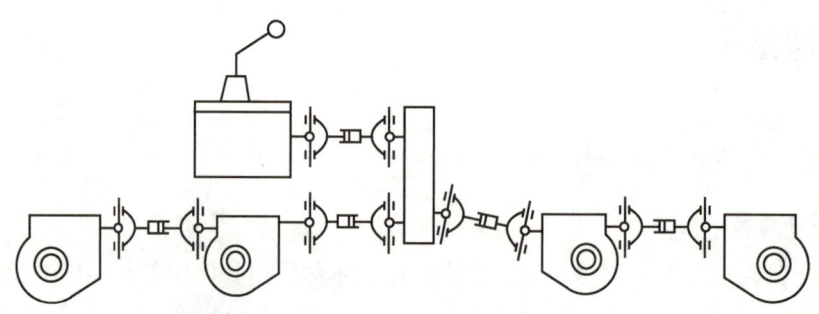

图 7-3　变速器与分动器、分动器与驱动桥之间的万向传动装置

（3）转向驱动桥的内、外半轴之间　转向时两段半轴轴线相交且交角变化，因此转向驱动桥的内、外半轴之间要用万向传动装置，如图 7-4 所示。

（4）断开式驱动桥的半轴之间　主减速器壳在车架上是固定的，桥壳上下摆动，半轴是分段的，断开式驱动桥半轴之间须用万向传动装置，如图 7-5 所示。

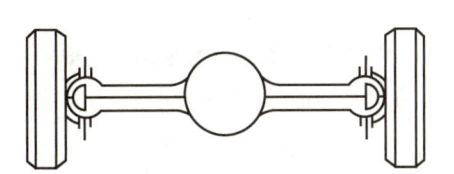

图 7-4 转向驱动桥内、外半轴之间的万向传动装置

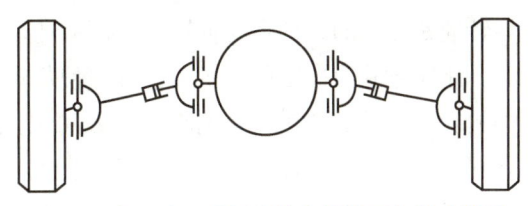

图 7-5 断开式驱动桥半轴之间的万向传动装置

（5）转向机构的转向轴和转向器之间　转向机构的转向轴和转向器之间的万向传动装置如图 7-6 所示，有利于转向机构的总体布置。

## 二、万向节的结构与检修

汽车上使用的万向节，按其刚度大小，可分为刚性万向节和挠性万向节。刚性万向节按其速度特性分为不等速万向节（常用的为十字轴式）、准等速万向节（双联式和三销式）和等速万向节（球笼式和球叉式）。目前在汽车上应用较多的是十字轴式万向节和等速万向节。十字轴式万向节主要用于发动机前置后轮驱动的变速器与驱动桥之间，等速万向节主要用于发动机前置前轮驱动的内、外半轴之间。

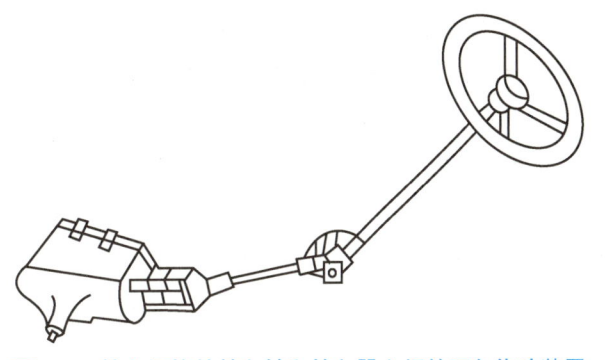

图 7-6 转向机构的转向轴和转向器之间的万向传动装置

扫一扫

万向节的检修

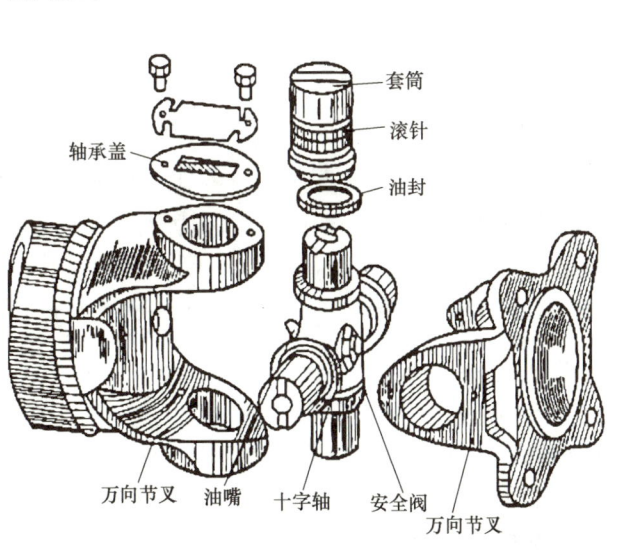

### 1. 十字轴式万向节

十字轴式万向节允许相邻两轴的最大交角为 15°~20°。

（1）结构　十字轴式万向节主要由十字轴、万向节叉等组成，如图 7-7 所示。万向节叉上的孔分别套在十字轴的四个轴颈上。在十字轴轴颈与万向节叉孔之间装有滚针和套筒，用带有锁片的螺钉和轴承盖使之轴向定位。为了润滑轴承，十字轴内钻有油道，且与油嘴、安全阀相通，润滑油通过油嘴注入十字轴内腔。

图 7-7 十字轴式万向节

（2）速度特性　单个十字轴式万向节在主动轴和从动轴之间有夹角的情况下，当主动叉等角速转动时，从动叉是不等角速的，这称为十字轴式万向节的不等速特性。所谓的不等速是指从动轴在转动一周内，其角速度时而大于主动轴角速度，时而小于主动轴角速度。但主、从动轴的平

133

均转速是相等的,即主动轴转一周,从动轴也转一周。

十字轴式万向节的不等速特性将使从动轴及与其相连的传动部件产生扭转振动,从而产生附加的交变载荷,影响部件寿命。所以可采用如图7-8所示的双十字轴式万向节的传动方式,第1万向节的不等速特性可以和第2万向节的不等速特性抵消,从而实现两轴间的等角速传动。

具体条件是:第1万向节两轴间夹角 $\alpha_1$ 与第2万向节两轴间夹角 $\alpha_2$ 相等;第1万向节的从动叉与第2万向节的主动叉处于同一平面内。

由于悬架的振动,不可能在任何时候都保证 $\alpha_1=\alpha_2$,因此这种双十字轴式万向节的传动只能近似地满足等速传动,且由于两轴夹角最大只能是20°,因此使用上受到限制。

#### 2. 等速万向节

等速万向节的基本原理是传力点永远位于两轴交角的平分面上,如图7-9所示。1对大小相同锥齿轮的接触点 $P$ 位于2齿轮轴线交角的平分面上,由 $P$ 点到两轴的垂直距离都等于 $r$。$P$ 点处两齿轮的圆周速度相等,两齿轮的角速度也相等。可见,若万向节的传力点在其交角变化时,始终位于两轴交角的平分面上,就能保证等速传动。

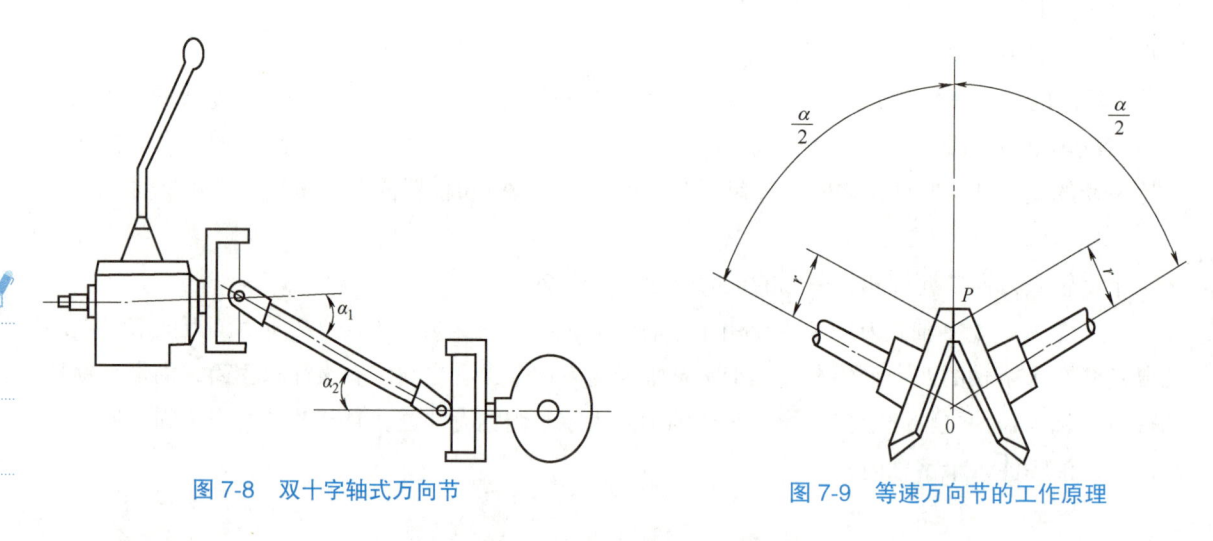

图7-8 双十字轴式万向节

图7-9 等速万向节的工作原理

等速万向节常见的结构形式有球笼式和球叉式。

(1) 球笼式万向节 如图7-10所示,球笼式万向节由6个钢球、星形套、球形壳和保持架等组成。星形套与主动轴用花键固接在一起,星形套外表面有6条弧形凹槽滚道,球形壳内表面有相应的6条凹槽,6个钢球分别装在各条凹槽中,由保持架使其保持在同一平面内。动力经主动轴、钢球,由球形壳输出。

球笼式万向节工作时,6个钢球都参与传力,故承载能力强、磨损小、寿命长。它被广泛应用于各种型号的转向驱动桥和独立悬架的驱动桥。

(2) 球叉式万向节 球叉式万向节如图7-11所示,它由主动叉、从动叉、4个传动钢球、中心钢球、定位销、锁止销组成。主动叉与从动叉分别与内、外半轴制成一体。在主、从动叉上,分别有4个曲面凹槽,装配后形成两个相交的环形槽,作为钢球滚道。4个传动钢球放在槽中,中心钢球放在两叉中心的凹槽内,以定中心。

球叉式万向节在工作的时候,只有两个钢球传力,磨损快,影响使用寿命,现在应用越来越少。

#### 3. 万向节的检修

(1) 现象 在汽车起步或突然改变车速时,传动轴发出"吭"的响声;在汽车缓行时,发出"咣当、咣当"的响声。

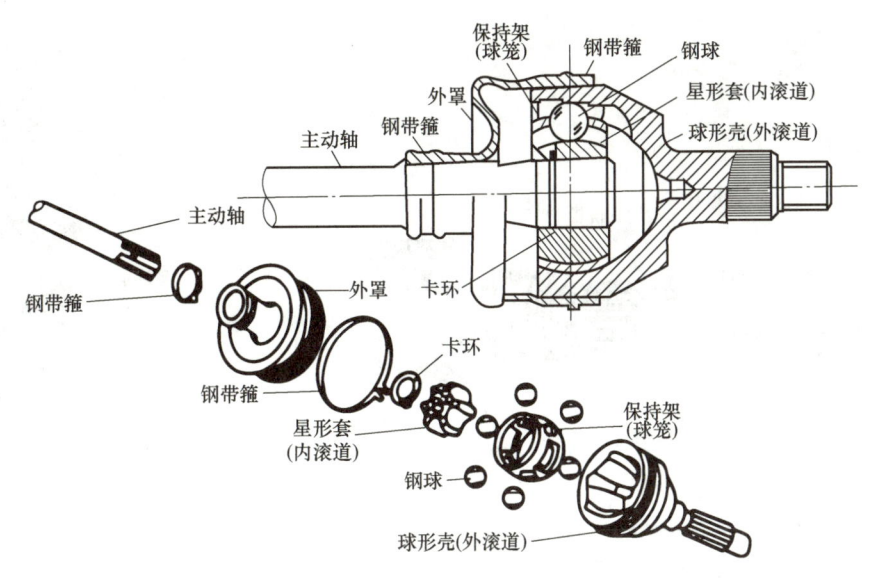

图 7-10 球笼式万向节

### （2）原因
1）凸缘盘连接螺栓松动。
2）万向节主、从动部分游动角度太大。
3）万向节十字轴磨损严重。

### （3）故障诊断与排除方法
1）用锤子轻轻敲击各万向节凸缘盘连接处，检查其松紧度。若太松旷，则故障由连接螺栓松动引起，否则继续检查。
2）用双手分别握住万向节主、从动部分转动，检查游动角度。若游动角度太大，则故障由此引起。

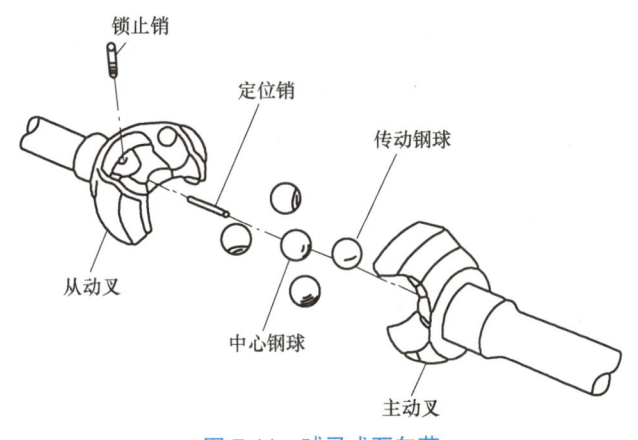

图 7-11 球叉式万向节

## 三、传动轴和中间支承的结构与检修

### 1. 传动轴

传动轴是万向传动装置中的主要传力部件，通常用来连接变速器（或分动器）和驱动桥，在转向驱动桥和断开式驱动桥中，用来连接差速器和驱动车轮。传动轴的结构如图 7-12 所示。汽车在行驶过程中，变速器与驱动桥的相对位置经常变化，为避免运动干涉，传动轴上设有由伸缩套和花键轴组成的伸缩节，使传动轴的长度能随传动距离的变化而伸缩。

传动轴在工作过程中处于高速旋转状态，其转速和所传递的转矩都在不断地发生变化。为了避免由于离心力引起传动轴的振动，传动轴和万向节装配后，必须进行平衡试验，以满足动平衡的要求。平衡试验后，在滑动花键部分还制有箭头标记，以便重装时保持两者的相对位置不变。

### 2. 中间支承

传动轴分段时需加中间支承，其结构如图 7-13 所示。中间支承前端为中间传动轴，后端为主传动轴，中间支承通常装在车架横梁上，能补偿传动轴轴向和角度方向的安装误差以及汽车行驶过程中因发动机振动或车架变形等引起的位移。

135

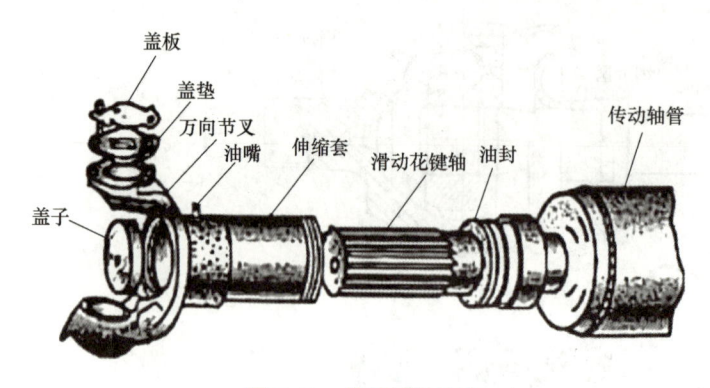

图 7-12 传动轴的结构

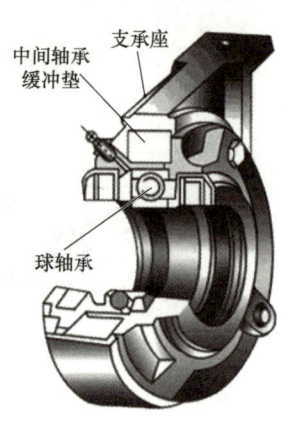

图 7-13 中间支承的结构

### 3. 传动轴和中间支承的检修

由于汽车经常在复杂道路上行驶，万向传动装置的传动轴在其角度和长度不断变化的情况下传递转矩，因此常出现传动轴动不平衡、万向节与中间支承松旷、传动轴异响等故障。

1）传动轴的主要损伤形式有：弯曲、凹陷或裂纹等，其导致的常见故障现象是汽车在行驶中发出周期性的响声，且响声随着速度的增大而增大，甚至还可能伴随着车身的振动。

2）万向节的主要损伤形式是：磨损、锈蚀及松旷，其导致的常见故障是汽车起步或突然改变车速时传动轴发出"吭"的响声；在汽车缓行时，发出"咣当、咣当"的响声。

3）中间支承的常见损伤形式是：橡胶老化和轴承磨损，其导致的常见故障现象是传动轴的振动和异响等。

## 【任务实施】

### 任务 7-1 万向节的检修

**实训器材：**

万向节、台虎钳、工作台、常用工具 1 套、保护手套、抹布、泡沫清洁剂等。

**任务准备：**

1）将工位清理干净，准备好相关器材。

2）将万向节总成放到工作台上。

**实施步骤：**

| 序号 | 操作示意图 | 操作方法 | 操作要求 |
| --- | --- | --- | --- |
| 1 |  | 拆卸内侧万向节防尘套<br>用螺丝刀松开防尘套卡夹的锁紧部件并分离防尘套卡夹，将内侧万向节防尘套从内侧万向节密封垫上分离 | — |

项目七　万向传动装置的构造与检修

（续）

| 序号 | 操作示意图 | 操作方法 | 操作要求 |
|---|---|---|---|
| 2 | | 拆卸内、外侧万向节<br>清除内侧万向节上的所有旧润滑脂，在内侧万向节和外侧万向节轴上做好装配标记 | — |
| 3 | | 将内侧万向节从外侧万向节轴上拆下<br>在台虎钳上的两个铝板之间夹住外侧万向节轴 | 不要过度夹紧台虎钳 |
| 4 | | 在外侧万向节轴和三销架上设置装配标记<br>用铜棒和锤子从外侧万向节轴上敲出三销架 | — |
| 5 | | 拆卸前桥内侧万向节密封垫<br>将内侧万向节密封垫从内侧万向节上拆下<br>拆卸前桥内侧万向节防尘套<br>拆下内侧万向节防尘套、内侧万向节防尘套2号卡夹和内侧万向节防尘套卡夹 | — |
| 6 | | 检查内等速万向节组件<br>检查轴承表面有无破损、异常磨损 | — |

137

（续）

| 序号 | 操作示意图 | 操作方法 | 操作要求 |
| --- | --- | --- | --- |
| 7 | | 检查滚轮星键轴颈有无划伤、斑点，花键有无损伤 | — |
| 8 | | 逐个检查滚轮轴承是否转动灵活，内等速万向节壳体有无破裂，花键有无损伤 | — |
| 9 | | 检查外等速万向节组件<br>检查外等速万向节壳体有无破损，外花键、螺纹有无损伤 | — |
| 10 | | 检查外等速万向节轴承内花键有无损伤 | — |

（续）

| 序号 | 操作示意图 | 操作方法 | 操作要求 |
|---|---|---|---|
| 11 |  | 将传动轴装入外等速万向节，并向各个方向缓慢转动，检查其是否转动灵活 | — |

**工单填写：**

| 万向节的检修 | 工作任务单 | 班级： |
|---|---|---|
| | | 姓名： |

1. 作业场地准备

| 将工位清理干净，准备好相关器材 | 是□ 否□ |
|---|---|
| 检查设备工作台，应安全、清洁 | 是□ 否□ |
| 将万向传动装置放到工作台上 | 是□ 否□ |

2. 记录数据

| 项目名称 | 小组实训过程 | 注意事项 |
|---|---|---|
| 分解万向传动装置 | 分解步骤：<br>1.<br><br>2.<br><br>3.<br><br>4. | 注意正确操作流程 |
| 零件摆放 | 摆放原则是：<br>1.<br><br>2.<br><br>3. | |
| 认识零部件 | 1. 万向节的作用：<br><br>2. 万向节的分类： | 正确分析 |

139

(续)

| 项目名称 | 小组实训过程 | 注意事项 |
|---|---|---|
| 组装顺序 | 正确的组装顺序是：<br>1.<br>2.<br>3.<br>4.<br>5. | 注意正确操作流程 |
| 注意事项 | 1.<br>2. | |
| 3. 作业场地恢复 | | |
| 擦拭、整理工具 | | |
| 打扫实训场地卫生 | | |

## 评价反馈：

| 万向节的检修 | | 实训日期： | |
|---|---|---|---|
| 姓名： | 班级： | 学号： | 教师签名： |
| 自评：□熟练 □不熟练 | 互评：□熟练 □不熟练 | 师评：□合格 □不合格 | |

| 序号 | 评分项 | 得分条件 | 分值 | 评分标准 | 自评 | 互评 | 师评 |
|---|---|---|---|---|---|---|---|
| 1 | 安全/7S/态度 | □1. 能进行工位 7S 操作<br>□2. 能进行设备和工具安全检查<br>□3. 能进行工位安全防护操作<br>□4. 能进行工具清洁、校准、存放操作<br>□5. 能保证三不落地 | 15 | 1项未完成扣3分 | □熟练<br>□不熟练 | □熟练<br>□不熟练 | □合格<br>□不合格 |
| 2 | 专业技能 | □1. 能正确地拆装万向传动装置零部件<br>□2. 能正确地分析万向传动装置主要零件的结构及安装位置<br>□3. 能够掌握相应的检修项目和操作方法 | 50 | 1项未完成扣20分，扣分不得超过50分 | □熟练<br>□不熟练 | □熟练<br>□不熟练 | □合格<br>□不合格 |
| 3 | 工具、设备的使用能力 | □1. 能正确地选择拆装工具<br>□2. 能正确地使用专用拆装工具 | 10 | 1项未完成扣5分 | □熟练<br>□不熟练 | □熟练<br>□不熟练 | □合格<br>□不合格 |
| 4 | 资料、信息查询的能力 | □1. 能严格执行厂家提供的拆装说明<br>□2. 能进行设备和工具安全检查<br>□3. 能进行工位安全防护操作 | 10 | 1项未完成扣5分，扣分不得超过10分 | □熟练<br>□不熟练 | □熟练<br>□不熟练 | □合格<br>□不合格 |
| 5 | 数据判断和分析能力 | □1. 能正确地叙述拆装步骤<br>□2. 能正确地分析万向传动装置的动力传递路线<br>□3. 能正确地检修万向节 | 10 | 1项未完成扣5分 | □熟练<br>□不熟练 | □熟练<br>□不熟练 | □合格<br>□不合格 |
| 6 | 表单填写和报告撰写的能力 | □1. 字迹清晰<br>□2. 语句通顺<br>□3. 无错别字<br>□4. 无涂改<br>□5. 无抄袭 | 5 | 1项未完成扣1分 | □熟练<br>□不熟练 | □熟练<br>□不熟练 | □合格<br>□不合格 |

## 任务 7-2　传动轴的检修

**实训器材：**

万向节、台虎钳、工作台、常用工具 1 套、保护手套、抹布、泡沫清洁剂等。

**任务准备：**

1）将工位清理干净，准备好相关器材。

2）将传动轴安装到拆装架上。

**实施步骤：**

| 序号 | 操作示意图 | 操作方法 | 操作要求 |
|---|---|---|---|
| 1 |  | 拆卸前桥右半轴减振器（右侧）<br>1）用尖嘴钳拆下 2 个驱动轴减振器卡夹<br>2）将前桥半轴减振器从外侧万向节轴上拆下 | 将拆卸下来的零部件摆放整齐 |
| 2 |  | 拆卸前桥左半轴孔卡环<br>1）用螺丝刀松开防尘套卡夹的锁紧部件并拆下防尘套卡夹<br>2）从外侧万向节轴上拆下外侧万向节防尘套<br>3）清除外侧万向节上的所有旧润滑脂<br>4）用螺丝刀拆下孔卡环 | 拆卸工具、零件做到四不落地 |
| 3 |  | 拆卸前桥左半轴防尘罩：使用台虎钳和压力机，压出半轴防尘罩 | 按照拆装顺序摆放好螺栓 |
| 4 |  | 检查传动轴<br>1）检查传动轴有无缺齿或损伤<br>2）检查传动轴有无明显弯曲或变形，若发现异常磨损需要更换传动轴 | 注意摆放 |

（续）

| 序号 | 操作示意图 | 操作方法 | 操作要求 |
| --- | --- | --- | --- |
| 5 |  | 检查橡胶防尘套：检查橡胶防尘套有无老化破损，若发现异常情况则需要更换防尘套 | — |

**工单填写：**

| 传动轴的检修 || 工作任务单 | 班级： |
|---|---|---|---|
| ^ || ^ | 姓名： |
| 1. 作业场地准备 ||||
| 将工位清理干净，准备好相关器材 ||| 是□ 否□ |
| 检查设备工作台，应安全、清洁 ||| 是□ 否□ |
| 将传动轴放到工作台上 ||| 是□ 否□ |
| 2. 记录数据 ||||
| 项目名称 | 小组实训过程 || 注意事项 |
| 分解传动轴 | 分解步骤：<br>1.<br><br>2.<br><br>3.<br><br>4. || 注意正确操作流程 |
| 零件摆放 | 摆放原则是：<br>1.<br><br>2.<br><br>3. |||
| 认识零部件 | 传动轴的作用： || 正确分析 |

项目七　万向传动装置的构造与检修

(续)

| 项目名称 | 小组实训过程 | 注意事项 |
|---|---|---|
| 组装顺序 | 正确的组装顺序是：<br>1.<br>2.<br>3.<br>4.<br>5. | 注意正确操作流程 |
| 注意事项 | 1.<br>2. | |

3. 作业场地恢复

| 擦拭、整理工具 | |
|---|---|
| 打扫实训场地卫生 | |

## 评价反馈：

| | 传动轴的检修 | | 实训日期： | |
|---|---|---|---|---|
| 姓名： | | 班级： | 学号： | 教师签名： |
| 自评：□熟练　□不熟练 | | 互评：□熟练　□不熟练 | 师评：□合格　□不合格 | |

| 序号 | 评分项 | 得分条件 | 分值 | 评分标准 | 自评 | 互评 | 师评 |
|---|---|---|---|---|---|---|---|
| 1 | 安全/7S/态度 | □1. 能进行工位7S操作<br>□2. 能进行设备和工具安全检查<br>□3. 能进行工位安全防护操作<br>□4. 能进行工具清洁、校准、存放操作<br>□5. 能保证三不落地 | 15 | 1项未完成扣3分 | □熟练<br>□不熟练 | □熟练<br>□不熟练 | □合格<br>□不合格 |
| 2 | 专业技能 | □1. 能正确地拆装传动轴<br>□2. 能正确地分析传动轴的结构及安装位置<br>□3. 能够掌握相应的检修项目和操作方法 | 50 | 1项未完成扣20分，扣分不得超过50分 | □熟练<br>□不熟练 | □熟练<br>□不熟练 | □合格<br>□不合格 |
| 3 | 工具、设备的使用能力 | □1. 能正确地选择拆装工具<br>□2. 能正确地使用专用拆装工具 | 10 | 1项未完成扣5分 | □熟练<br>□不熟练 | □熟练<br>□不熟练 | □合格<br>□不合格 |
| 4 | 资料、信息查询的能力 | □1. 能严格执行厂家提供的拆装说明<br>□2. 能进行设备和工具安全检查<br>□3. 能进行工位安全防护操作 | 10 | 1项未完成扣5分，扣分不得超过10分 | □熟练<br>□不熟练 | □熟练<br>□不熟练 | □合格<br>□不合格 |
| 5 | 数据判断和分析能力 | □1. 能正确地叙述拆装步骤<br>□2. 能正确地分析传动轴的作用 | 10 | 1项未完成扣5分 | □熟练<br>□不熟练 | □熟练<br>□不熟练 | □合格<br>□不合格 |
| 6 | 表单填写和报告撰写的能力 | □1. 字迹清晰<br>□2. 语句通顺<br>□3. 无错别字<br>□4. 无涂改<br>□5. 无抄袭 | 5 | 1项未完成扣1分 | □熟练<br>□不熟练 | □熟练<br>□不熟练 | □合格<br>□不合格 |

## 【理论测试】

| 万向传动装置的构造与检修 | 学习任务单 | 班级： |
|---|---|---|
|  |  | 姓名： |

### 一、填空题

1. 万向传动装置在汽车上有很多应用，结构也稍有不同，但其作用都是一样的，即在_____且_____的两转轴之间传递动力。

2. 十字轴式万向节允许相邻两轴的最大交角为_____，主要由_____、_____等组成。

3. 传动轴分段时需加_____，中间支承通常装在车架横梁上，能补偿传动轴_____方向的安装误差。

4. 对于不等速万向节，为实现主动叉和从动叉等角速传动，两端万向节叉应在_____，输出轴和输入轴与传动轴的夹角应_____。

5. 万向传动装置除用于汽车的传动系统外，还可用于_____和_____。

### 二、判断题

1. 传动轴两端的连接件装好后，只做静平衡试验，不用做动平衡试验。（    ）
2. 球笼式万向节星形套与主动轴用花键固接在一起，星形套外表面有 6 条弧形凹槽滚道。（    ）
3. 普通十字轴式万向节是等速万向节。（    ）
4. 所有的传动轴都应加中间支承。（    ）
5. 传动轴和万向节装配后，要进行动平衡试验，并装配平衡片。（    ）

### 三、问答题

1. 为什么有些传动轴要做成分段式的？
2. 汽车传动系统为什么要采用万向传动装置？

# 项目八　驱动桥的构造与检修

## 【工作情境】

### 故障现象
一辆丰田汽车跑起来轻则异响、颠簸，重则不能行驶，出现跑偏、剧烈抖动的现象，轮胎出现偏磨。

### 故障分析
半轴是在差速器和驱动轮之间传递动力的轴，其内端与差速器的半轴锥齿轮连接，外端与驱动轮轮毂相连，此故障可能是由半轴出现变形引起的。

## 【学习目标】

| 素质目标： | 知识目标： | 能力目标： |
|---|---|---|
| 1. 培养学生正确的世界观、人生观、价值观。<br>2. 引导学生热爱劳动、崇尚劳动，提升学生的劳动素养。<br>3. 培养学生德智体美劳全面发展。 | 1. 掌握驱动桥的作用和组成。<br>2. 明白主减速器和差速器的结构与工作原理。 | 1. 具有选用正确的工具按照维修手册的要求进行驱动桥分解和检测的能力。<br>2. 具有分析并排除驱动桥的相关故障的能力。 |

## 【知识储备】

### 一、驱动桥的结构与功能

#### 1. 驱动桥的作用

驱动桥位于传动系统末端，它的作用是将万向传动装置（或变速器）传来的动力经降速增矩、改变传递方向后，分配到左右驱动轮，并允许左右驱动轮以不同的转速旋转。另外，驱动桥还要承受作用于路面和车架或车身之间的垂直力、纵向力和横向力以及制动力矩和反作用力。

#### 2. 驱动桥的组成

如图 8-1 所示，一般汽车的驱动桥由驱动桥壳、主减速器、差速器、半轴和轮毂组成。从变速器或分动器经万向传动装置输入驱动桥的转矩首先传到主减速器，在此增大转矩并相应降低转

145

速后，经差速器分配给左右两半轴，最后通过半轴外端的凸缘传至驱动轮的轮毂。

### 3. 驱动桥的类型

按悬架结构不同，驱动桥可分为非断开式驱动桥和断开式驱动桥。

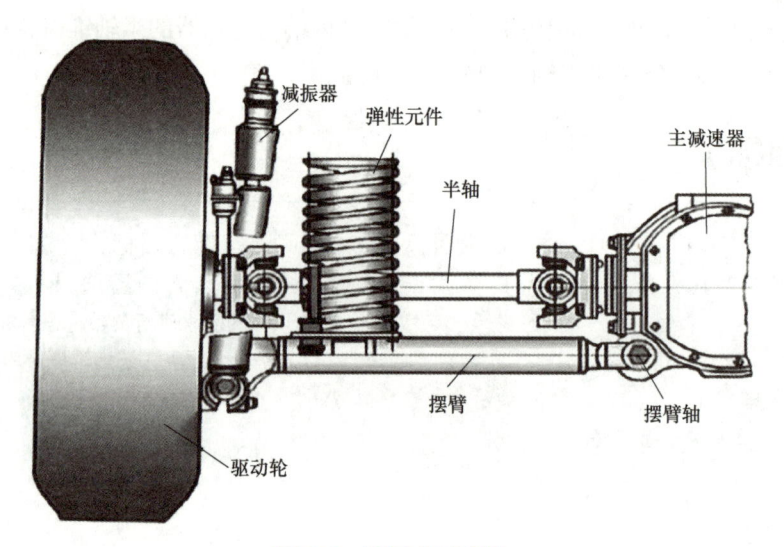

（1）**非断开式驱动桥**　非断开式驱动桥又称为整体式驱动桥。整体式驱动桥通过弹性悬架与车架连接，由于半轴套管与主减速器壳是刚性连成一体的，因而两侧的半轴和驱动轮不可能在横向平面内做相对运动。

（2）**断开式驱动桥**　有些轿车和越野车为了提高行驶平顺性和通过性，车的全部或部分驱动轮采用独立悬架，两侧的驱动轮分别用弹性悬架与车架相连接，两轮可彼此独立地相对于车架上下跳动。与此对应，主减速器壳固定在车架上，驱动桥壳制成分段并通过铰链连接，这种驱动桥称为断开式驱动桥，如图 8-2 所示。

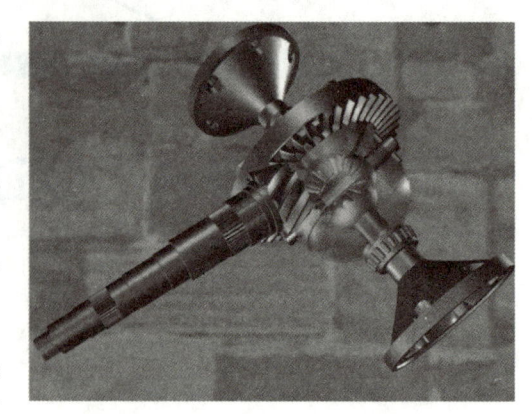

图 8-1　驱动桥的组成

主减速器固定在车架或车身上，两侧驱动轮分别通过各自的弹性元件、减振器和摆臂组成的弹性悬架与车架相连。为适应驱动轮绕摆臂轴上下跳动的需要，差速器与轮毂之间的半轴各端用万向节连接。

图 8-2　断开式驱动桥

## 二、主减速器的结构与检修

### 1. 主减速器的作用

主减速器的作用是将输入的转矩增大并相应降低转速，当发动机纵置时，还具有改变转矩旋转方向的作用。

### 2. 主减速器的类型

按参加减速传动的齿轮副数目可分为单级主减速器和双级主减速器。在双级主减速器中，若第二级减速器齿轮有两副，并分置于两侧驱动轮附近，实际上成为独立部件，则称为轮边减速器。

按主减速器传动比档数可分为单速主减速器和双速主减速器。前者的传动比是固定的，后者有两个传动比供驾驶人选择，以适应不同行驶条件的需要。

按齿轮副结构形式可分为圆柱齿轮式（又可分为轴线固定式和轴线旋转式即行星齿轮式）主减速器、锥齿轮式主减速器和准双曲面齿轮式主减速器。

### 3. 主减速器的基本结构和安装调整

（1）基本结构　如图8-3所示为轿车单级主减速器，主动锥齿轮通过轴承支承在前后壳体上，从动锥齿轮连接在差速器壳上，和差速器壳一起用两个圆锥滚子轴承支承在主减速器壳的座孔中。主减速器壳内注有润滑油，在从动锥齿轮的带动下甩到齿轮、轴和轴承上进行润滑。

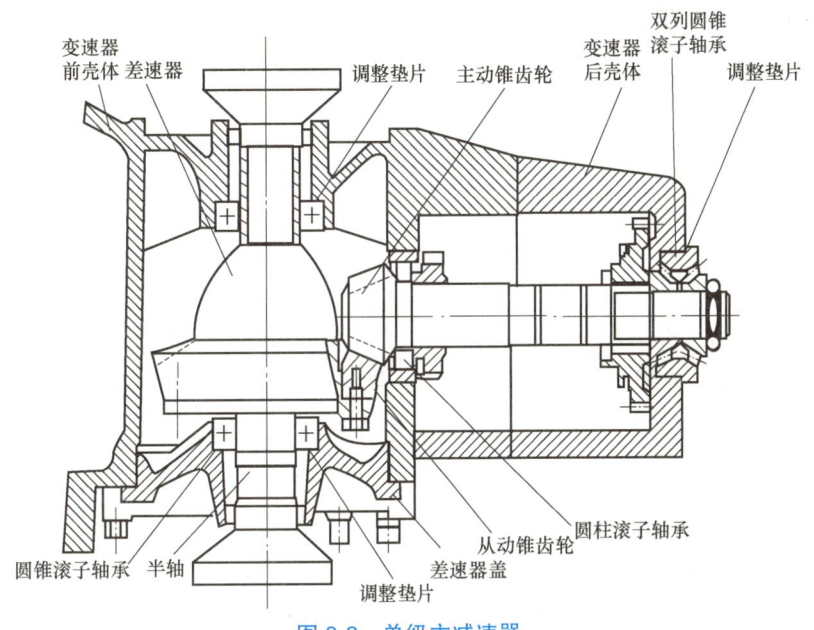

图8-3　单级主减速器

（2）安装与调整　主减速器的正确安装与调整，可有效地减小齿轮啮合冲击噪声，延长使用寿命。主减速器的调整主要有以下3个项目。

1）主动锥齿轮支承圆锥滚子轴承预紧度的调整。通过更换不同厚度的调整垫片，可以调整双列圆锥滚子轴承的预紧度。若发现预紧度过大，则增加调整垫片的总厚度；反之，减小垫片的总厚度。

2）从动锥齿轮支承圆锥滚子轴承预紧度的调整。有调整螺母和调整垫片两种方法。通过更换不同厚度的调整垫片，可实现从动锥齿轮支承轴承预紧度的调整。

3）主、从动锥齿轮啮合的调整。包括啮合印痕和齿侧间隙的调整，在主、从动锥齿轮轴承预紧度调整好之后进行。

锥齿轮啮合调整方法如图8-4所示。

当啮合印痕偏大端时，将从动锥齿轮向主动锥齿轮移近。若此时齿侧间隙过小，将主动锥齿轮向外移开，如图8-4a所示。

当啮合印痕偏小端时，将从动锥齿轮自主动锥齿轮移开。若此时齿侧间隙过大，将主动锥齿轮向内移近，如图8-4b所示。

当啮合印痕偏齿顶时，将主动锥齿轮向从动锥齿轮移近。若此时齿侧间隙过小，将从动锥齿轮向外移开，如图8-4c所示。

当啮合印痕偏齿根时，将主动锥齿轮自从动锥齿轮移开。若此时齿侧间隙过大，将从动锥齿轮向内移近，如图 8-4d 所示。

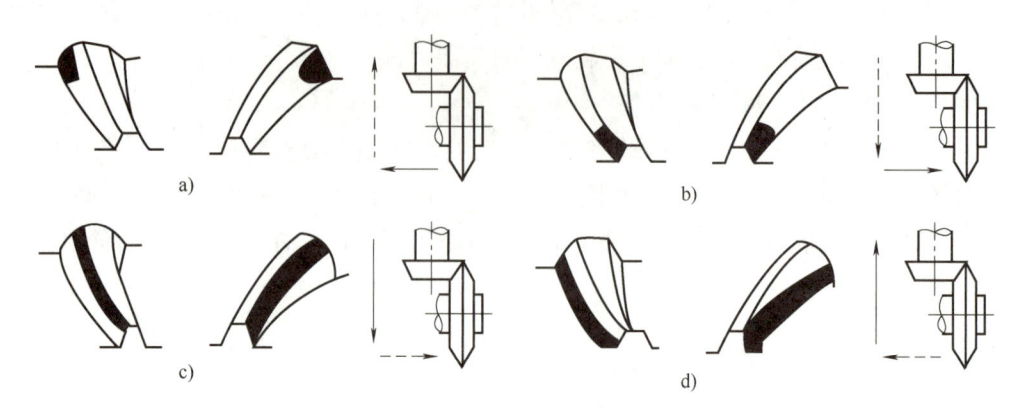

图 8-4　锥齿轮啮合调整

### 三、差速器的结构与检修

#### 1. 差速器的作用与类型

（1）差速器的作用　汽车行驶过程中，车轮相对路面有两种运动状态：滚动和滑动，其中滑动又有滑转和滑移两种。车轮对路面的滑动不仅会加速轮胎磨损，增加汽车的动力消耗，而且可能导致转向和制动性能的恶化。所以，在正常行驶条件下，应使车轮尽可能不发生滑动。为此，在汽车结构上，必须保证各个车轮有可能以不同角速度旋转。

差速器的作用是将主减速器传来的动力传给左、右两半轴，并在必要时允许左、右半轴以不同转速旋转，以满足两侧驱动轮差速的需要。

（2）差速器的类型　差速器按工作特性，可分为普通差速器和防滑差速器两大类。普通差速器按其安装位置分为轮间差速器和中央差速器两种。装在同一驱动桥两侧驱动轮之间的差速器称为轮间差速器。装在前、后驱动桥之间（4×4），前驱动桥与中、后驱动桥之间（6×6），或中、后驱动桥之间（6×6 或 6×4）的差速器称为中央差速器。

#### 2. 普通差速器的构造

锥齿轮差速器的构造如图 8-5 所示。

主减速器从动圆柱齿轮夹在两差速器壳之间，用螺栓将它们固定在一起；十字轴的两个轴颈嵌在两差速器壳断面半圆槽所形成的孔中；行星锥齿轮分别松套在十字轴的 4 个轴颈上；两个半轴锥齿轮分别与行星锥齿轮啮合，以其轴颈支承在差速器壳中，并用花键与半轴连接。行星锥齿轮背面与差速器壳的内表面均制成球面，保证行星锥齿轮对准正中心，以利于和两个半轴锥齿轮正确啮合。

图 8-5　锥齿轮差速器

行星锥齿轮和半轴锥齿轮背面与差速器壳之间装有推力垫片，用以减轻摩擦，降低磨损，延长差速器的使用寿命，同时还可以用来调整齿轮的齿侧间隙。调整后应使半轴锥齿轮大端的球面与 4 个行星锥齿轮背面的球面相吻合，并在同一球面上，不合适时，应通过改变行星锥齿轮背面球形垫片的厚度来调整。

动力自主减速器从动圆柱齿轮依次经差速器壳、十字轴、行星锥齿轮、半轴锥齿轮、半轴输出给驱动轮。当两侧驱动轮以相同的转速转动时，行星锥齿轮绕半轴轴线转动——公转。若两侧驱动轮阻力不同，则行星锥齿轮在做上述公转运动的同时，还绕自身轴线转动——自转，从而两半轴锥齿轮带动两侧车轮以不同转速转动。

差速器靠主减速器壳中的润滑油润滑。在差速器壳上开有油孔，供润滑油进出。为保证行星锥齿轮和十字轴轴颈之间有良好的润滑，在十字轴轴颈上铣出一平面，并在行星锥齿轮的齿间钻有油孔。

中级以下的轿车，因主减速器输出的转矩不大，故可用两个行星锥齿轮。行星锥齿轮轴相应为 1 根直销轴，差速器壳也不必分成左右两半，可制成整体式的，其前后两侧都开有大孔，以便拆装行星锥齿轮和半轴锥齿轮。

### 3. 差速器的工作原理

锥齿轮差速器的差速原理如图 8-6 所示。

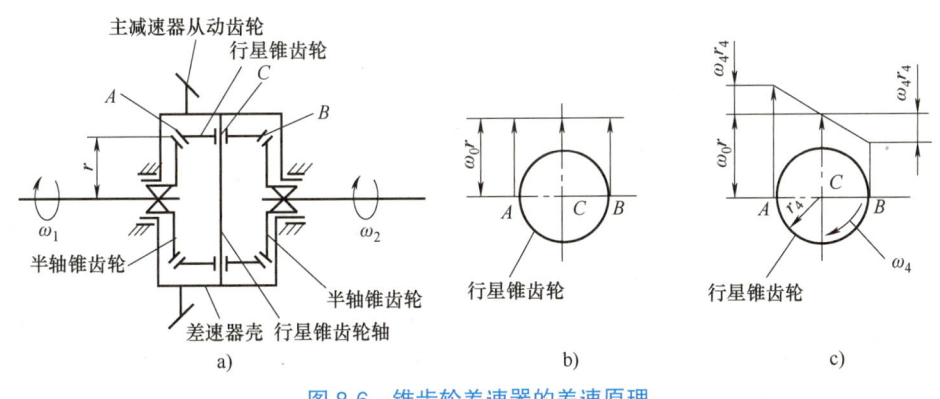

图 8-6 锥齿轮差速器的差速原理
a）差速器示意图　b）行星锥齿轮公转时　c）行星锥齿轮自转时

差速器壳与行星锥齿轮轴连成一体，形成行星架，因为它又与主减速器从动齿轮固定连接，因此为主动件，设其角速度为 $\omega_0$。半轴锥齿轮 1 和 2 为从动件，设其角速度分别为 $\omega_1$ 和 $\omega_2$。$A$、$B$ 两点分别为行星锥齿轮与两半轴锥齿轮的啮合点，行星锥齿轮的中心点为 $C$，$A$、$B$、$C$ 3 点到差速器旋转轴线的距离均为 $r$。

当行星锥齿轮只是随同行星架绕差速器旋转轴线旋转（公转）时，如图 8-6b 所示，显然，处在同一半径上的 $A$、$B$、$C$ 3 点的圆周速度都相等，其值为 $\omega_0 r$，于是，$\omega_1 = \omega_2 = \omega_0$，也就是差速器不起差速作用，两半轴角速度等于差速器壳的角速度。

当行星锥齿轮除公转外，还绕行星锥齿轮轴以角速度 $\omega_4$ 自转时，如图 8-6c 所示，啮合点 $A$ 的圆周速度 $\omega_1 r = \omega_0 r + \omega_4 r_4$，啮合点 B 的圆周速度 $\omega_2 r = \omega_0 r - \omega_4 r_4$，因此 $\omega_1 r + \omega_2 r = (\omega_0 r + \omega_4 r_4) + (\omega_0 r - \omega_4 r_4)$，即 $\omega_1 + \omega_2 = 2\omega_0$。

若角速度以每分钟转数 $n$ 表示，则 $n_1 + n_2 = 2n_0$。

上式即两半轴锥齿轮直径相等的对称式锥齿轮差速器的运动特性方程式，它表明，左右两侧半轴锥齿轮的转速之和等于差速器壳转速的两倍，而与行星锥齿轮转速无关。所以，车在任何行驶条件下，都可以借行星锥齿轮以相应转速自转，使两侧驱动轮以不同转速在地面上滚动而无滑动。

由 $n_1 + n_2 = 2n_0$，还可得出如下结论。

1）当差速器壳转速为零（例如用中央制动器制动传动轴）时，若一侧半轴锥齿轮受其他外来力矩而转动，另一侧半轴锥齿轮即以相同转速反向转动。

2）任何一侧半轴锥齿轮的转速为零时，另一侧半轴锥齿轮的转速为差速器壳转速的两倍。

#### 4. 差速器转矩分配

差速器转矩分配如图 8-7 所示。

当两半轴锥齿轮以不同转速朝相同方向转动时，设左半轴转速 $n_1$，大于右半轴转速 $n_2$，则行星锥齿轮将按图 8-7 上 $n_4$ 的方向绕行星锥齿轮轴自转，此时行星锥齿轮孔与行星锥齿轮轴轴颈间以及齿轮背部与差速器壳间都产生摩擦。行星锥齿轮所受的摩擦力矩 $M_4$ 方向与其转速 $n_4$ 方向相反，此摩擦力矩使行星锥齿轮分别对左、右半轴锥齿轮附加作用了大小相等而方向相反的两个圆周力 $F_1$ 和 $F_2$，$F_1$ 使传到转得快的左半轴上的转矩 $M_1$ 减小，而 $F_2$ 却使传到转得慢的右半轴上的转矩 $M_2$ 增加。

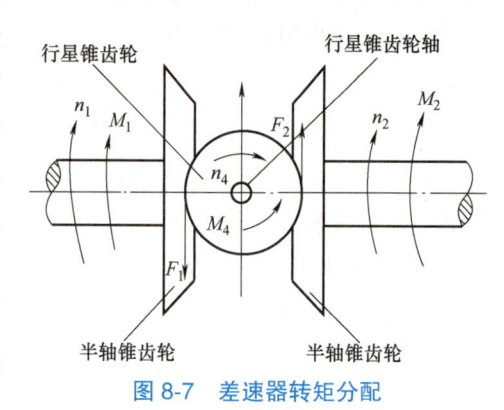

图 8-7 差速器转矩分配

因此，当左、右驱动轮存在转速差时，$M_1=(M_0-M_4)/2$，$M_2=(M_0+M_4)/2$。左、右驱动轮上的转矩之差等于差速器的内摩擦力矩 $M_4$。

在实际中，由于 $M_4$ 很小，可以忽略不计，则有 $M_1=M_2=M_0/2$。由此可见，无论差速器差速与否，锥齿轮差速器都具有转矩等量分配的特性。这样的转矩分配特性，对汽车在良好路面上行驶是有利的，但会严重影响汽车在不良路面上行驶时的通过能力。为提高汽车在不良路面上的通过能力，可采用防滑差速器。当汽车某一侧驱动轮发生滑转时，差速器的差速作用即被锁止，并将大部分或全部的转矩分配给未滑转的驱动轮，以充分利用未滑转驱动轮与地面之间的附着力来产生足够的牵引力，驱动汽车继续行驶。

### 四、半轴与驱动桥壳的结构与检修

#### 1. 半轴

半轴是在差速器与驱动轮之间传递动力的实心轴，其内端与差速器的半轴锥齿轮连接，外端与驱动轮的轮毂相连。半轴的作用是将差速器传来的动力传给驱动轮。因为传递转矩较大，故半轴常制成实心轴。半轴与驱动轮的轮毂在桥壳上的支承形式决定了半轴的受力状况。全浮式半轴支承和半浮式半轴支承是现代汽车采用的两种基本形式。

（1）全浮式半轴支承  全浮式半轴支承广泛应用于各型货车上，其结构如图 8-8a 所示。半轴外端锻出半轴凸缘，用螺栓与轮毂连接固定，轮毂用两个圆锥滚子轴承支承在半轴套管上，半轴套管与空心梁压配成一体，组成驱动桥壳。半轴与驱动桥壳没有直接联系，半轴内端用花键与半轴锥齿轮连接，并通过差速器壳支承在主减速器壳的座孔中。这种支承形式使半轴只承受转矩，而不承受任何反力和弯矩，故称为全浮式半轴支承。

全浮式半轴支承便于拆装，只需拧下半轴凸缘上的轮毂螺栓，即可将半轴抽出，而驱动轮和驱动桥壳照样能支承住汽车。

（2）半浮式半轴支承  图 8-8b 所示为半浮式半轴支承。半轴内端的支承方式与全浮式相同，而外端制成锥形，锥面上有纵向键槽，最外端有螺纹。轮毂有相应的锥孔和半轴锥面配合，并用键连接，用螺母紧固。半轴用圆锥滚子轴承直接支承在驱动桥壳凸缘的座孔内。驱动轮与驱动桥壳之间无直接联系，而支承于悬伸出的半轴外端。因此地面作用于驱动轮的各种反力都须经过半轴外端的悬伸部分传给驱动桥壳，使半轴外端承受转矩、反力及其形成的弯矩，故称这种支承形式为半浮式半轴支承。

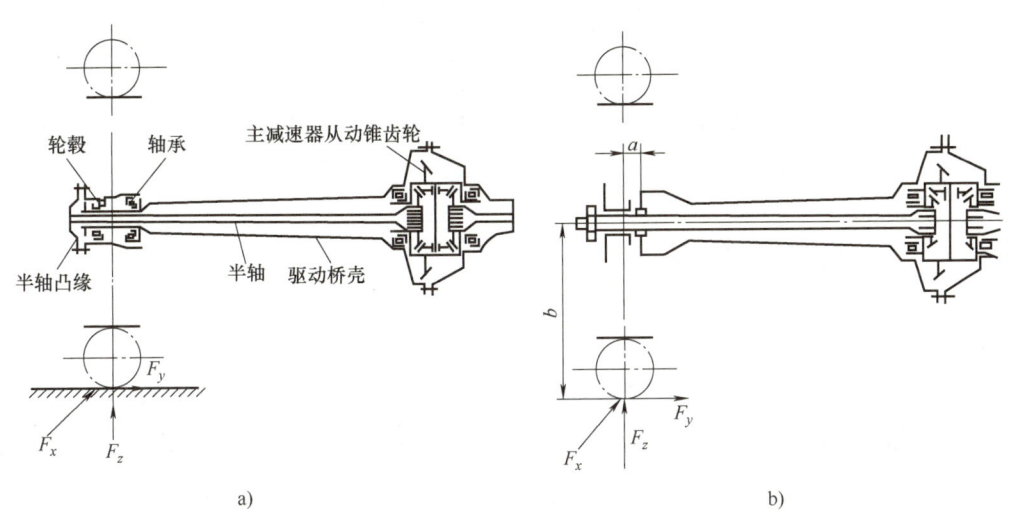

图 8-8　全浮式半轴支承和半浮式半轴支承
a）全浮式　b）半浮式

为了对半轴进行轴向限位，差速器内装有止推块，以限制其向内轴向窜动；而半轴向外的轴向窜动通过制动底板对轴承的限位来限制。半浮式半轴支承结构简单，但半轴受力情况复杂且拆装不便，多用于反力、弯矩较小的各类轿车上。

### 2. 驱动桥壳

驱动桥壳的作用是支承并保护主减速器、差速器和半轴等，使左、右驱动轮的轴向相对位置固定，同从动桥一起支承车架及其上的各总成重量；汽车行驶时，承受由车轮传来的路面反作用力和力矩，并经悬架传给车架。驱动桥壳结构如图 8-9 所示。

图 8-9　驱动桥壳的结构

驱动桥壳应有足够的强度和刚度，质量小，并便于主减速器的拆装和调整。由于驱动桥壳的尺寸和质量比较大，制造较困难，故其结构形式在满足使用要求的前提下，要尽可能便于制造。驱动桥壳可分为整体式桥壳和分段式桥壳两类。

整体式桥壳具有较大的强度和刚度，且便于主减速器的装配、调整和维修，因此普遍应用于各类汽车上。分段式桥壳一般分为两段，由螺栓将两段连成一体。分段式桥壳比整体式桥壳易于铸造，加工简便，但维修维护不便。当拆检主减速器时，必须把整个驱动桥从汽车上拆卸下来，目前已很少采用。

## 【任务实施】

### 任务 8-1　主减速器的检修

**实训器材：**

丰田主减速器总成、磁力表座、扭力扳手、常用工具 1 套、螺旋测微器、维修手册、百分表、红丹粉、抹布、泡沫清洁剂等。

**任务准备：**

1）将工位清理干净，准备好相关器材。

2）将主减速器放到拆装台上。

**实施步骤：**

| 序号 | 操作示意图 | 操作方法 | 操作要求 |
| --- | --- | --- | --- |
| 1 | 轴承　油封　主减速器主动齿轮　轴承　主减速器从动齿轮　差速器总成 | 检查主减速器主动齿轮、从动齿轮、行星齿轮及半轴齿轮齿面是否有刮伤或严重磨损。齿轮不允许有明显的疲劳剥落，齿面出现黑斑面积不得大于工作面的 30%　主减速器及差速器壳不得有裂纹，否则，应更换总成 | 仔细检查 |
| 2 | | 检查从动锥齿轮的偏摆量　固定百分表座，将百分表针抵在从动齿轮背面最外端，从动齿轮旋转一周，记下百分表摆差读数 | 偏摆量要小于 0.10mm，否则，应予更换 |
| 3 | | 检查主、从动齿轮的啮合间隙　固定百分表座，将百分表针抵在从动齿轮任一齿面上，固定主动齿轮，将从动齿轮沿周向来回搬动，记下百分表摆差读数 | 数值应在 0.13~0.18mm，否则，应调整侧向轴承 |

项目八　驱动桥的构造与检修

（续）

| 序号 | 操作示意图 | 操作方法 | 操作要求 |
|---|---|---|---|
| 4 |  | 检查主从动齿轮轮齿的啮合印痕<br>在从动齿轮上3个不同的位置上的3或4个轮齿上涂以红丹粉 | — |
| 5 |  | 朝两个不同方向转动主动齿轮，检查轮齿的啮合印痕，正确的印痕应在从动齿轮的中间偏齿根的位置 | — |
| 6 |  | 主动锥齿轮轴承预紧度的调整<br>装配主动锥齿轮：依次将调整垫片、后轴承装到主动锥齿轮轴颈上，再装入隔圈后，一起装入轴承座壳内，再依次装入前轴承、接合法兰、槽形螺母，不装油封 | 调整轴承预紧力后，再装油封 |
| 7 |  | 用专用工具夹紧接合法兰，拧紧接合法兰槽形螺母来调整主动锥齿轮轴承预紧力 | 拧紧力矩为170~210N·m |

153

（续）

| 序号 | 操作示意图 | 操作方法 | 操作要求 |
|---|---|---|---|
| 8 | | 检验预紧力<br>用扭力扳手扭转主动锥齿轮，力矩：<br>新轴承：1.9~2.6N·m<br>旧轴承：0.9~1.3N·m<br>也可凭经验检查：用手左右转动接合法兰，转动灵活无阻滞，沿轴向推拉法兰没有可感觉到的轴向间隙即合适 | — |
| 9 | | 预紧力调整<br>如果转动主动锥齿轮的力矩不合适，也就是主动锥齿轮轴承预紧力不合适，一般通过拧紧接合法兰槽形螺母来调整；如果调整槽形螺母满足不了预紧力要求，可通过更换后轴承的调整垫片，垫片厚度为 0.25~0.45mm，每 0.05mm 为 1 个级差 | 如果转动力矩过大，应减小垫片厚度，反之，增加垫片厚度 |
| 10 | | 从动齿轮轴承预紧度的调整<br>1）按如图顺序，把差速器总成装在托架上，注意：左右轴承外座圈不能交换位置。先装调整螺母，再装轴承盖；轴承盖要按拆卸前作的记号装回，拧紧螺栓<br>2）用专用工具将从动齿轮一侧的调整螺母拧紧直至主、从动齿轮啮合间隙约达 0.2mm | 用手拧紧左右调整螺母，对称均匀地压紧差速器总成左右轴承 |

**工单填写:**

| 主减速器的检修 | 工作任务单 | 班级: |
|---|---|---|
| | | 姓名: |

| 1. 作业场地准备 | | |
|---|---|---|
| 将工位清理干净,准备好相关器材 | | 是□ 否□ |
| 检查设备台架,应安全、清洁 | | 是□ 否□ |
| 将主减速器放到拆装台上 | | 是□ 否□ |

| 2. 记录数据 | | |
|---|---|---|
| 项目名称 | 小组实训过程 | 注意事项 |
| 分解主减速器 | 分解步骤:<br>1.<br><br>2.<br><br>3.<br><br>4. | 注意正确操作流程 |
| 零件摆放 | 摆放原则是:<br>1.<br><br>2.<br><br>3. | |
| 认识零部件 | 1. 主动锥齿轮的作用:<br><br>2. 从动锥齿轮的作用: | 正确分析 |
| 组装顺序 | 正确的组装顺序是:<br>1.<br><br>2.<br><br>3. | 注意正确操作流程 |
| 注意事项 | 1.<br><br>2. | |

| 3. 作业场地恢复 | | |
|---|---|---|
| 擦拭、整理工具 | | |
| 打扫实训场地卫生 | | |

155

**评价反馈：**

| 主减速器的检修 |||| 实训日期： ||
|---|---|---|---|---|---|
| 姓名： || 班级： || 学号： | 教师签名： |
| 自评：□熟练　□不熟练 || 互评：□熟练　□不熟练 || 师评：□合格　□不合格 ||
| 序号 | 评分项 | 得分条件 | 分值 | 评分标准 | 自评 | 互评 | 师评 |
| 1 | 安全/7S/态度 | □1. 能进行工位 7S 操作<br>□2. 能进行设备和工具安全检查<br>□3. 能进行工位安全防护操作<br>□4. 能进行工具清洁、校准、存放操作<br>□5. 能保证三不落地 | 15 | 1项未完成扣3分 | □熟练<br>□不熟练 | □熟练<br>□不熟练 | □合格<br>□不合格 |
| 2 | 专业技能 | □1. 能正确地拆装主减速器零部件<br>□2. 能正确地分析主减速器主要零件的结构及安装位置<br>□3. 能够掌握相应的检修项目和操作方法 | 50 | 1项未完成扣20分，扣分不得超过50分 | □熟练<br>□不熟练 | □熟练<br>□不熟练 | □合格<br>□不合格 |
| 3 | 工具、设备的使用能力 | □1. 能正确地选择拆装工具<br>□2. 能正确地使用专用拆装工具 | 10 | 1项未完成扣5分 | □熟练<br>□不熟练 | □熟练<br>□不熟练 | □合格<br>□不合格 |
| 4 | 资料、信息查询的能力 | □1. 能严格执行厂家提供的拆装说明<br>□2. 能进行设备和工具安全检查<br>□3. 能进行工位安全防护操作 | 10 | 1项未完成扣5分，扣分不得超过10分 | □熟练<br>□不熟练 | □熟练<br>□不熟练 | □合格<br>□不合格 |
| 5 | 数据判断和分析能力 | □1. 能正确地叙述拆装步骤<br>□2. 能正确地分析主减速器的动力传递路线<br>□3. 能正确地检修主减速器 | 10 | 1项未完成扣5分 | □熟练<br>□不熟练 | □熟练<br>□不熟练 | □合格<br>□不合格 |
| 6 | 表单填写和报告撰写的能力 | □1. 字迹清晰<br>□2. 语句通顺<br>□3. 无错别字<br>□4. 无涂改<br>□5. 无抄袭 | 5 | 1项未完成扣1分 | □熟练<br>□不熟练 | □熟练<br>□不熟练 | □合格<br>□不合格 |

## 任务 8-2　差速器的检查

**实训器材：**

丰田差速器总成、常用工具1套、螺旋测微器、维修手册、百分表、抹布、泡沫清洁剂等。

**任务准备：**

1）将工位清理干净，准备好相关器材。

2）将差速器放到拆装台上。

项目八　驱动桥的构造与检修

**实施步骤：**

| 序号 | 操作示意图 | 操作方法 | 操作要求 |
| --- | --- | --- | --- |
| 1 |  | 将前差速器行星齿轮装配至前差速器壳侧。用百分表测量前差速器半轴齿轮齿隙。标准齿隙为0.05~0.20mm，如果齿隙超出规定范围，更换半轴齿轮止推垫圈 | 检查前差速器半轴齿轮齿隙 |
| 2 |  | 用千分尺测量前差速器行星齿轮止推垫圈的厚度。最小厚度为0.94mm，如果厚度小于最小值，更换前差速器行星齿轮止推垫圈 | 检查前差速器行星齿轮止推垫圈 |
| 3 |  | 用千分尺测量前差速器1号行星齿轮轴的外径。最小外径为16.982mm，如果外径小于最小值，更换前差速器1号行星齿轮轴 | 检查前差速器1号行星齿轮轴 |
| 4 |  | 1）差速器壳不得有裂纹，否则应更换<br>2）差速器壳与行星齿轮、半轴齿轮垫片的接触面应光滑，无沟槽。如有小的沟槽可用砂纸打磨，并更换半轴齿轮垫片<br>3）行星齿轮、半轴齿轮不得有裂纹，工作表面不得有明显斑点、脱落和缺损，否则应更换<br>4）差速器壳与轴承、差速器壳与行星齿轮轴的配合应符合原厂规定，否则应更换 | 检查差速器壳 |
| 5 |  | 1）轴承的钢珠或滚道不得有伤痕、剥落、严重黑斑或烧损变色等缺陷，否则应更换<br>2）轴承架不应有缺口、裂纹、铆钉松动或钢珠、柱脱出等现象，否则应更换 | 检查滚动轴承 |

157

**工单填写：**

| 差速器的检查 | 工作任务单 | 班级：<br>姓名： |
|---|---|---|
| 1. 作业场地准备 ||||
| 将工位清理干净，准备好相关器材 || 是☐ 否☐ |
| 检查设备台架，应安全、清洁 || 是☐ 否☐ |
| 将差速器放到拆装台上 || 是☐ 否☐ |
| 2. 记录数据 ||||
| 项目名称 | 小组实训过程 | 注意事项 |
| 检查差速器 | 检查步骤：<br>1.<br><br>2.<br><br>3.<br><br>4. | 注意正确操作流程 |
| 零件摆放 | 摆放原则是：<br>1.<br><br>2.<br><br>3. |  |
| 检查前差速器半轴齿轮齿隙 | 1.<br><br>2.<br><br>3. | 注意正确操作流程 |
| 检查前差速器行星齿轮止推垫圈 | 正确的组装顺序是：<br>1.<br><br>2.<br><br>3. | 注意正确操作流程 |

项目八　驱动桥的构造与检修

（续）

| 项目名称 | 小组实训过程 | 注意事项 |
|---|---|---|
| 检查前差速器 1 号行星齿轮轴 | 1.<br><br>2.<br><br>3. | 注意正确操作流程 |
| 检查差速器壳 | 1.<br><br>2.<br><br>3.<br><br>4. | 注意正确操作流程 |
| 注意事项 | 1.<br><br>2. | |
| 3. 作业场地恢复 | | |
| 擦拭、整理工具 | | |
| 打扫实训场地卫生 | | |

## 评价反馈：

| 差速器的检查 | | | 实训日期： | | |
|---|---|---|---|---|---|
| 姓名： | | 班级： | 学号： | 教师签名： | |
| 自评：□熟练　□不熟练 | | 互评：□熟练　□不熟练 | 师评：□合格　□不合格 | | |

| 序号 | 评分项 | 得分条件 | 分值 | 评分标准 | 自评 | 互评 | 师评 |
|---|---|---|---|---|---|---|---|
| 1 | 安全/7S/态度 | □ 1. 能进行工位 7S 操作<br>□ 2. 能进行设备和工具安全检查<br>□ 3. 能进行工位安全防护操作<br>□ 4. 能进行工具清洁、校准、存放操作<br>□ 5. 能保证三不落地 | 15 | 1 项未完成扣 3 分 | □熟练<br>□不熟练 | □熟练<br>□不熟练 | □合格<br>□不合格 |
| 2 | 专业技能 | □ 1. 能熟悉差速器的基本组成<br>□ 2. 能正确地检修差速器<br>□ 3. 能够掌握相应的检修项目和操作方法 | 50 | 1 项未完成扣 20 分，扣分不得超过 50 分 | □熟练<br>□不熟练 | □熟练<br>□不熟练 | □合格<br>□不合格 |
| 3 | 工具、设备的使用能力 | □ 1. 能正确地选择拆装工具<br>□ 2. 能正确地使用专用拆装工具 | 10 | 1 项未完成扣 5 分 | □熟练<br>□不熟练 | □熟练<br>□不熟练 | □合格<br>□不合格 |

159

(续)

| 序号 | 评分项 | 得分条件 | 分值 | 评分标准 | 自评 | 互评 | 师评 |
|---|---|---|---|---|---|---|---|
| 4 | 资料、信息查询的能力 | □ 1. 能严格执行厂家提供的拆装说明<br>□ 2. 能进行设备和工具安全检查<br>□ 3. 能进行工位安全防护操作 | 10 | 1项未完成扣5分，扣分不得超过10分 | □熟练<br>□不熟练 | □熟练<br>□不熟练 | □合格<br>□不合格 |
| 5 | 数据判断和分析能力 | □ 1. 能正确地叙述拆装步骤<br>□ 2. 能正确地分析差速器的工作原理<br>□ 3. 能正确地检修差速器 | 10 | 1项未完成扣3分 | □熟练<br>□不熟练 | □熟练<br>□不熟练 | □合格<br>□不合格 |
| 6 | 表单填写和报告撰写的能力 | □ 1. 字迹清晰<br>□ 2. 语句通顺<br>□ 3. 无错别字<br>□ 4. 无涂改<br>□ 5. 无抄袭 | 5 | 1项未完成扣1分 | □熟练<br>□不熟练 | □熟练<br>□不熟练 | □合格<br>□不合格 |

## 【理论测试】

| 驱动桥的构造与检修 | 学习任务单 | 班级：<br>姓名： |
|---|---|---|

### 一、填空题

1. 驱动桥由_____、_____、_____和_____等组成。
2. 主减速器按齿轮副的数目分为_____和_____，按齿轮副的结构形式分为_____式、_____式和_____式。
3. 行星锥齿轮的自转是指_____，公转是指_____。
4. 半轴的支承形式分为_____和_____两种。半轴的一端与_____相连，另一端与轮毂相连。
5. 按悬架结构的不同，驱动桥的类型有_____驱动桥和_____驱动桥两种。

### 二、判断题

1. 汽车行驶时，差速器行星齿轮有公转、自转和不转3种运动状态。（    ）
2. 双速主减速器就是具有两对齿轮副的主减速器。（    ）
3. 当汽车在一般条件下行驶时，应选用双速主减速器中的高速档，而在行驶条件较差时，则采用低速档。（    ）
4. 对于对称式锥齿轮差速器来说，当两侧驱动轮的转速不相等时，行星锥齿轮仅自转不公转。（    ）
5. 当行星锥齿轮没有自转时，对称式锥齿轮差速器总是将转矩平均分配给左、右两半轴锥齿轮。（    ）

### 三、问答题

1. 简述驱动桥的作用。
2. 简述主减速器的作用。
3. 简述差速器的类型及作用。

# 参考文献

[1] 刘冬生，荆红伟，刘淑军.汽车底盘构造与检修［M］.2版.北京：机械工业出版社，2023.
[2] 邝艳芬，李明清.汽车传动系统检修［M］.北京：机械工业出版社，2016.
[3] 刁维芹.汽车传动系统的构造与检修［M］.北京：机械工业出版社，2019.
[4] 袁苗达，谢越.汽车传动系统检修［M］.北京：机械工业出版社，2017.
[5] 周毅.汽车传动系统检修［M］.北京：机械工业出版社，2020.